梦山书系

国际教育新理念

李斌 徐波锋 ◎ 编著

海峡出版发行集团 | 福建教育出版社

图书在版编目（CIP）数据

国际教育新理念/李斌，徐波锋编著．—福州：福建教育出版社，2015.10
　ISBN 978-7-5334-6997-9

　Ⅰ．①国… Ⅱ．①李… ②徐… Ⅲ．①教育理论 Ⅳ．①G40

中国版本图书馆CIP数据核字（2015）第233532号

Guoji Jiaoyu Xin Linian
国际教育新理念
李斌 徐波锋 编著

出版发行	海峡出版发行集团
	福建教育出版社
	（福州梦山路27号　邮编：350001　网址：www.fep.com.cn）
	编辑部电话：010-62027445
	发行部电话：010-62024258　0591-87115073）
出 版 人	黄　旭
印　　刷	福建东南彩色印刷有限公司
	（福州市金山工业区　邮编：350002）
开　　本	720毫米×1000毫米　1/16
印　　张	17
字　　数	240千
插　　页	1
版　　次	2015年10月第1版　2015年10月第1次印刷
书　　号	ISBN 978-7-5334-6997-9
定　　价	35.00元

如发现本书印装质量问题，请向本社出版科（电话：0591-83726019）调换。

前　言

教育是人类社会永恒的话题，但也是一个历久弥新的话题。教育理念是指人们对于教育现象（活动）的理性认识、理想追求及其所形成的教育思想观念的哲学概括。它是教育主体在教育实践、思想活动及文化积淀交流中所形成的教育价值与教育价值追求，是对教育"应然状态"的理性认识和观念整合，具有相对稳定性、前瞻性、规范性的特征。重视教育新理念的提出、传播和实践是教育发展的风向标和导航仪。

自近代工业革命以来，伴随着社会科学技术的变迁，国际范围内的教育新理念层出不穷，教育改革方兴未艾，教育的地位和作用日益提升。自然主义教育、义务教育、师范教育、科学主义教育、人文主义教育、教育民主、教育公平等概念相继提出，教育思想家灿若星辰。特别是20世纪以来，全民教育、全纳教育、终身教育、生态与环境教育、女性主义教育、生命教育、个性化教育、建构主义思想教育、后现代主义教育、批判主义教育、智慧教育等理念的提出，引领和促进了国际教育的改革发展。回顾与反思国际教育理念发展的历史轨迹，梳理其对教育发展的影响与得失，对于更好地深化教育领域综合改革，创新我国教育发展模式具有非常重要的价值和意义。

《国际教育新理念》一书，回顾了20世纪以来国际教育发展所展现的主要教育思想和理念，分析了各种教育思想理念的起因及发展过程，以及教育对社会发展的巨大推进作用。

同时，《国际教育新理念》一书的编写，也是为了适应开放教育、学前教育专业的迅速发展，满足学习者对教育理念的基本了解，并配合开放教育的课程体系的建构需求。

《国际教育新理念》是一本适用于学前教育本科的专业拓展课教材，具有科普性与实用性的特点，较充分地反映了国际社会有关教育的研究成果。同时本书也可以作为广大教育工作者的参考读物，帮助读者有效地了解在社会发展过程中，教育理念随着社会文明不断的发展而改变。

本书在编写的过程中，根据编写人的个人理解和教材使用者的特点确定研究的内容，共分为十一章：全民教育、全纳教育、终身教育、生态环境教育、女性主义教育、生命教育、个性化教育、建构主义教育思想、后现代主义思想教育、批判主义教育、智慧教育。内容结构由教学目标、概念简述、内容、章节综述、思考题和知识拓展六部分构成，其中知识拓展分别有新闻链接、科普常识、科研文章、人物简介等内容。目的是使读者加深对教育理念的进一步理解。从文字的表述到内容编排，力求简洁明了、通俗易懂、新颖活泼。

本书由国家开放大学西安分部李斌担任主要编著人，西安体育学院徐波峰担任副主编，参加编写的人员有：陕西幼儿师范学院杨令平、陕西师范大学博士生王亚萍、陕西幼儿师范学院黄云鹏。

本书在编写过程中引用了大量其他学者、专家的有关研究成果，参考了国内外相关的文献资料，在此谨向原著作者和出版者表示敬意与谢意。

通过本书的编写，作者深深感到，学科建设与研究任务十分艰巨，需要付出极大的辛苦劳动。编写的目的不只是传递新的教育理念，也是向其他同仁请教教育的问题与解决的方式。由于时间仓促及作者本人水平有限，书中难免有错误及疏漏之处，恳请广大读者批评指正，希望大家对我们的研究提出中肯的改进建议。

编者：李斌

2015年6月2日

目 录

导 语 …………………………………………………………… 001

第一章 全民教育 …………………………………………… 001

第一节 全民教育理念提出的历史背景 \ 001
一、全民教育理念的历史演变 \ 001
二、全民教育理念的提出 \ 003
三、全民教育的国际支持 \ 004

第二节 全民教育的基本理念 \ 006
一、教育对象的全民化 \ 007
二、满足所有人的基本学习需要 \ 007
三、全民教育的普及 \ 008

第三节 全民教育的进程与挑战 \ 009
一、全民教育的进程 \ 009
二、全民教育面临的挑战 \ 010

第四节 全民教育在中国的实践与反思 \ 013
一、中国全民教育的战略部署 \ 013
二、中国全民教育取得的成就 \ 015
三、中国全民教育的反思 \ 017

第二章　全纳教育 ······ 022

第一节 全纳教育理念的发展进程 \ 022
一、全纳教育理念的历史背景 \ 022
二、全纳教育理念的提出与发展 \ 025

第二节 全纳教育的基本理念 \ 026
一、全纳教育的不同诠释 \ 026
二、全纳教育的理念价值观 \ 028

第三节 全纳教育遇到的问题与挑战 \ 030
一、全纳教育的问题 \ 030
二、全纳教育面临的挑战 \ 032

第四节 中国全纳教育的现状与反思 \ 033
一、中国全纳教育的理论与实践研究 \ 033
二、中国全纳教育的现状 \ 034
三、对中国全纳教育的反思 \ 035

第三章　终身教育 ······ 041

第一节 终身教育的发展历程 \ 041
一、终身教育产生的背景 \ 041
二、终身教育理论基础 \ 043

第二节 终身教育的特点与意义 \ 045
一、终身教育的特点 \ 045
二、终身教育的意义 \ 046

第三节 终身教育的影响与推广 \ 048
一、终身教育的概念不断发展 \ 048
二、各国终身教育法规的制定 \ 049
三、终身教育体系的构建 \ 049

第四节 中国终身教育的发展及存在的问题 \ 051
一、中国终身教育的发展 \ 051
二、中国终身教育存在的理论与实践问题 \ 053

第四章 生态环境教育 …………………………………… 066

第一节 生态环境教育的发展 \ 066
一、生态环境教育的提出背景 \ 066
二、国际生态环境教育的发展 \ 069

第二节 生态环境教育的内涵与实施 \ 070
一、生态环境教育的基本理念 \ 070
二、生态环境教育的内容 \ 071
三、生态环境教育的实施目标 \ 074
四、生态环境教育的实施途径 \ 075

第三节 中国生态环境教育发展阶段 \ 076
一、起步阶段 \ 076
二、发展阶段 \ 077
三、推广阶段 \ 078

第四节 中国生态环境的现状与反思 \ 079
一、中国生态环境的现状 \ 079
二、中国生态环境问题研究 \ 082
三、对生态环境教育的反思 \ 083

第五章 女性主义教育 …………………………………… 086

第一节 女性主义运动产生的背景 \ 087
一、女性主义产生的背景 \ 087
二、女性主义运动的发展 \ 089

三、女性主义理论的主张 \ 091

第二节 女性主义的内涵与特征 \ 095

一、女性主义的内涵 \ 095

二、女性主义与教育 \ 098

三、女性主义的特征 \ 099

第三节 女性主义教育研究 \ 100

一、女性主义教育方法论 \ 100

二、女性主义对教育理论的影响 \ 102

第四节 中国的女性主义教育发展情况研究及启示 \ 104

一、我国女性主义教育发展与成就 \ 104

二、中国女性主义教育存在的问题 \ 106

三、对我国女性主义教育改革的启示 \ 109

第六章 生命教育 …………………………………… 115

第一节 生命教育的背景和发展 \ 115

一、生命教育的起因 \ 115

二、世界各国生命教育的发展 \ 117

第二节 生命教育的基本理念 \ 119

一、生命的含义 \ 119

二、生命教育的理念 \ 120

第三节 生命教育的内容与目标 \ 122

一、生命教育的内容 \ 122

二、生命教育的目标 \ 124

第四节 中国生命教育的兴起及反思 \ 125

一、生命教育的兴起 \ 125

二、生命教育的研究理论 \ 127

三、生命教育发展的思考 \ 128

四、生命教育的实施策略 \ 130

第七章　个性化教育 ························ 140

第一节　个性化教育的历史追溯 \ 141
一、中国古代的"个性教育"观 \ 141

二、西方社会历史上的个性教育观 \ 142

三、现代心理学派的个性教育观 \ 143

第二节　个性化教育的内涵与本质 \ 144
一、个性的定义 \ 144

二、个性化教育的定义与内涵 \ 145

三、个性化教育的本质 \ 146

第三节　个性化教育诸要素的关系、特征及思考 \ 148
一、个性化教育各因素间的关系 \ 148

二、个性化教育的特征 \ 150

三、个性化教育的理性思考 \ 151

第四节　中国个性化教育的理论实践研究、动态及反思 \ 153
一、中国个性化教育的理论实践研究阶段 \ 153

二、中国个性化教育的动态 \ 155

三、中国个性化教育的反思 \ 156

第八章　建构主义教育思想 ···················· 160

第一节　建构主义教育思想的产生与发展 \ 160
一、建构主义的起源 \ 160

二、建构主义教育思想的发展 \ 161

三、建构主义教育思想的理论学说 \ 163

第二节　建构主义教育思想的基本观点 \ 165

一、建构主义教育的认知观 \ 165

二、建构主义教育的学习观 \ 166

三、建构主义教育的师生观 \ 167

第三节 建构主义教育思想理论和实践的反思 \ 169

一、建构主义教学模式对传统教学体系的挑战 \ 169

二、建构主义的教育思想对教师主导地位的挑战 \ 170

三、对建构主义教育思想的反思 \ 171

第四节 建构主义教育思想对中国教育的影响 \ 172

一、师生观的改变 \ 172

二、教学观的改变 \ 174

三、学习观的改变 \ 175

第九章 后现代主义思想教育 …………………………… 178

第一节 后现代主义产生的背景及发展 \ 178

一、后现代主义产生的背景 \ 178

二、后现代主义的发展 \ 180

第二节 后现代主义教育思想的理论倾向 \ 182

一、倡导批判性的教育研究理论 \ 182

二、重视个性的特质及非理性的培养 \ 183

三、关注教育的情景性、多变性和差异性 \ 185

第三节 后现代主义的基本观点及变革 \ 186

一、后现代主义教育的教育观 \ 186

二、后现代主义教育的变革 \ 189

第四节 后现代主义思潮下的中国教育 \ 191

一、后现代主义思想与中国传统教育思想之比较 \ 191

二、后现代主义思想对中国教育的启示 \ 192

三、后现代主义思想在中国的研究与探讨 \ 194

第十章 批判主义教育 ······ 199

第一节 批判主义教育思想的产生与发展 \ 200
一、批判主义教育思想的产生 \ 200
二、批判主义教育思想的发展 \ 202

第二节 批判主义教育理论的流派、理论及模式 \ 204
一、批判主义教育理论流派 \ 204
二、批判主义教育理论观点 \ 207
三、批判主义教育模式 \ 211

第三节 批判主义教育的特征、目标及反思 \ 213
一、批判主义教育的特征 \ 213
二、批判主义教育的目标 \ 216
三、对批判主义教育思想的反思 \ 217

第四节 中国批判主义教育的发展及其影响 \ 219
一、中国批判主义教育的发展 \ 219
二、批判主义教育对中国的影响 \ 221
三、中国批判主义教育对教育改革的探讨 \ 223

第十一章 智慧教育 ······ 228

第一节 智慧教育概念产生与发展 \ 229
一、智慧教育的产生 \ 229
二、国际智慧教育的发展现状 \ 230
三、智慧教育的理论生成 \ 232

第二节 智慧教育的内涵与理论基础 \ 233
一、智慧的定义 \ 233
二、智慧教育的界定 \ 234
三、智慧教育的内涵 \ 234

第三节 智慧教育体系的构建、特征和要求 \ 237

一、智慧教育体系的构建 \ 237

二、智慧教育的基本特征 \ 238

三、智慧教育对教学能力及学习能力的要求 \ 240

第四节 中国智慧教育的发展趋势 \ 243

一、中国智慧教育的理论研究 \ 243

二、推进智慧教育发展的原因 \ 244

三、中国智慧教育取得的进展 \ 245

四、智慧教育面临的困惑 \ 246

导　语

21世纪，随着经济的不断发展，教育在各个层面也有着明显的变化，首先是各级各类学校规模的变化，更多的是教育思想及教育理念的发展。纵观教育发展变化的进程，出现了许多颇有影响力的教育新思想及新理念。为了更好地理解把握国际教育新思想、新理念，有必要对发展过程中的教育理念进行再认知。

在20世纪中期，对教育定义的理解及看法随着教育类型和形式不断发生着变化。对教育定义广义的普遍理解认知是：教育是人类社会特有的有意识的一种社会实践活动。这说明教育是人类社会独有的行为，是培养人的社会现象；同时也阐述了教育与社会的关系，社会的发展要满足人们对教育的需求，更需要通过教育改变人们自身的生活，去适应社会的发展。

随着社会的发展进步，越来越多的人注意到教育不应再是特权阶层的权利，教育应该成为每个人的权利，追求平等的受教育权，是20世纪社会发展的主要目标。

教育研究者一直把教育作为一个研究领域，把教育活动作为一种社会特有的现象，在各个时期不断进行着探索和研究，最终产生了教育学。

"教育学"一词的出处可以追溯到古希腊时期，之后应用于欧洲的语言体系中。把教育学作为一门学科应用于课堂的是德国学者康德，他的论著《论教育学》明确地阐述了两个基本观点：一是教育学是一门学科；二是教育的实验性。

德国教育家赫尔巴特在心理学理论基础上，系统论述了什么是教育，对教育目的、原理、方法及原则都进行了系统的论证，可以说他的《普遍教育学》奠定了教育学成为独立学科的基础，被称作"教育之父"及第一位教育理论家。赫尔巴特的"教学具有教育性"的观点指出了教育与道德不可分，他的观点被扩展成一个新的学科，称作"教学论"，专门研究教学问题与教学方法。

赫尔巴特代表的传统教育学派经过较长的发展时期，教育学的知识体系不仅受到方法论的影响，也受到一些人文学科的影响。这些影响改变了教育的一些主题和内容，出现了新的学科观，如教育生态学、生命教育等。

教育学的产生与发展离不开社会发展的历史背景、文化传统及科学的发展。教育学的研究领域不再有别于其他学科，教育科学的发展势必随着社会发展而超越教育学的发展。就像教育学从哲学、心理学范畴区分开来一样，不同的人文学科也会将教育学整合到本学科中。而教育学更是要涉及不同学科领域，其目的是增加学科的广度，在课堂上培养社会关系，构建多门学科整合领域，这也是由教育知识开放性的特点决定的。

人的活动构成了社会，人类为了更好地生存、发展与生活，就必须不断地思考与改造社会，使之不断发展。社会的进步与人类不断创新的文明都离不开教育。教育思想与理念在对社会各种现象的思考中形成。中国的教育思想与理念可以追溯到两千多年前的春秋战国时期，追溯到中国古代教育思想家孔子——如他的"学而时习之，不亦说乎"的基本理念。西方的教育理念以苏格拉底的思想为代表。苏格拉底认为"理念作为模型存在于自然之中"，"每个理念只是我们心中的一个思想，所以只有单一的理念"，"而所谓理念正是思想想到的在一切情况下永远有着自身同一的那个单一的东西"。

"理念"是一个形而上的哲学概念，属于精神的范畴。而教育理念既要从教育哲学的基本范畴来认识理解，也要从教育的本体论、认识论来思考。

教育理念应该是教育长期发展过程中形成的具有价值取向的观点，能够体现各个时期教育思想家对精神理想的追求，具有稳定性、导向性及规范性的特征。

对于国际上出现的教育新理念，我们都要加以了解及掌握。只有了解了各个国家的教育思想及理念的发展，才有益于我们掌握国际教育的发展趋势。在了解国际教育理念的同时，分析、理解、思考这些教育理念的历史背景意义，用来指导我们的教育教学实践活动。

第一章 全民教育

> 学习目标
> 1. 了解：全民教育提出的背景
> 2. 掌握：全民教育的内涵
> 3. 分析：全民教育面临的挑战
> 4. 了解：全民教育在中国的战略地位及成就
>
> 关键词：全民教育　有教无类　泛智教育　全民教育全球监测报告

1990年联合国教科文组织在泰国召开世界全民教育大会，并通过了《世界全民教育宣言》和《满足基本学习需要的行动纲领》。全民教育的宗旨是：满足所有人的学习需要，以提高所有人的基本文化水平和谋生的基本技能。全民教育思想促进了教育的普及化、民主化、终身化的进程。国际间的合作推进了全民教育的实施，使满足基本学习的需要成为一种人类共同的普遍责任。全民教育理念是当今世界具有影响力的教育思潮之一。

第一节　全民教育理念提出的历史背景

一、全民教育理念的历史演变

1. 中国古代初期理念：有教无类

春秋战国时期，兼并战争繁乱，社会结构急剧变化，但是文化思想活跃。伟大教育家孔子提出"有教无类"的教育理念，语出《论语·卫灵公》。在教育对象的问题上，孔子明确提出"有教无类"，意思是人不分贵族与平民，地不分国界与华夷，只要有心向学，都可以入学受教。孔子"有教无类"的思想在中国教育史上影响深远。进入现代社会特别是20世纪后，全民教育愈益成为公民的普遍需要和共享的权利，为教育的全民性和普及性提供了充分的依据。

> 【论语原文】
> 子曰："有教无类。"
> 【译文】
> 孔子说："人人都可以接受教育，不分族类。"
> 【评析】
> 孔子对教育对象、教学内容和培养目标都有自己教育思想的特定性。他办教育，反映了当时文化下移的现实，学在官府的局面开始改变。他认为，除了出身贵族的子弟可以受教育外，其他各阶级、阶层都有受教育的可能性和权利。他广招门徒，不分种族、贫富，都可以到他的门下受教育。所以说，孔子是中国伟大的教育家，开创了中国古代私学的先例，奠定了中国传统教育的基本思想。

2. 近代社会的发展理念：泛智教育

17世纪，捷克教育家夸美纽斯提出了泛智教育思想。他在总结前人教育思想的基础上进行深入研究后提出"泛智论"："把一切事物教给一切人。"夸美纽斯的理念被认为是当今义务教育的雏形。

夸美纽斯提出"人人均应受教育""人人必须学习一切"的主张。他主张所有儿童不分性别、不论富贵贫贱，都应该有接受教育的机会，都应该学习一切最重要的知识，都应进学校。他的人人有权利接受教育的主张适应近代人文主义社会的发展，使人们意识到社会发展中出现的问题都与教育相互联系、相互制约。

3. 现代社会的民主理念：全民教育

20世纪60年代至80年代，随着社会与经济的发展，世界人口急剧增长，国际社会政治局势动荡，人口、环境、教育成为世界诸多国家面临的难题。社会发展问题已然影响到教育的普及。到1988年世界人口突破50亿大关，贫穷、环境问题凸显，人口的激增造成对资源的需求大增，文盲人数有增无减，初等教育难以满足学龄儿童的需要，相当比例的儿童中途辍学。因此引发世界对教育全民化的共同思考，全民教育的思想作为实现社会可持续发展的理念明确提出。

在一定程度上可以说，环境的污染和恶化、资源的短缺、不可持续的生产及生活方式、经济落后、历史因素的影响等无不与人口的激增有关。而全民教育——主要是普及初等教育、消除文盲及重视女童和妇女教育——与控制人口增长的关系尤为密切，而且这种关系是双向互为影响的。人口激增妨碍了初等教育的普及和巩固，是初等教育不能全民化十分重要的原因。20世纪90年代，社会问题的复杂性及全球性，使得全民教育初步得到国际社会的重视。

二、全民教育理念的提出

1990年3月，联合国科教文组织在泰国宗天召开了"世界全民教育大会"（World Conference on Education For All）。此次大会提出的主题思想理念就是"全民教育"，基本内涵是：扫除文盲、普及初等教育以及消除男女受教育的区别。这次"世界全民教育大会"，有150多个国家参与，人数众多，是世界教育史上的里程碑。会议向全世界号召实施全民教育，通过了《世界全民教育宣言》及《满足基本学习需要的行动纲领》两项决议。《世界全民教育宣言》明确提出全民教育的目标是满足全民的基本学习需要："每一个人，无论他是儿童、青年还是成人，都应能获益于旨在满足其基本学习需要的受教育机会"，"广泛提供机会和促进平等，扩大基础教育的手段和范围"。

由此,发展全民教育成为世界绝大多数国家向国际社会做出的政治承诺,成为各国教育发展的重要目标,并依此制定国家教育政策的指导原则。

全民教育最主要的具体目标是:

(1) 扩大幼儿的看护和发展活动,包括家庭和社区的参与,尤其是针对贫困儿童、处境不利儿童和残疾儿童的看护和发展活动;

(2) 到2000年普及并完成初等教育;

(3) 提高学习成绩,使适当年龄组认可的百分比(如14岁年龄组的80%)达到或超过规定的必要学习成绩的水平;

(4) 降低成人文盲率(各国自定适当的年龄组),例如,到2000年减少至1900年水平的一半,要特别重视妇女扫盲以明显地减少男女文盲率之间的差异。

这两份文献确定了全民教育的目标、实施方法及具体行动计划,并敦促世界各国在物质道义上做出努力,此次大会的两份文献开启了世界各国实施全民教育的历程。

三、全民教育的国际支持

1990年9月世界儿童问题首脑会议通过的《儿童的生存、保护和发展的世界宣言》及实施宣言的行动纲领,专门论述了全民教育之目的,指出,在目前1亿儿童(其中66.6%是女童)未接受任何基础教育的情况下,"基础教育和全民教育的规定是可以为世界儿童发展作出的最为重要的贡献之一",为实现全民教育目标必须采取五条具体措施:

(1) 扩充幼儿早期发展的活动;

(2) 普及初等教育,包括至少80%的学龄儿童小学毕业或达到相应的学习成绩,尤其注意减少目前存在于男女儿童之间的差距;

(3) 减少一半的成人文盲,特别是女性文盲;

(4) 职业培训和为就业做准备;

（5）通过所有的渠道包括现代的和传统的交流手段，增强知识、技能和价值的获得，以改善儿童及其家庭的生活质量。

1992年6月在巴西里约热内卢召开的"联合国环境与发展大会"；1994年9月在埃及开罗举行的"国际人口与发展大会""社会发展问题世界首脑会议"；1995年3月在丹麦哥本哈根召开的"联合国第四次世界妇女大会"；1995年9月在中国北京等地举行的一系列重大会议，虽然都各有主题，但又都从不同的侧面强调了全民教育的意义，尤其是强调全民教育对促进人口、解决环境、社会发展、妇女问题的积极作用，重申了国际社会对实现全民教育目标的承诺。

2010年1月19日在联合国纽约总部，联合国秘书长潘基文和联合国教科文组织新任总干事伊莲娜·博科娃共同发布了《2010年全民教育全球监测报告》，主题是"向边缘群体提供教育"。报告指出，全球金融危机威胁着世界上最贫困国家千百万儿童受教育的机会，缓慢的经济增长、贫困的加剧和财政预算的压力有可能抵消过去10年取得的成果。如果不将全纳教育作为全民教育议程的核心，各项全民教育目标以及千年发展目标就将难以实现。公平且全纳的教育是消除社会不公，实现机会均等建设、创新和民主社会的有效途径。

《全民教育全球监测报告》每年发布一次，由独立专家组撰写，目的是评估160多个国家承诺实施全民教育六大目标的进展情况。例如，开罗会议的行动纲领在教育方面强调了普及初等学校教育和扫除文盲的必要性以及职业培训和消除男女性别不平等的必要性，特别关注基础教育、人口和社会发展三者之间相互依赖的关系，并呼吁各国确保尽可能快地实现初等教育普及，在2015年前切实关注教育质量的提高和采取有力措施，以防止学生尤其是女童辍学。

全民教育的国际支持还来自联合国系统的机构、政府间组织、非政府组织、多边和双边资助机构等在财力和物力方面所作的承诺，涉及非常明确的经费资助目标。在一定程度上，发展中国家的一些全民教育项目得到了国际社会的支持。例如，自"宗天大会"之后，世界银行已经将基础教育领域的贷款从1990年的5亿美元提高至1993年的10亿美元；教科文组织也在1990年后将用于扫盲教育和基础教育的经费资助等资源增加了一倍；儿童基金会则计划到1995年将其全部预算的25%用于基础教育；等等。

全民教育是20世纪90年代提出的新的教育理念。其目标就是满足所有人的基本学习需求，使每一个人都可以受教育，接受社会为每一个人提供的知识与技能；通过接受教育改善自身的状况，使所有人都可以自立、自尊地生活；通过不断学习完善自己，进一步成为为国家乃至为全人类发展而有所贡献的公民。

第二节　全民教育的基本理念

20世纪90年代联合国教科文组织提出的全民教育的新思想、新理念，全面系统地明确了不同领域的扫盲计划、普及初等教育等目标。涉及学前教育、初等教育、成人教育及扫盲教育不同领域，此次全民教育提出的终极目标是为了满足所有人的学习需要，旨在满足每一个人都有受教育的学习机会。

全民教育的理念区别于以往对教育概念的理解，首次提出满足基本学习的需要。从学习者的个人角度分析，基本学习需要可以诠释为：基本的学习手段，包括读、写、口语表达、基本演算和问题的解决，基本学习的手段可以满足学习者个人的基本生存、发展，改善自身的生活条件并为终身学习做必要的准备；从社会的角度分析，基本学习需要可以诠释为：基本的学习内容，包括物质文化和精神文化，学习者作为社会成员有必要和责任传承世界共同文化遗产及丰富各种精神财富，接受更多有关对世界的理解、宽容及促进维护国际和平的理念。

1990年宗天会议通过的《世界全民教育宣言：满足基本学习需要》，从三个方面阐述了全民教育的基本思想。

一、教育对象的全民化

全民教育的首要主张是教育对象的全民化，即人人都有权利接受教育，教育必须向所有人开放。任何人，无论年龄、性别、种族、语言、肤色、经济条件、社会地位、宗教信仰、政治主张，都有接受教育的权利。全民教育的对象范围是指全体民众，但是，民众有水平、层次、程度之别。全民教育有水平、层次、程度之分，指所有人都必须接受基础教育，只能接受不同程度的教育，人人都接受高等教育也不现实。这里全民教育的含义是指全民的基础教育。

全民教育主张，除了所有人都享有接受基础教育的权利，还要促进教育机会的平等。这是源于目前世界上的一些国家及地区还存在女性入学受限制受歧视的状况。性别的差别对待，对弱势群体的差别对待，都导致了受教育机会的不平等，不仅对个体发展不利，也对社会发展造成了不良影响。

要解决这个十分现实的社会问题，需要各个国家的教育部门、教育机构平等对待社会不同的群体，需要全社会的参与和支持，只有这样，全民教育的目标才能实现。

从个人发展层次上看，全民教育既是使每个社会成员都享有受教育的权利并借以实现社会中平等的根本保证，又是使每个人获得生存和发展能力的基本手段。

从社会或国家发展的层次看，全民教育既是社会经济进步带来的必然结果，也是社会和国家走出危机、摆脱贫困、实现繁荣的必然选择。

从全世界的整体发展看，全民教育是促进世界文明和共同繁荣的需要。目前，全世界正面临一些严峻问题，全民教育有助于缓解贫困，解决环境、儿童失学、新文盲、成人扫盲、功能性文盲等问题。

二、满足所有人的基本学习需要

《世界全民教育宣言》第一条指出："每一个人——儿童、青年和成人都应获得旨在满足其基本学习需要的受教育机会。基本学习需要包括基本的学习手段（如读写、口头表达、演算和问题解决）和基本的学习内容（如知识、技能、价值观念和态度）。这些内容和手段是人们为能生存下去，充分发展自己的能力，有尊严地生活和工作，充分参与发展，改善自己的生活质量，做出有见识的决策并能继续学习所需要的。"《宣言》指出全民教育不仅仅是目的，而且是终身教育的基础。全民教育扩展了基础教育的范围，涵盖了幼儿看护及发展、初等教育、等同水平的校外教育、扫盲教育、成人教育等正规与非正规教育，同时强调了全社会要运用各种方式及途径来满足全民的基础教育。

全民教育也提出了对学习需要的基本要求，关注学习者的学习结果及知识的实际应用性、技能的操作性，以及所学社会价值观的正确性，十分重视学习环境的改善，主张提供接受教育所必需的保障，包括卫生、健康方面物质及情感等必要的条件满足。

全民教育是满足所有人（包括儿童、青年和成人）的基本学习需要。满足基本学习需要可以是任何社会中的任何个人有能力且有责任去尊重和依赖他们共同的文化、语言和精神的遗产，促进教育的发展，推动社会的正义，保护环境，宽容与自己不同的社会、政治和宗教制度，坚持人们所普遍接受的人道主义价值观和人权。教育发展的基本目的就是传递并丰富共同的文化和道德价值，使个人、社会的特性和价值都得到体现。

三、全民教育的普及

全民教育是近10年来在全世界兴起的基本教育运动，目的是使所有人都能受到教育，特别是使所有适龄儿童都进入小学，降低辍学率，扫除所有中青年文盲。这一运动得到各国特别是发展中国家的积极响应，并形成一种跨世纪的、席卷全球的教育思潮。

全民教育的普及强调的是教育机会的均等，教育机会均等已被全世界普遍公认。全民教育普及的实现，在各个国家通过义务教育制度提供保障，义务教育具有强制性、普及性的特点，依靠教育法律法规约束教育普及，是一种制度保障机制。

全民教育的重点是儿童初等教育的普及和成人的扫盲。全民教育思想着眼全球，从解放人类普遍关心的、困扰人类的一些世界性问题，来审视教育在人类进步和社会发展中的重要作用。主张向儿童、青年和成人提供基础教育，扩大高质量的基础教育服务，采取一切措施减少差异。

根据联合国教科文组织的有关统计资料，到20世纪80年代初，已有60多个国家实施义务教育法。义务教育年限的长短，由各国的经济发展水平和文化教育程度决定。我国1985年5月27日《中共中央关于教育体制改革的决定》指出：义务教育，即依法律规定适龄儿童和青少年都必须接受，国家、社会、家庭必须予以保证的国民教育。义务教育是提升国民素质的基础，也是实现社会公平的起点。全民教育的普及是现代社会生产力发展及现代生活的必需，是现代文明的标志。

综上所述，全民教育就是教育对象全民化，人人都有接受教育的权利；全民教育的目的在于满足基本学习需要；全民教育的普及需要教育法律法规制度的保障。要实施全民教育，需要和平的国际大环境，更需要各个国家、政府做出承诺并出台良好的政策，并给予财政资金的支持。

第三节　全民教育的进程与挑战

一、全民教育的进程

1990年世界全民教育大会之后，全民教育得到了国际社会的普遍关注与积极响应，教育被放到优先发展的地位。全民教育的观念成为公众媒体关注的焦点之一。

20世纪90年代初期，世界各国的政府和教育部相继出台教育政策与计划，增加基础教育经费。几乎所有国家都将实施全民教育重点放在了正规的基础教育上。90年代中期，国际社会对全民教育概念的界定逐渐扩大，"基础教育"意义上的小学阶段发展到初中阶段。有少数国家将第三级教育也划入"基础教育"范围内。

2000年联合国教科文组织通过《达喀尔行动纲领》，深化发展了全民教育思想，提出到2015年实现全民教育的六大目标。

《2004年全民教育全球监测报告》数据显示：在181个国家中，约有2/3的国家在初等教育领域实现了两性平等。

《2006年全民教育全球监测报告》强调全民教育的主题是扫盲。

《2007年全民教育全球监测报告》数据显示：125个国家里，47个国家已经实现全民教育的基本目标。

《2013年全民教育全球监测报告》提出："教学与学习：实现高质量全民教育。"

全民教育实施数十年，在联合国教科文组织出版的文献中，可以看到全民教育数量指标都有进展，各国政府都在努力提高儿童入学率、关注幼儿教育、普及义务教育、加强青少年继续教育、开展扫盲教育和两性平等教育方面取得了巨大成就。

二、全民教育面临的挑战

由于各个国家的政治经济文化以及教育体制不同，各国政府对全民教育的承诺、参与、支持与投入也各不相同，各国的全民教育进程及发展速度差别较大，在一定的程度上影响了全民教育目标的实现。

1. 贫穷造成的失学

贫穷、男女不平等和社会排斥仍是实现全民教育目标的障碍。《2013年全民教育全球监测报告》指出：约有5700万名儿童依然因没有上学而无法学习。到2015年，全民教育的基本目标没有完全实现。

鉴于教育缺乏强有力的多边框架来保证资金到位，捐助来源有限，难以获得私营部门的支持，英国教育改革的"快车道计划"没有发挥应有的作用等问题，国际社会建议全球教育援助协调机构进行彻底改革。借鉴全球健康基金的经验，建立一个更为有效的多边教育援助方式，将重点放在弥补经费缺口、提高学业成绩和提升教育公平等问题上。捐助方也需要运用更为灵活的方法增加对受冲突影响国家的支持。

为了实现全民教育的目标，各国政府应当加倍努力为所有身处弱势的人提供学习机会，无论他们是因为贫穷、性别、居住地还是因为其他因素而陷于不利境地。努力解决各种形式的男女不平等问题，既包括女童继续处于不利境地的问题，又包括男孩被边缘化的问题，消除影响入学、完学、成绩和有质量地学习的障碍。教育女性，就可以让妇女有能力保护儿童的生命；教育全社会，就能实现社会转型和经济发展。各个政府承诺将通过相应的计划，在学校体系内外，致力于满足包括男女生在内的少年儿童的特定教育需求，注重生活技能的培养。

对已经入学的儿童来说，低质量的教育也是儿童学习的阻碍。据报告显示：1/3的小学适龄儿童，无论上学与否，都没有学好基本技能。

2. 政策资金投入不足

报告称：目前，基础教育每年的资金缺口达260亿美元。如何保证资金的充分投入，各国政府的改革政策需要加大对全民教育的经费投入，需要各种方式的融资渠道。平等入学与平等学习已经成为21世纪教育目标的核心。国际社会一定要保证全体儿童和青少年都可以学习基本技能，有机会获得作为全球公民所必需的可迁移的技能。各国政府还需要制订明确的可量度的目标，国际社会仍需对各政府及各种组织的捐助进行追踪与监测，以保障各种援助资金不再缩减。

国际社会更要集中力量解决最弱势群体的全民教育需求。目前一些处于世界冲突境地的国家和地区的教育统计数据暂且被全民教育全球监测报告忽略。这些国家和地区的儿童及成人的全民教育，国际社会更要给予特殊的关注。2006年2月，联合国教科文组织执行局在第一百七十四届会议上发布了"总干事关于建立和实施南南教育合作计划的财务影响的报告"。该报告提及了执行局以往的两项研究成果：一项研究是关于在教育领域实行"南南合作"和互助应采取何种形式问题，另一项是关于在教育领域建立一项南南合作计划基金的可行性问题。由于人口的绝对数量庞大，那些人口众多国家的"南南合作"对达喀尔目标的实现更是起决定作用。

建立更为灵活的国家教育体系，通过非政府组织、社区及私营部门举办非正规教育。提供符合青年及成人需求的技能培训，开展与就业相结合的学习计划，重新向边缘群体打开教育之门。加大民间办学监督力度，并将其纳入国家教育体系。

3. 全民教育质量指标的衡量

在全民教育实施进程中，各国政府在提高儿童入学率、义务教育普及率和增加儿童入学机会等方面都做出了巨大努力，但是极少看到提高教育质量的统计数据，对教育质量的衡量指标不明确。学习者能够学到的知识的多少与理解把握的程度，都没有明确的显示。全民教育的质量问题决定各个国家的教育努力程度，也是实现个人发展及社会发展目标的关键所在。

《2005年全民教育全球监测报告》中提出了对教育质量衡量的指标体系，用来调查各国政府提高全民教育质量的进展。指标体系：一是教育的主要目的是学习者认知能力的发展；二是教育对促进公民价值观、态度、创造能力和情感的发展所起到的作用，并给出综合影响教育质量的五大因素：学习者的多样性、社会环境、物质资源和人力资源、教学过程和教育效率。该报告对教育质量的关注和理解为各国认识、监测和提高教育质量提供了蓝图。

2014年联合国第11次《全民教育全球监测报告》认为：教育质量的评价主要关注入学率、辍学率、测试结果及进展。报告指出，这些评价重视输入和输出，原因在于它们比教学过程本身更容易测量。目前，很多西方国家已经开始重视课堂教学过程，因为课堂是影响教育质量的重要因素。教育质量评价需要从重视输入和输出转向重视学习过程。国家、国际组织和其他教育利益相关者需要知道课堂教学过程怎样反映这种转变。报告认为，为了学生的全面发展，课堂教学策略的价值应包括：积极性、合作和学习者的自我指导；教师学习策略的有益性；课程的相关性；教科书内容的相关性和可接受性；技术辅助的促进和帮助；班级内不同社会、种族、性别群体的学习经历；持续性的校本教师专业发展的有效性；确保教师和社区之间的良性互动。

4. 师资的匮乏

《2013年全民教育全球监测报告》中提到青年文盲率高的一个主要原因是教师的质量。开发教师的潜能是提高学习者学习质量的首要因素。有证据表明，支持教师可以提高教育质量，反之则会降低教育质量，只有教师优秀，教育系统才能卓越。

报告表明各国政府务必加紧努力，在2015年前再招聘160万名教师以普及初等教育。本报告提出了为全体儿童接受高质量教育贡献最优师资的四种策略。首先，必须遴选适合的教师，回应他们未来教学所面向的学生的多样性。其次，教师必须经过培训，从而从低年级开始支持最弱势的学生。再次，为了消除学习中的不平等，应当把最优秀的教师输送到国家最困难的地方去。最后，各国政府务必对教师进行恰当的综合性的激励，鼓励他们坚持从教，并确保全体儿童无论境遇如何都能继续学习。

本报告还表明，只有在适当的环境中，提供精心设计的课程以及能促进教与学的评估策略，教师才能发光发热。

全民教育思想是当今世界具有影响力的教育思潮之一，各国政府投资于教育，把教育视为社会发展的助推器，全民教育推动了教育的普及化、民主化、终身化进程。世界各国都开始关注社会的发展、生态环境的变化，深刻认识到满足所有人的学习需要的重要意义，认识到全民教育在解决人类困境中的重要作用。

全民教育为所有发展目标的进展赋予了可持续性。各个国家已把全民教育目标纳入国家发展议程，并寻求国际社会的广泛合作支持。

第四节 全民教育在中国的实践与反思

一、中国全民教育的战略部署

20世纪90年代以来，作为联合国教科文组织成员国，中国政府率先承诺在全国普及全民教育。为此，中国政府始终把教育放在优先发展的战略地位，积极推进普及九年义务教育和扫除青壮年文盲，大力发展农村教育，使中国人口的整体素质进一步提高，为世界全民教育的发展做出了积极贡献。

2005年11月27日由教育部、外交部、商务部共同举办的"中非教育部长论坛"在北京举行。"中非教育部长论坛"是中国政府在推动全民教育发展的同时，加强同其他国家、组织的交流与合作，以共同推进世界全民教育事业的健康发展的举措。这个论坛是在"中非合作论坛"框架内，作为其重要后续行动之一开展教育多边合作的一种新尝试，中国在全民教育领域积累的经验可供非洲国家参考和借鉴。

在联合国教科文组织的推动下，中国第五届全民教育高层会议于2005年11月28日在中国北京召开，这是中国教育部与联合国教科文组织联合承办的国际会议，是在中国召开的第一次规模较大、规格很高的政府间国际教育会议，部分国家首脑、近40位教育部长或国际援助部长以及重要国际组织（包括非政府组织）的首席执行官参加。会议探讨了全民教育，特别是农村教育和扫盲教育问题，以共同促进世界各国全民教育事业的发展。会议在延续以往几届会议的基础上，在作出全民教育发展的庄重承诺的同时，发表了《北京公报》。这不仅是国际社会特别是发展中国家重申实现六大目标的庄严承诺，也是推动全民教育优先发展的重要途径，已成为推动我国全民教育发展史上的一块新的里程碑。

中国政府把全民教育作为惠及全体公民生活质量的基本途径，以农村教育作为实现全民教育的关键环节，采取一系列措施，推进全民教育的优先发展：

1993年中共中央、国务院发布《中国教育改革和发展纲要》，国务院为此下发关于《中国教育改革和发展纲要》的实施意见；

2001年国务院颁布了《关于基础教育改革与发展的决定》；

2003年国务院颁布了《国务院关于进一步加强农村教育工作的决定》；

2004年教育部颁布了《2003—2007年教育振兴行动计划》；

2005年国务院颁布了《关于大力发展职业教育的决定》；

2010年国务院颁布《国家中长期教育改革和发展规划纲要（2010—2020年）》。

二、中国全民教育取得的成就

2000年，联合国教科文组织世界教育论坛通过了《达喀尔行动纲领》，确认了各国为每个公民和社会实现全民教育的六项目标（扫盲、发展幼儿教育、普及初等教育、促进男女教育机会平等、生活技能培训、全面提高教育质量），其中有三项（扫盲、普及初等教育、男女教育机会平等）已列入联合国大会通过的"千年发展目标"。核心内容就是在2015年以前实现全民免费初等义务教育。

面对国际社会新的发展形势和历史机遇，秉承达喀尔行动纲领要求，我国初步形成了21世纪前20年中国全民教育发展的战略目标，并提出了相应的战略举措，提高全民教育的发展水平和质量。2005年11月我国教育部首次发布《中国全民教育国家报告》，使世界各国更好地了解了中国为全民教育事业所做出的努力。

报告全面总结了2000年达喀尔会议以来，中国全民教育实现的新的突破：

1. 义务教育发展取得历史性进步

基本普及九年义务教育、基本扫除青壮年文盲（以下简称"两基"）取得显著进展，教育的性别差异明显缩小。目前，中国6—14岁儿童约有1.8亿人，在2000年基本普及九年义务教育、基本扫除青壮年文盲之后这几年，中国政府又实施西部"两基"攻坚，特别是对贫困地区家庭学生提供资助政策的出台，对提高农村学生的巩固率、降低辍学率以及保证适龄儿童按时入学等方面，发挥了巨大作用，有力地促进了农村义务教育发展。2004年全国通过"两基"验收的县、市、区达到2774个（含其他县级行政区划单位199个），"两基"人口覆盖率由2000年的85%提高到93.6%。西部12个省、直辖市已按要求全面推进"两基"的实现。2004年全国小学在校生1.12亿人，学龄儿童净入学率达到98.95%，小学毕业生的升学率达到98.1%，比2000年提高3.2个百分点，农村与城市的差距进一步缩小；初中阶段在校生6528万人，毛入学率达到94.1%，比2000年提高5.5个百分点。

农村义务教育得到空前的重视和推进，投入水平、教师素质、办学条件得到明显改善。教育发展有力地支撑了中国经济和社会的快速发展。

2. 成人扫盲取得巨大成就

2001—2004年全国共扫除文盲803万人，年均扫除文盲200多万人，青壮年文盲率控制在4%左右，成人识字率有较大提高，居发展中人口大国前列。2000年成人识字率已达到90.9%。1984年至2004年间，中国在联合国教科文组织颁发的"国际扫盲奖"中，荣获"野间扫盲奖"及"野间扫盲奖"荣誉奖、"娜杰达·克·克鲁普斯卡娅奖""国际阅读协会扫盲奖""世宗王奖"及"世宗王奖"表扬奖、"国际扫盲奖"表扬奖等14个奖项。其中，中国的四川省巴中县、山东省五莲县、河南省西平县、新疆、全国妇女联合会、甘肃省天水市和青海省等获得了国际扫盲大奖和奖金。

3. 农村职业教育和成人技术培训得到进一步发展

农村广泛开展实用技术培训和劳动力转移培训。满足农民群众多样化的学习需求，中国政府在农村因地制宜开展灵活多样的农民教育与培训。在部分地区实行"一网两工程"，建立职成教育为农服务网，实施职成教育强县富民工程和职成教育促进劳动力转移培训工程。

利用农业、科技、教育部门的资源，共同开展技术引进、教育培训、推广服务等工作。鼓励有丰富实践经验的专业技术人员指导和支持农村学校开展各种劳动实践活动。

4. 中国小学适龄女童基本都能接受教育

2004年女童小学入学率为98.93%，男女性别差异进一步缩小，从1995年的0.70%缩小到0.04%，初中入学的性别差异显著缩小，女童入学难的问题得到基本解决。

5. 少数民族教育进一步发展

民族地区"两基"攻坚取得新进展。到2004年底，全国民族自治地方共699个县级行政区划单位中，已有474个县实现了"两基"目标，占总数的67.8%。

6. 中国的残疾儿童特殊教育受到了政府和社会的特别关爱

2004年，全国特殊教育学校达1560所，比2000年增加29所；在校残疾学生37.2万人，与2000年基本持平。其中在普通学校随班就读的残疾儿童达到24.3万人，占特殊教育在校生总数的65.3%。

中国政府始终把全民教育摆在优先发展的战略地位。为了更好地落实《达喀尔行动纲领》确定的各项目标，中国政府对21世纪初教育发展进行了全面部署，从加快农村教育发展、推进成人扫盲工作以及消除性别差异三个方面切实推进全民教育的发展。同时，探索出一条中国农村教育的发展道路。中国政府从国情出发，实施分区规划与分类指导，为农村九年义务教育提供了条件保障；将加强农村中小学师资队伍建设作为普及九年义务教育的关键，并充分利用远程教育来提高教育质量；坚持农业、科技、教育相结合和基础教育、职业教育与成人教育统筹协调发展，有力地推动了农村经济和社会的发展。中国政府加大对农村和贫困地区的投入力度，建立发达地区对欠发达地区、城市对农村的对口支援制度，广泛动员和鼓励民间捐资助学，积极开展国际合作，充分利用国际援助，推进了全民教育的均衡发展。

三、中国全民教育的反思

随着社会经济的不断发展，中国的全民教育事业也面临着许多新的问题。中国不仅要保持已经取得的成果，还要面对和解决不断出现的新问题。中国有自己的文化传统和社会制度，有自己的国情，也存在明显的教育差异。

1. 全民教育发展不均衡问题

中国全民教育仍存在明显的地区差异、城乡差异、学校差异和群体差异，中西部地区教育仍落后于东部地区，农村地区落后于城市地区，边远地区部分少数民族教育水平很低，城乡外来务工人员子女的基本教育权利仍得不到有效保障，农村劳动者科学文化素质水平有待提高，对农民的培训滞后，特殊群体受教育的权利没有完全得到保障等，这些都是中国全民教育面临的现实挑战。

2. 全民教育的质量问题

我国全民教育的质量还不够理想，表现在教育面狭窄、水平不高，弱势群体虽然也能接受普通教育了，但学习到的知识、技能不全面不扎实。发展全民教育，不仅要重视教育的规模与数量，更要注重质量，注重生产与生活知识、工作技能的培养，关注人的全面发展。真正把全民教育摆在优先发展的战略地位上，改善偏远、贫困落后地区的办学条件，为每一个学生提供平等的受教育机会，为所有的处于不利地位的每个公民提供公共性的职业技能培训，提高个体的生存与发展能力，为促进社会稳定、协调发展提供最基本的保障。

3. 全民教育发展机制有待改善

教育部门、机构所有制的界限条框较多，全社会力量的积极性没有完全调动起来，各类公共教育资源没有充分享用，仍没有形成社会多方位参与全民教育的局面。

农村义务教育没有完全纳入公共财政体系，没有完全实现农村成人实用技能和农村剩余劳动力的转移培训。

强化农村教师队伍建设、提高农村教师素质，需要建立完善的教师任教服务体制，拓宽农村教师的来源渠道，逐步提高农村教育的学历层次。

4. 全民教育督导评估体系有待改善

对不同类型地区与学校应该进行分类督导评估，建立有利于确保地方教育目标实现的激励机制，充分发挥教育督导评估在推动教育区域均衡和城乡均衡中的作用。把教育均衡发展作为督政督学的重要指标和内容，建立对各地基础教育发展水平和素质教育实施状况的动态监测机制。

第一章 全民教育

本章综述

通过本章的学习，纵观全民教育的发展历程，全面透彻了解全民教育及其新的发展观。本章详尽阐述了全民教育的目标，对全民教育的内涵做了进一步的延伸和拓展。全民教育的目标就是采取综合性的方法来满足基本学习需要，包括教育、卫生、营养等方面的需求。同时也要了解中国全民教育的战略部署、取得的成就及存在的问题。

附录：

新闻摘录1：中国全民教育国家报告

2005年11月10日中新网消息：2005年11月10日上午，在国务院新闻办公室举行的新闻发布会上，教育部首次发布《中国全民教育国家报告》。

《中国全民教育国家报告》全面总结了2000年达喀尔世界全民教育会议以来中国全民教育实现的历史性突破，充分展示了中国在学前教育、义务教育、职业教育、成人扫盲及少数民族教育等方面的巨大进展，清晰地记述了具有中国特色的全民教育历程。

报告指出，我国6—14岁儿童约1.8亿人，2004年全国小学在校生1.12亿人，学龄儿童净入学率达到98.95%，小学毕业生的升学率达到98.1%，比2000年提高3.2个百分点，农村与城市的差距进一步缩小；初中阶段在校生6528万人，毛入学率达到94.1%，比2000年提高5.5个百分点。2004年全国通过"两基"验收的县市区达到2774个（含其他县级行政区划单位199个），"两基"人口覆盖率由2000年的85%提高到93.6%。西部12个省、直辖市已按要求全面推进"两基"的实现。

2001—2004年，全国共扫除文盲803万人，年均扫除文盲200多万人，青壮年文盲率控制在4%左右，成人识字率居发展中人口大国前列。中国的四川省巴中县、山东省五莲县、河南省西平县、新疆、全国妇女联合会、甘肃省天水市和青海省获得了国际扫盲大奖。

到2004年底，全国民族自治地方共699个县级行政区划单位中，已有474个县实现了"两基"目标，占总数的67.8%。中国的残疾儿童受到了政府和社会的特别关爱。2004年，全国特殊教育学校达1560所，比2000年增加了29所；在校残疾学生37.2万人，与2000年基本持平。其中在普通学校随班就读的残疾儿童达到24.3万人，占特殊教育在校生总数的65.3%。

报告还显示，近年来，我国农村职业教育和成人技术培训得到进一步发展，农村实用技术培训和劳动力转移培训广泛开展。

2000年在塞内加尔首都达喀尔召开的行动论坛通过的行动纲领共有六条目标，核心内容就是在2015年实现全民范围内免费初等义务教育，以及2005年消除小学和初中教育阶段的差别，2015年消除所有教育阶段的性别差别。

面对这一新的发展形势和历史机遇，秉承达喀尔行动纲领要求，中国政府始终把全民教育摆在优先发展的战略地位，积极推进普及九年义务教育和扫除青壮年文盲，大力发展农村教育，使中国人口的整体素质得到进一步提高，为世界全民教育的发展做出了积极贡献。目前在发展中人口大国里，中国已成为世界上唯一同时实现"文盲人口减半"和"贫困人口减半"的国家。

提高全民教育的发展水平和质量，既是各国普遍的共识和一致的呼声，也是各国政府持续努力的方向。《中国全民教育国家报告》使世界各国更好地了解中国及为全民教育事业所作出的努力。

新闻摘录2：联合国教科文组织仅1/3国家实现全民教育目标

2015年04月15日 来源：中国教育报

4月9日，联合国教科文组织发布《2015年全民教育全球监测报告》，显示全世界仅有1/3的国家实现了该组织2000年制定的全民教育（Education for All，简称EFA）所有目标，其中拉丁美洲和加勒比地区的国家只有古巴。

联合国教科文组织2000年至2015年全民教育计划目标包括：扩大早期儿童保健和教育；普及初等教育，尤其对于女孩、少数民族和被边缘化的儿童；确保青年和成年人获得平等的学习和生活技能的机会；到2015年成人文盲率降低50%；实现教育上的性别平等；提高教育质量并确保有一个面向所有学生的评估体系等。

该报告强调，为了确保全世界能够在2030年达到新的全球教育目标，国际社会需要密切合作，每年为这一事业提供约220亿美元的资金支持。

对于全世界全民教育的改善，《2015年全民教育全球监测报告》建议：各国政府规定本国国民履行至少一年的学前教育义务；义务教育免费；教科书的成本、校服和校车都免费；优先考虑每个教育阶段学生技能的获得；批准和实施最低就业年龄的国际公约；文化政策与社会需要一致；各个层次的性别歧视都被废止。

到2030年，各国应该确保所有的儿童、青少年完成学前教育、初等教育和初级中学教育；政府应该在终身学习的契机之下大幅增加成人学习和受教育的机会；教育部门应该与国家以及全球性的其他部门密切合作，以实现可持续发展。

思考题：你对全民教育是如何理解的？

第二章 全纳教育

> 学习目标
> 1. 了解：全纳教育的进程
> 2. 掌握：全纳教育的含义
> 3. 分析：全纳教育面临的挑战
> 4. 了解：中国全纳教育的理论实践研究及现状
>
> 关键词：全纳教育　特殊教育　教育观念　特殊群体

全纳教育（inclusive education）出自1994年6月10日在西班牙的萨拉曼卡召开的《世界特殊需要教育大会》上通过的一项宣言。宣言中提出了一种新的教育理念和教育过程，明确了教育必须容纳所有儿童（包括残疾儿童），反对排斥、歧视。不仅积极参与，满足不同需求，而且是一种没有排斥、没有歧视、没有分类的教育。

第一节　全纳教育理念的发展进程

一、全纳教育理念的历史背景

全纳教育经历了一个渐进的发展历程。最初的人类社会，对残疾儿童的出生一直持歧视的态度，被认为是不祥的征兆。在古代的斯巴达，身体孱弱或残疾的新生儿会被弃之荒野。这样的儿童连生存的权利都无法保障，遑论教育。古代希伯来人、埃及人及古巴比伦人也都认为残障者是鬼怪、精灵，是上帝的惩罚，要用鞭打、火燎等手段来驱邪。中世纪以前，人类由于受自然、迷信、自我认识的局限性等因素的影响，充满对残疾的恐惧与无知，对特殊儿童采取野蛮灭绝的手段。

中世纪以后，特别是欧洲文艺复兴时期，新思想"自由""平等""博爱"以及"人皆有用""人皆平等"等，改变了对残疾儿童的看法，开始有进步仁爱之士不断为残疾人争取平等受教育的机会。

随着自然科学的发展，医学和解剖学对儿童生理缺陷的原因有了唯物主义的认识，对生理缺陷、语言发展、知识获得之间的联系，破除了原有的宗教、迷信观念，而现代哲学和教育学的形成促进了特殊教育的产生。

1. 隔离化特殊教育

1770年，世界上第一所特殊教育学校——公立残障学校在法国创立。

1864年，美国华盛顿建立了世界上第一所聋人高等教育机构——加劳德特聋人学院，1888年建立了最早的聋童幼儿园。

在长达两个多世纪的发展历程中，特殊教育基本上是一种与普通教育相隔离的独立的教育体系。这个体系虽然规定了特殊学校只招收特殊学生，区分于普通学校的教育，但是人们的思想毕竟由残疾人不能学习转变为可以接受某种特定的教育的观念，这是人类社会的一大进步。

传统的特殊教育是将鉴定为残疾的学生安置在专门为他们而设的特殊学校或机构内，通常这些特殊学校设施相对比较齐全，有接受过专门教育训练的专业教师，大多数残疾学生住校，基本上与有同样残疾的学生在一起。

长期以来，各国特殊教育是在专门隔离的教育环境中进行的，与普通教育没有交集，是特殊教育与普通教育相隔离的二元体制。这些接受特殊教育的残疾儿童较少与家庭、社会的正常人接触，人们逐渐认识到这种隔离式教育的诸多不足，狭小的教育环境限制了残疾儿童的思维模式，对残疾学生回归社会非常不利。

二战之后，争取民主平等、维护人权尊严一直是世界各国社会发展的主要潮流，主要表现在：反对种族歧视，争取民族平等；反对性别歧视，争取妇女权益；反对排斥残疾人，争取残疾人平等。这些潮流引起了教育界的呼应。一些教育研究者对传统特殊教育的现实提出质疑，主张特殊教育正常化。

2. 正常化特殊教育

20世纪60年代，瑞士人本哥特·尼尔耶提出了特殊教育正常化的原则。他主张：残疾人与正常人在相同或近似的条件下生活，改变原来隔离化的特殊教育模式，使残疾儿童融合到普通教育的学习环境中，与正常儿童的主流社会文化保持联系。

20世纪70年代中期，美国发布了《所有残疾儿童教育法》，开展"回归主流"的教育运动。该法的三个核心观点是"零拒绝、个别化教育方案和最少限制的环境"。

正常化特殊教育要求，必须排除各种环境限制，将特殊学校的学生统合到普通学校，打破传统隔离式特殊教育的围墙，使身心障碍者都能够接受各种社会，能够积极参与到各种社会活动中。"回归主流"的理论，是特殊教育变革发展的必要过程。正常化特殊教育是人类社会进步的又一标志。

3. 英国的一体化特殊教育

70年代，特殊教育与普通教育的隔离体系受到批评，提出了将特殊学生融合到普通学校中去的一体化方案。但是这些方案只是简单地变革机构形式，并没有进行普通教育的变革。一体化教育最早出现在欧洲，主张将普通教育与特殊教育融合为一体，取消差别。明显的改变：一是取消"特殊教育"一词，改为"调适教育"；二是把"残疾学生"改为"特殊群体"，引进"特殊教育需求"的概念，明确了一体化教育的原则是利用正常化方法使弱智者保持普通人的行为与特点。

中国的"随班就读"教育以及其他国家的"特殊需要教育"等也属此列。随着经济和社会的发展，针对特殊教育面临的问题和国际教育发展的趋势，美国、英国、澳大利亚等国也先后颁布了法律法规，支持把残疾儿童安置于普通学校的做法。

二、全纳教育理念的提出与发展

20世纪90年代，国际社会提出了新的教育思想和理念——全纳教育。

1994年6月10日在西班牙的萨拉曼卡召开的"世界特殊需要教育大会"，通过了《萨拉曼卡宣言》，正式提出全纳教育和全纳学校的概念，并对全纳教育这一全新的思想和概念进行了阐述，号召世界各国广泛开展"全纳教育"。这次大会拉开了全纳教育的序幕，在国际社会教育发展中具有重大的历史意义。

全纳教育以人权为主导思想，主张教育是为所有人的教育，每个人都有平等受教育的权利，不应区分差异。全纳教育理念要求普通学校也必须接纳残障学生，满足学习者不同需求，包括身心障碍人士。全纳教育因此对普通教育提出了巨大挑战，普通教育的体制、课程、教学等都需要改革。尤其是人们传统教育思想的改变，如何树立全纳教育理念，是整个国际社会面临的问题。

20世纪90年代中期，"地球村"概念的提出及人际全球化的密切联系，使国际社会教育领域普遍开始关注全纳教育。1996年国际21世纪教育委员会提交的报告书《教育——财富蕴藏其中》，探讨了国际社会团结的必要性。教育问题以人权的视角和方法重新审视社会关系和社会条件，因此，全纳教育思想涉及整个普通教育，不应局限于残疾人教育或特殊需求教育的狭隘领域。全纳教育的核心应该是人人有受教育的权利，普通教育不应该排斥任何人，应该接纳所有的学生，满足所有学生的不同需求。全纳教育的思想与当时的社会背景——争取民主平等、维护人权尊严有着直接的联系。

2005年，联合国教科文组织发布的《全纳教育指南：确保全民教育的通知》对全纳教育的定义重新进行了梳理。

2008年，联合国教科文组织国际教育局在日内瓦组织召开第48届国际教育大会，产生了题为《全纳教育：未来之路》的结论和建议。会议希望国际教育系统认识到现存社会和教育体制仍存在多种形式的排斥现象，最为重要的是应从长远角度观察与反思，进行切实变革，从而建立全纳社会，实现全民教育目标及终身教育，呼吁会员国通过全纳教育的视角来制定、实施、监督和评估教育政策，以加快实现全民教育的目标，并促进建设更加包容的社会。本届大会各国达成共识，做出承诺，掀起了一股"全纳"热潮。

进入20世纪以来，随着经济的发展、文化水平的提高和义务教育的普及，特殊教育及有关事业（劳动职业训练、救济慈善事业）也有了进一步发展，自然科学和社会科学的发展使人们对生理、心理与行为差异的看法亦趋于科学化，进而科学地检测、诊断、分类并予以适当的训练和教育。不论是发达国家还是发展中国家，都逐渐将公立的全日制特殊学校和特殊班作为教育特殊儿童的主要场所。继日本、前苏联等宣布实行特殊儿童义务教育之后，现已有几十个国家实现了特殊儿童的义务教育。

第二节 全纳教育的基本理念

一、全纳教育的不同诠释

对于全纳教育，各国的认识基本一致，但诠释各有不同。

美国的全纳教育重建中心将全纳教育定义为：给所有学生提供均等的接受有效教育的机会；为了培养学生作为社会的正式成员面对未来的生活，在就近学校相适年龄的班级中，给予他们充分的帮助与支持。

英国的全纳教育研究中心认为：全纳教育指的是在适当的帮助下，残疾和非残疾的儿童、青少年在各级普通学校共同学习。全纳意味着所有学生都能参与到学校的学习和生活中去，并充分发挥学生的能力。尽管学生的能力和学习成绩会有差异，但学生毕业后都要进入社会发挥其作用。

澳大利亚学者贝利认为：全纳教育指的是残疾学生和其他学生一起在普通学校，在同样的时间和同样的班级内学习同样的课程，使所有的学生融合在一起,让他们感到自己与其他学生没有差异。

1994年,联合国教科文组织在西班牙萨拉曼卡召开的世界特殊需要教育大会上,再次强调每个人都有受教育的基本权利,提出每个人都有其独特的个性、兴趣、能力和学习需要,学校要接纳全体儿童,并满足他们的特殊教育需要。

2005年由联合国教科文组织出版的《全纳指南:确保所有的人受教育的机会》中,爱因斯卡等20多位专家认为:全纳教育通过增加学习者在学习过程、文化及社区中的共处,减少被排除在教育之外的方式,满足和回应各种学习者的不同需求,以一种普通的、涵盖所有适龄儿童的视角和普通教育有责任使所有儿童受教育的信念,关注教育在内容、方法及策略等方面的变化和改动。

联合国教科文组织将全纳教育定义为:全纳教育是通过增加学习、文化与社区参与,减少教育系统内外的排斥,关注并满足所有学习者多样化需求的过程。全纳教育以覆盖所有适龄儿童为共识,以正规系统负责教育所有儿童为信念,涉及教育内容、教育途径、教育结构与教育战略的变革与调整,涉及在正式与非正式的教育环境中多样化的学习需要。

我国学者黄志成的解释是:全纳教育是一种新的教育理念和持续的教育过程,全纳教育接受所有学生,反对歧视排斥,促进积极参与,注意集体合作,满足不同需求。

全纳教育不仅仅要让全体少儿都能融入主流教育,更要变革学习环境以适应学习者的多样性,目的是使教师和学生在平等的教育背景下都能得到接纳,都能进行多样性学习。

全纳教育的含义可以理解为三个层次:一是学校要接纳所有的人,反对排斥;二是对接纳的所有人如何一视同仁,如何促进所有学生积极参与学习及共同生活,在平等中合作互助;三是根据人的身心发展规律,人的个别差异性正当需求如何满足,教育如何适应不同群体的不同需求,这是全纳教育的主要目的。

二、全纳教育的理念价值观

1. 倡导了所有人受教育的平等权利

在《萨拉曼卡宣言》中，我们看到全纳教育思想重申了人所具有的受教育的基本权利。全纳教育思想提倡容纳所有的学生，普通学校要给有特殊教育需求的学生提供学习机会。

在长期的教育实践过程中，我们历来都是将残疾学生与正常学生分开教育的。这种教育状况，已成为一种常态，人们习以为常。而全纳教育从社会学角度分析教育，以人权观批判传统的普通学校与特殊学校相隔离的状况，提出了人受教育的基本权利问题，主张所有学生都应有机会进入普通学校接受教育，普通学校应接纳所有的学生，而不管学生所具有的各种特殊性。

主张人人都有平等的受教育权，不仅要有平等的入学机会，而且要能平等地对待每一个学生，满足他们的不同需求。全纳教育强调的平等观，并不是要追求一种绝对平等，而是强调我们的教育应关注每一个学生的发展，不只关注一部分学生而歧视或排斥另一部分学生。

全纳教育旗帜鲜明地反对歧视和排斥，正是因为在我们的教育实践中确实还存在着歧视和排斥这种不平等的现象。在我们的教育基本上仍然还是以考试成绩作为评价学生唯一标准的前提下，学校中出现歧视和排斥的现象就不足为怪了。

全纳教育的重要意义就是要平等地对待每一个学生，这就涉及我们对学生的看法和评价。《萨拉曼卡宣言》申明每一个儿童都是不同的，都有各自的特性、兴趣、能力和学习需求。这些差异性，不应该成为歧视和排斥的理由。相反，我们更应该关注他们，提供适合他们的学习条件。

在我们提倡要更加关注这部分学生的过程中，也有人指出，如果过多地关注这部分学生，那么对学习好的人也是一种不平等。实际上，全纳教育主张的是关注每一个学生，而并不是仅仅关注某部分人。在现实中，确实是有一部分人被排斥（包括显性和隐性的），而我们的教育目的并非如此。因此，全纳教育提倡更多地关注被排斥的人（including the excluded）

是完全有道理的，这和全纳教育提倡的关注每一个人是不矛盾的。

根据全纳教育的思想，我们的学校、社会应该创造出一种全纳的氛围，使每个人受教育的权利都有充分的保障，学校和社会欢迎每一个人，每一个人都属于集体的一员。尤其是在普通学校中，要牢固树立接纳所有学生的思想，逐步创造条件，满足学生的各种不同需求。

2. 倡导了集体合作的价值理念

全纳教育主导的价值观之一是倡导集体合作观。全纳教育的目的是要使人们走向一种全纳的社会集体中，人人参与，大家合作。每一个人都是集体的一员，人人都受欢迎。通常，在我们的学校班级中，如果有学生在学习上产生了困难，往往被认为是学生个体的事，是他与其他人不同，是他个人有问题。解决的办法也仅仅是关注他个人。而全纳教育认为，在学校班级里，学生的学习或活动有困难或有问题，不仅仅是他个人的问题，也是班级的问题。因为我们的班级是一个学习的集体，而有问题的学生属于我们这个学习集体的一员，是我们学习集体中的合作者。例如，班级中有一个学生在语言交流上有问题，如果大家认为他有语言交流困难，而不与他交流，那么不仅使他陷入更大的困境，大家也会失去相互交流的益处。如果大家能合作，想方设法克服交流理解的困难，那么大家就会体验到一种有难度而又有教育意义的经历。通过这种富有意义的亲身感受，同学们将学会移情，学会用集体的力量来改变个人的问题。

因此，与我们通常的观念不同，全纳教育的立足点是集体，解决的方法是合作。全纳教育培养未来人的一个价值目标就是注重集体和合作，因为未来社会的工作更注重集体合作。未来优秀人才的一个必要条件之一即合作，这意味着要能与不同兴趣、不同能力、不同技能、不同个性、不同文化背景的人合作，也意味着对自己和对他人的工作具有一种责任感。

全纳教育主张普通学校接纳所有的学生，但由于学生的各种需求不同，因此更需要强大集体的合作，依靠集体的力量解决问题。在学校教育过程中，全纳教育主张在教师与教师之间、学生与学生之间、教师与学生之间、教师与家长之间、家长与学生之间以及教师与社区之间都应该建立一种合作的关系，共同创建一种全纳的氛围。

3. 关注了个体与社会的重建过程

国际社会曾提出过"学会生存"的思想，我们的一些学校也将"学会生存"作为一种口号或指导思想，来培养学生在社会上生存的技能，使其更好地适应现实社会。虽然"学会生存"思想有其合理的一面，但从另一个角度来看，也存在一些问题。"学会生存"的基点是个体怎样适应主流社会，立足点在适应，是个体被动地去融入、适应这个社会。

全纳教育提倡的是"积极参与"。"学会生存"与"积极参与"这两种不同的提法，反映了两种不同的哲学观。全纳教育提出的"积极参与"，是个体作为社会的一分子，以社会主人的身份参与共同的事情，既包括提升自我以适应社会，也包括革新优化客体以改造社会，在改造客观世界中改造主观世界。

按照全纳教育的观点，教师和学生都是教学和学校生活中的主体，都应积极参与和投入到教学过程和学校生活中去，反对任何学生被排斥在外，学校要努力促进所有学生的积极参与。

"积极参与"反映了全纳教育的民主观。在学校中经受的这种民主体验，对学生以后走上社会、改造社会具有极大的意义。他们不再为了生存刻意去改变自己去适应社会，而是以社会中的一分子、人民中的一员积极参与到社会重建过程中去，以主人公的身份参与社会发展的决策和实践。未来的社会就是人人参与的民主社会。

第三节 全纳教育遇到的问题与挑战

一、全纳教育的问题

全纳教育存在诸多如教学环境、教育制度的问题，还有教育实践的问题，教育观念的问题。如果我们的教育观念没有转变的话，那么全纳教育的实践将徒有虚名，全纳教育倡导的教育的人权观、民主观、平等观和价值观也不可能得以实现。

1. 教学环境问题

全纳教育理念要求为所有青少年儿童提供学习的机会，调整教育结构，适应所有学生的需求。面对这样的要求，特殊学校已实施了根本性的变革，尽可能把有特殊需要的学生转向普通学校，但是我们的教育结构的调整并没有到位，社会与学校也没有为特殊群体做好充分的准备。虽然普通学校逐渐开展一体化的教育，但是没有形成一种全纳的氛围，特殊学生仍然不能适应普通学校的学习状况，普通学校表面上接纳了所有学生，但是并没有完全考虑学生所具有的各种特殊性。

2. 教育制度的问题

社会与政府机构如何用全纳教育的思想对教育制度进行改革，实现从二元体制向一元体制的完全过渡？我们将如何用全纳教育的思想来对学校课程和教学进行改革？这些问题在制度层面都没有进行推进及全面具体地落实。

3. 课程教学观问题

全纳教育的主要观点之一是普通学校要接纳所有的学生，反对排斥任何人。然而，这样一种观点给我们的普通学校带来了巨大的问题与挑战，主要体现在课程设置问题上。

全纳教育的课程教学观认为，我们的教育原则应该是向所有学生提供相同的教育，接受普通课程，而不是不同的课程。全纳教育反对为学生设置特殊课程，认为他们都能学好普通课程。但是，针对特殊群体的学生有特殊的需求，如何提供额外辅助？特殊课程要不要设置？如何设置才能彰显教育教学过程中的无歧视原则呢？最重要的是我们的全纳教育如何在学生遇到困难、有问题时给予及时的帮助和支持？如何依靠班级群体力量帮助个体学习问题，使课程设置适合所有学生，也一直是全纳教育急需解决的具体教学实践问题。

全纳教育的教学观认为，每个学生都有其独特的特性、兴趣、能力和学习需求。教学应该适应学生的需要，而不是让学生去适应教学的需要。

因此，我们的教学必须根据学生的不同特性，提供多样弹性的课程，才能满足不同群体学生的不同需求。

4. 歧视及排斥现象

歧视及排斥现象普遍存在。特别是在肢体或智力上有明显特征的群体，入学时就有可能被排斥在外。即使入学，在学校教育教学过程中，也可能不会受到有针对性的特别关怀，而是被排斥在正常学生之外，往往不被允许参加集体或课外活动。

对成绩不好的学生，使用歧视语言或动作区别对待。以学习成绩为标准，将学生分门别类，给学生贴标签，甚至在一个班级里也分成好、中、差等类别，不同类别的学生分别学习不同的课程。

二、全纳教育面临的挑战

21世纪全纳教育的发展对我们的普通教育和特殊教育都带来了巨大的挑战。这种挑战主要是在教育制度、教育实践和教育观念上。

1. 教育制度的挑战

全纳教育的发展已经使我们的教育制度发生了巨大变化。国际上，特殊学校在逐渐减少，教育体制逐步从二元制走向一元制，对特殊教育及普通教育重组，特殊学校要转变思想、调整专业；普通学校的课程、教学及教师教育更要重新建构，建立多样化的全纳教育模式。这种发展趋势，对我们的教育制度是一种巨大的挑战。

2. 教育实践的挑战

普通学校如何实施全纳教育提倡的接纳所有学生、满足学生不同需求的理念，是学校教育实践面临的一个巨大挑战。全纳教育与普通教育的同一性体现在哪些方面？课程内容是否统一？评价制度如何区别？这些问题都是教育实践急需解决的问题。

3. 教育观念的挑战

尽管全纳教育已开展了20年，但是，至今仍有观念的转变问题，全纳教育实际上是对我们教育观念的巨大挑战。全纳教育的基本理念已很明了，然而，人们的传统思想却根深蒂固。因此，用全纳教育的思想转变人们的陈旧教育观念在当前更为必要。

教育观念的转变是实施全纳教育的最根本前提。让所有人接受人性论的观点，所有人都是平等的。而我们的教育观也应变为：教育有能力面向所有儿童，所有儿童都能学习。

第四节　中国全纳教育的现状与反思

一、中国全纳教育的理论与实践研究

20世纪90年代前期，国内就有学者对全纳教育进行了研究。中国国内学者对全纳教育的研究，目的是对全纳教育的理念系统较全面地进行阐释和传播，并在中国全纳学校内进行实践研究，将全纳教育理念付诸实践。这些研究都为全纳教育在中国的进一步实施奠定了基础。

1993年，中央教育科学研究所研究员陈云英组织编译了《课堂上的特殊儿童》（教育科学出版社）等教师培训教材，对传播全纳教育理念发挥了积极的推动作用。她指出，"全纳性教育要求学校行政管理、课程、教材、教学方法、小区合作等方面进行全面的革新，以满足每一个儿童的学习需要"。

1994年，中央教育科学研究所研究员华国栋通过对随班就读形式的深入研究，提出"六方十八性"整体教学策略和面向全体、照顾差异的课堂教学方法，为普通学校教师提供了在面向全体学生时兼顾学习困难学生的教学策略。此观点启示我们要构建一种新型的办学机制，以使随班就读升华为全纳教育。

1998年，北京师范大学教授朴永馨的《国际流行的一些特殊教育的理论观点》一文，从人权、康复和社会适应、正常化与融合等几个方面介绍了国际特殊教育界有影响的一些观点和见解，对全纳教育研究起到了指导作用，对我国开展全纳教育给予了一定的启示。

2004年，华东师范大学教授黄志成提出，我国许多地区虽然也采取了一些全纳教育的措施，但是远未提升到全纳教育的高度，与全纳教育的目标仍有很大的差距。要多学科、全方位对全纳教育进行研究，需开展全纳教育的实验研究。

"九五"期间，北京市西城区教育委员会开展了"全纳学校管理与教学模式实验"研究，结合我国大中城市的特点，探索建立全纳学校的可能性，初步研究了全纳小学的管理与教学模式。但该课题只是进行了初步的探索，研究结果仅在极小范围内实施，欠缺对社区对全纳教育的支持等问题的研究。

我国学者对全纳教育的研究，有助于实现特殊教育与普通教育的融合，为所有学生未来融入社会做好准备，也有助于社会、家庭的稳定和营造一种高度文明的社会氛围，有利于和谐社会的构建。

我国学者依据中国目前的国情，研究如何使特殊教育学校的学生能够从中获益。教育不仅要培养全面发展的人，而且要面向每一个学生，因此，在教育资源有限的情况下，需要探索适合普通学生和特殊群体学习需要的、保证质量的有效教育策略。

人的差异是客观存在的，只有满足了学生成长的需要，他们才能积极主动地发展。教育应给特殊群体的学生以应有的地位，为他们有效、有尊严地参与学习提供帮助，使其得到应有的尊重和理解，提高生命的质量。

二、中国全纳教育的现状

20世纪80年代初，我国承载特殊教育的机构只有特殊教育学校，即盲人学校、聋人学校、盲聋学校和培智学校。

1986年《义务教育法》颁布后，国家明确将残疾儿童少年的义务教育纳入国民义务教育体系。当时全国仅有约6万名残疾儿童少年在特殊教育学校学习，大量的学龄残疾儿童少年没有入学。

1989年，为了寻找一条适合中国国情的普及残疾儿童少年义务教育的办学之路，我国开始残疾儿童少年随班就读实验工作，即普通学校接纳生理残疾学生（视障、听障、智障、肢体残疾等）就读。

近20年来，我国特殊教育事业得到了很大的发展。在《残疾人教育条例》和《关于开展残疾儿童少年随班就读工作的试行办法》《关于深化教育改革全面推进素质教育的决定》等政策的支持下，全国范围内大力推进了残疾儿童少年随班就读工作。

1990年，全国三类残疾儿童少年在校人数仅为7.2万，2005年，人数已达56万，是1990年的近8倍。1993年，国家教育行政部门第一次正式统计随班就读的学生，达6.88万人，2001年增加到25万人，残疾儿童少年入学人数明显增多，残疾儿童少年义务教育普及率有了较快提高。可见，随班就读工作对于推动我国特殊教育事业的发展起到了举足轻重的作用。我国大力倡导随班就读为全纳教育的发展提供了可能，使特殊教育与普通教育融合之势逐渐加强。

随班就读工作虽然基本实现了教育部提出的"进得来、留得住"的目标，但离"学得好"的目标尚存较大差距。在普通学校就读的普通儿童中，由于受社会、经济、文化、家庭以及自身等各种因素影响而形成的学习有困难的学生占有相当的比例，这些学生也需要特殊帮助与支持。

中国的全纳教育，在于使教育工作者能够正确地理解、接受和实践全纳教育思想理念；探索将特殊教育思想和手段引进课堂教学，形成全纳学校管理的办法、教师培训方式；使教师掌握促进特殊群体学生有效参与课堂学习的途径与方法；让特殊群体学生获得满足其需要的优质教育，提高学生有效参与的意识与能力，使他们得到充分的发展；促进全体学生的健康发展，整体提高教育质量。

三、对中国全纳教育的反思

全纳教育作为一种教育思潮，兴起于20世纪90年代。接受所有学生入学，无论身体或智力是否有残疾或者家境困难，均反对歧视与排斥，促进积极参与，注重集体合作，满足学生的不同需求。这种思想在全世界产生了深远的影响，指导着各国的特殊教育改革，已成为有特殊教育需求群体及密切关注这一群体的人所追求的一种理想。随班就读是我国实行全纳教育的一种形式,十多年的实践证明,随班就读在普及残疾儿童少年义务教育中发挥了非常重要的作用。然而在我国的现实情况下,特殊教育和普通教育达到真正的融合,仍有一些问题值得反思。

1. 政府支持力度方面

自20世纪80年代以来,我国就特殊教育安置形式制定了大量的法律、法规、发展方针,说明国家一直重视这一工作。但除了政策上的重视外,地方政府的支持、重视程度、经费及办学设备等其他实质性的资助却没有得到有效的保障,如用于发展特殊教育的经费远远不如其他的校用经费。在国外,一所成功的全纳性学校必须配有特殊教育需要的专门化设施、教师培训设施、有适当人员和设备的资源中心,以便满足学生的不同需求,并根据各人情况制订个别化教育计划。

发展全纳教育牵涉到整个教育系统的改革,如果教育体系和社会系统仍保持原有的排外状态,全纳教育的推行就难以实现。因此,政府应加强对特殊教育的支持力度,投入更多资金,以更好地促进全纳教育的发展。

2. 学校管理体制方面

学校原有的管理制度与工作中,缺乏接纳、安置、管理残障等特殊群体的政策和办法,缺乏有效机制。学校的日常教育教学活动,缺乏对这一群体教育教学质量监控与评估的办法,存在明显的排斥倾向。其显性排斥表现为被要求不参加集体活动、被漠视不管等,隐性排斥表现为缺少伙伴与沟通、学习中的特殊需要未被认识、特殊群体的学习与发展潜能被忽视、学习的内容与方法不适应他们的特殊需要。

在教育研究的内容上,缺乏学生学习过程中关于个性化需求的相关内容,特别是对学习困难学生的成因分析与课堂教学对策的研究。

在学校教育过程中,学校、教师、学生以及教材构成了教育资源的整体,对于这个教育资源的深度开发和有效利用,在观念上、态度上、技术上都处于较低水平,还需要进一步思考和探索。

3. 全纳教育观念的接受程度

西方是从"人权""平等"的角度认识全纳教育，而我国大部分人可能是出于"同情弱者"的心理接受这一教育理念的。他们认为残疾人是不幸的弱者，别人应该给予帮助与照顾。把这种"同情"带进全纳学校，对残疾学生的成长极为不利。在实际教育过程中，教师会带着同情心关爱残疾学生。比如说帮助残疾学生代办许多生活上的事情，在学业上降低对他们的要求等。然而同情心是不稳固的，很容易受其他因素的影响而转化为"排斥"。比如，由于学生成绩太差而影响班级评比时，或由于反复教导仍无法理解、接受时。有关调查显示，在被调查的100名教师中，对随班就读持否定态度的达67.3%。由此可见，普通学校教师对接纳残疾学生的态度不容乐观。

教育观念的落后及普通学校师生对接纳残疾学生的消极态度是我国随班就读质量不高的重要原因，阻碍了全纳教育在我国的进一步发展。教师和家长要提高对他们的期望值，把残疾学生当成未来的人才而不是社会的包袱来抚养，给予其高质量的教育，充分挖掘其潜能，这样既能增强残疾学生受到尊重的自信心，又能增强教师、同伴对他们的认同感。

由于全纳教育是对旧的教育思想、理念、体制的挑战，因此并不是所有的人都能理解和欢迎全纳教育的推行，有些人习惯传统隔离的教育体系，担心无力应对残疾儿童，因此应加强舆论宣传攻势，达成共识，支持全纳教育的推行。

4. 全纳教育师资方面

全纳教育的教师必须能够熟悉了解特殊学生的身心、学习特点，能够有针对性地开展个别教育。然而在我国班级人数过多、考试压力大等因素下，教师很难做到这一点。国外有些是残疾儿童在由一名巡回教师进行特殊教育咨询指导的普通班中就读，这在我国普通教师本身缺乏、特殊教育培训不足的情况下难以普及。而国际上提出的"教育系统应招聘身患残疾的合格教师和其他人员"的建议，在受传统观念影响极深的中国更难推行，这样的角色榜样少之又少。

普通学校被认为是满足"正常"儿童的教育需要，而"非正常"儿童的教育难以顾及；教师缺乏为这些儿童提供帮助的意识、专业知识与能力。对由于各种原因造成的学习困难儿童，在现行考试制度、升学要求等的影响下，他们中的多数实际上处在被放弃状态。

政府应加大对特殊教育的师资培训，并根据我国国情制订系统的培训计划，如让更多的大学开设特殊教育专业，从而达到培养师资的目的。

本章综述

通过本章的学习，了解全纳教育的发展、理论与实践研究及现状，知道其目的是让特殊儿童走进普通学校，使他们的日常生活与社会主流生活模式相接近，消除歧视与排斥，满足特殊儿童权利需要。全纳教育主张教育的民主平等，强调群体合作，这是教育发展的总趋势。教育发展的过程中，教育关注所有的人已成为世界各国的目标。

21世纪，国际社会的教育理想是实现全民全纳的终身教育，让所有的人终身都可以平等地接受适合其个人需要的多样化教育。

附录：

新闻摘要：589个县成为特教学校"空白"地带

特殊教育的未来归宿应是全纳教育

2015年4月21日中国教育网讯 残疾人教育受到关注和保障的程度，是衡量一个国家教育水平和文明发展的重要尺度。近日，21世纪教育研究院发布2015年《教育蓝皮书》，指出当前我国特殊教育已初步形成了从学前教育到高等教育各阶段的教育体系，从类型上具备了基础教育、职业教育、成人教育等。残疾人受教育机会不断提高，从数量上讲，特教学校总数持续增长，从1978年的292所增加到2013年的1933所；义务教育普及水平不断提高，残疾学生在校人数从1949年的2000多人增加到2013年的36.81万人，增加了155倍；非义务教育阶段教育稳定发展，2013年通过学前班特殊班或在普通幼儿园就读的方式为近2万个残疾幼儿提供服务，也开办了残特殊教育普通高中班（部）186个，为7043个残疾学生提供高中教育；全国有8617个残疾人在接受高等教育，其中7299人是在普通高等院校学习。残疾人的职业培训体系也初步形成，在各地有特殊学校职业教育、在职岗位学习、社会职业培训等多种形式。2013年，全国有5357个残疾人职业培训基地，接受职业培训的城镇残疾人有37.8万人次。

目前，我国特殊教育建立了以政府投入为主的财政体制，财政性教育经费占特殊教育经费总收入的比重不断上升，已达到97%以上；1998年至2011年间，我国特殊教育学校投入从8.4亿元增加到76.7亿元，略高于同期教育经费增速。

20世纪80年代以来，为实现普遍的教育公平，我国开始尝试在普通学校安置残疾儿童接受教育。2010年，残疾儿童少年在校人数为42.56万，其中在普通学校就读的比例占到65%左右。尽管从2009年以来，在普通学校就读的残疾学生人数在下降，但仍有52%的在校残疾学生在普通学校就读。我国现已形成了"以特殊教育学校为骨干，以大量随班就读和特教班为主体，以送教上门为辅助"具有中国特色的特殊教育发展模式。

2015年《教育蓝皮书》指出，当前特殊教育还存在中西部残疾人义务教育机会不足、特殊教育资源布局不合理、残疾学生家庭承担的教育负担偏重、特教教师责任重待遇低、残疾儿童随班就读亟需扶持等问题。据2012年监测，我国残疾儿童少年义务教育入学率为72%左右，与普通小学99%、普通初中97%的入学率相比差距较大；截至2013年底，全国有未入学适龄残疾儿童少年8.4万人。未入学的学龄残疾儿童中，有80%分布在中西部地区，其中河南（7948人）、湖南（5839人）、江西（5234人）、四川（4436人）及新疆（4183人）等地较多。据调查，我国目前仍有589个人口在30万以下的县没有特教学校，这些地区无论是特教行政管理、特教专业人才、特教经费还是特教辅助用具等资源都非常匮乏，当地残疾学生的义务教育面临很大的困境。

2015年《教育蓝皮书》认为，全纳教育是未来整个教育发展的归宿。

特殊教育的发展转型创新需要制订规划推动全纳教育的发展，推行残疾学生全免费教育制度，加大对特教资源"空白"地区的支持力度，提高特殊教育教师职业吸引力，实施中西部地区新建特教学校办学条件改善项目。

思考题：全纳教育遇到了哪些挑战？

第三章　终身教育

> 学习目标
> 1. 了解：终身教育产生的背景
> 2. 掌握：终身教育的概念
> 3. 分析：终身教育的意义
> 4. 了解：中国终身教育的发展及存在的问题
>
> 关键词：终身教育　教育体系　学习型社会　终身学习

终身教育（life-long education）是1965年在法国巴黎联合国教科文组织主持召开的成人教育促进国际会议期间，由联合国教科文组织成人教育局局长，法国的保罗·朗格朗（Parl Lengrand）正式提出，倡导为个体提供在其所需要的时刻必要的教育，在个体人生的不同阶段可以接受各种所需的教育，在不同时期可以获得知识和技能的机会，即人的一生的教育与个人及社会生活全体的教育的总和。

第一节　终身教育的发展历程

一、终身教育产生的背景

1. 社会结构的变革

20世纪50年代末60年代初，技术革新及社会结构发生了急剧变化。科技的革新直接应用于生产劳动中，促进了产业结构的变化，这个变化主要表现在经济领域的生产、流通、消费等方面，经济结构在过程及功能方面的变化直接影响到人们的日常生活方式和普通家庭生活。当面对全新的职业、家庭和社会生活不断变化的发展时，人们的知识结构必然要与这些变化相适应。人们要适应社会经济结构的变化，就必须更新知识、技能和观念，以适应社会变化的需求。

为了不断获得更新的知识，符合经济时代的特点，满足社会及个人的需求，保持对社会积极的应变能力，个体就必须在其一生中不间断地学习和接受教育，以获得新的适应力，终身教育理念就符合了时代的这种需求。终身教育理念一经提出，就获得了国际社会的普遍重视。

2. 个体需求的变化

第二次世界大战之后，经济状况得以改善，人们逐渐摆脱了衣食住行等基本生活上的窘境。在现实生活中，由于电器产品的普及，基本摆脱了繁重的体力劳动和家务劳动的生活方式。随着外部生活条件的改善，个体开始注重并追求充实的精神生活，期望通过个体自身努力达到自我完善，追求高层次高品质的精神生活。个体要生存要发展，就会一直寻求各种发展的机会，提高自己的知识技能水平，而主要针对少年儿童的普通学校教育已然不能满足这样的需求，必须通过终身的学习、依靠终身教育才能满足。

3. 教育体系的改革

伴随近代学校的日益发展、教育制度体系的建立完善，学校一直承担着培养和塑造年轻一代的社会责任，这种责任是其他社会活动无法替代的。但是，20世纪60年代以来，学校的考试竞争、学历教育，造成学校与社会脱节。在这种情况下，社会对传统学校教育体系改革有了强烈的要求，人们普遍希望能从根本上对旧有的教育制度进行改革，社会也期待一种新的教育理念产生。

人们开始摒弃一校定终生的传统教育观念，质疑学校是唯一接受教育的场所、只有在学校才可以学到知识与技能的意识。各种校外的教育活动开始萌芽，如早期的群众性成人扫盲运动，广播电视大学到如今的社区大学、老年大学、开放教育等。全社会倡导家庭教育、学校教育和社会教育

（成人教育）三者有机结合，全面开放的终身教育必然成为教育发展的新趋势。

二、终身教育理论基础

1. 终身教育的概念

1965年12月在法国巴黎由联合国教科文组织主持召开的成人教育促进国际会议期间，联合国教科文组织成人教育局局长、法国的保罗·朗格朗正式提出"终身教育"的理念："终身教育所意味的，并不是指一个具体的实体，而是泛指某种思想或原则，或者说是指某种一系列的关心与研究方法。概括而言，也指人一生的教育与个人及社会生活全体的教育的总和。"

从1972年起就任联合国教科文组织终身教育部部长的E.捷尔比提出："终身教育应该是学校教育和学校毕业以后教育及训练的统和；它不仅是正规教育和非正规教育之间关系的发展，而且也是个人（包括儿童、青年、成人）通过社区生活实现其最大限度文化及教育方面的目的而构成的以教育政策为中心的要素。"

国际发展委员会的报告《学会生存》中对终身教育做的定义是："终身教育这个概念包括教育的一切方面，包括其中的每一件事情，整体大于部分的总和，世界上没有一个非终身而非割裂开来的永恒的教育部分。换而言之，终身教育并不是一个教育体系，而是建立一个体系的全面的组织所根据的原则，这个原则又是贯穿在这个体系的每个部分的发展过程之中的。"

对于终身教育比较普遍的理解是"人们在一生中所受到的各种培养的总和"，它开始于人的生命之初，终止于人的生命之末，包括人发展的各个阶段及各个方面的教育活动，既包括纵向的一个人从婴儿到老年各个不同发展阶段所受到的各级各类教育，也包括横向的从学校、家庭到社会各个不同领域受到的教育，其最终目的在于"维持和改善个人社会生活的质量"。

终身教育思想不仅影响了世界教育领域，而且对人类社会变化也产生了巨大的影响。瑞士教科文组织全国委员会秘书长、第三十五届国际教育会议总报告员查尔斯-赫梅（C. Hummed）所著《今日的教育为了明日的世界》指出："终身教育是正在使整个世界教育制度革命化的过程中的一种新的观念。" 赫梅尔把它与"哥白尼学说带来的革命相媲美"，并认为这是世界"教育史上最惊人的事件之一"。终身教育使世界教育改革和发展进入了一个全新的时代。

2. 终身教育的目标

朗格朗在自己的提案中，就未来终身教育的发展提出了五个期待实现的目标：

（1）（社会）要为人的一生提供教育（学习）的机会。

人的一生按照年龄分为婴儿、幼少年、青壮年、中年、老年五大阶段。在五大阶段中每个阶段接受教育、参加学习的情况都各有差异。终身教育就是使人一生中的不同阶段都能参加各种使之生存发展的教育学习活动，利用各种机会去更新、深化和进一步充实已有的知识，使自己适应不断变化的世界。

婴儿阶段：主要接受家庭环境的熏陶，向父母及其他家庭成员学习，这是在自然状态下进行的学习，属于不正规教育的范畴。

幼少年阶段：继续受到家庭环境的影响，并逐步接触所在社区和学校，开始接受系统的正规化的学校教育，启蒙人生，增长学识。因此，个体在这一时期接受正规和不正规两种教育方式。

青年阶段：仍然接受家庭、社区和学校教育，逐步成熟，并开始接触社会。随着学校学习任务的完成，走出校园，走向工作岗位。在这一阶段，个体为了满足就业和转岗的需要，必须不断更新知识，接受再教育，学习与工作交替进行。因此受到正规、非正规、不正规三种教育。

中年阶段：为了事业有成，实现人生最大的价值，社区、学校、社会等一切学习领域都同时接受不正规教育和非正规教育。

老年阶段：为了提高晚年的生活质量和生活品位，个体将继续利用家庭（如向子女了解新事物）、社区、学校和大部分社会学习空间，主要通过不正规教育和非正规教育接受新知识，不断充实和完善自己，为社会发挥余热，以实现"老有所为"的人生价值。

（2）各级各类教育必须协调与统合。

教育体系应更加完善，职业教育和普通教育之间相互融通，职前教育与职后教育有效衔接，正规教育与非正规教育协调互补，发展继续教育，建立健全终身教育的体制机制。促进全社会个体学有所教、学有所成、学有所用，促进各级各类教育纵向衔接、横向沟通，满足个体多样化的学习和发展需求。

（3）对小学、中学、大学及地区性社会学校、地区性文化中心所发挥的教育功能，政府或社会应予以鼓励。

朗格朗强调，教育是集体的事业，只靠专门从事教育的人无法向前推进，需要社会各方面力量的支持与参与，需要各部门及各类人士共同面对、参与教育活动。

（4）政府或社会应对本国公民有关劳动日的调整、教育休假、文化休假等制度或措施的实施起促进作用。

（5）为了根本转变以往的教育观念，应使此理念（终身教育）渗透到教育的各个领域。

社会对每个个体在不同阶段所接受的教育过程进行统合协调，使个体在不同场所都可以接受不同的教育，使各类教育活动渗透至不同领域，形成新教育手段，注重专门职业能力，并在个体发展中不间断地进行。

第二节 终身教育的特点与意义

一、终身教育的特点

1.终身性

终身教育的理念就是要打破现行教育制度中的时期界限，使人的一生成为受教育的一生。因此终身性是终身教育最大的特征。终身教育的理念突破了正规学校的学习框架，提出了教育过程包括从幼儿期到老年期的整个生命过程，活到老学到老。

教育的终身性是把教育作为个体人生中连续不断的学习过程，包括正规教育和非正规教育，涵盖了教育体系的各个阶段和各种教学组织形式。

2. 平等性

终身教育的特点体现在平等性上，就是无论性别与年龄的差异、贫富地位的悬殊，所有人都可以接受终身教育。随着现代社会不断发展，每一个个体为了生存都极力适应社会的需求，意识到必须学习才能发展，因此必须终身接受教育。而终身教育就是为社会全体公民提供知识服务，使一般民众都有平等接受教育的机会。

终身教育应该是为全体民众所共享的，并且能提供适应不同能力不同背景的学习者所需要的教育形态，让社会上所有人都享有受教育的机会。

3. 统整性

终身教育的统整性体现在各种不同教育的渠道与方式上，体现在学习机会贯穿在学习者的一生中，在个体的整个生命期，均可以接受不同教育的协调与通整，包括家庭教育、学校教育及社会教育。

在终身教育体系下，学习的方式、地点、内容不会是一成不变的。随着社会变迁，课程内容、学习过程及学习目标都会随之改变。知识的不断更新，能力的不断提升都将满足不同个体对学习的需求。表现在任何需要学习的人，可以随时随地接受任何形式的教育。学习的时间、地点、内容、方式均由个人决定。学习者可以根据自己的特点和需要选择最适合自己的学习。终身教育将使正规、非正规及非正式的教育机会更为扩展、分化与连贯。

二、终身教育的意义

依据深厚的哲学、社会学、心理学等理论基础，随着社会经济的变化及科学技术的进步，终身教育的理念迅速被接受并推广。联合国教科文组织把终身教育定为教育活动领域的指导原则，世界各国积极响应并推动终身教育的实践活动。终身教育对当代世界教育改革和发展具有极高的理论价值和现实意义。

1. 促进了教育体系的变革

终身教育的推进在全世界改变了教育体系的构成。终身教育把社区地域范围内的不同社会阶层、组织、团体组合起来，形成教育合力和全社会关心教育、参与教育管理的机制，形成对不同社会成员实施多渠道、多层次、多维的教育体系。终身教育超越了传统教育与职业教育，改变将学校视为唯一教育机构的陈旧思想，使教育超越了学校教育的局限，扩展到人生的整个空间。非义务教育、非学历教育也成为终身教育体系的重要部分，各个国家对教育经费的投入也呈现出多渠道化。

根据知识技能的更新重构，教育模式可根据社会需求机制自主调节，终身教育体系改变了单一学校教育的模式，而转向社会开放的教育模式，促进了成人教育和继续教育的发展，使各种教育机构合理并存，资源可以得到合理利用，各种教育相互渗透，相互衔接，成为世界教育发展的趋势，真正体现了教育对人的终身发展的意义和价值。

2. 促进了教育与社会经济的和谐发展

终身教育的目的在于个性化目标的培养和社会整体人力资源水平的提高，这样便可以使人的个体适应日新月异的科技和社会发展的需要，最终实现人与经济、科技的和谐发展。经济社会的发展水平主要依赖于科技和生产力，未来的经济社会发展更是如此。而人力资源的素质高低决定了生产力的水平，对经济社会的发展起决定性的作用。

现实社会中，无论何种教育层次的人，在接受最后学历教育中所掌握的知识都是极其有限的。面对科学技术的飞速发展，绝大多数人都会感到迷茫，学历层次低的人更难以适应社会快速发展的要求。除了极少数人可以通过自我学习来完善、提高并适应变化了的环境外，绝大多数人必须依靠成人教育或继续教育等形式完善知识结构或技能结构，以适应科技与社会的变化。

终身教育从整个社会全局出发，把握社会和教育的关系。终身教育的思想已经扩展到社会生活的各个领域，贯穿到一个人一生的各个发展阶段。不少人一生中会按照自己的特点多次自我调整社会工作角色，即使是一生都在同一岗位工作的人，也同样存在知识更新的问题，这样终身教育便起到重要的调节作用。社会中的每一个成员都可以通过终身教育实现个人发展目标；而社会全体则通过终身教育，调整与科技和社会发展的差距，实现人类及社会发展的整体进步，逐步进入更高一级的社会发展层次。

终身教育的理念摒弃了以往封闭狭隘的学习体系，在教育发展史上是一次根本性的变革。建立学习型社会正是社会赋予终身教育的意义和价值。

第三节 终身教育的影响与推广

一、终身教育的概念不断发展

"终身教育"这一理念自1965年提出，近50年来在全世界受到极大的关注和高度的重视。60年代中期以来，在联合国教科文组织及其他有关国际机构的大力提倡、推广和普及下，终身教育已经作为一个极其重要的教育概念而在全世界广泛传播。许多国家在制定本国的教育方针、政策或是构建国民教育体系的框架时，均以终身教育的理念为依据，以终身教育的各项基本原则为基点，并以实现这些原则为主要目标。国际21世纪教育委员会在向联合国教科文组织提交的《教育——财富蕴藏其中》的报告中，对终身教育概念的内涵作了明确的揭示。

终身教育重视使人适应工作和职业的需要，然而，这决不意味着人就是经济发展的工具。除了人的工作和职业需要之外，终身教育更加重视铸造人格、发展个性，使个人潜在的才干和能力得到充分的发展。

与郎格朗持相同观点的富尔研究小组也在向联合国教科文组织提出的

报告书《学会生存》一文中作了如下的叙述："终身教育并不是一种教育制度，而是作为构成教育制度的组织全体的基础原理。"

二、各国终身教育法规的制定

终身教育理论确立以来，受到各国的普遍重视，已成为世界上许多国家教育改革的总目标。不少国家通过立法，从法律上确立终身教育理论为本国教育发展和改革的基本指导思想，把终身教育纳入全民教育体系中。用终身教育的理念与原则改组并设计国民教育体系，已建立了一个从学前教育到老年教育、从家庭教育到社会教育的全民实施终身教育的新体系。

美国在联邦教育局专设终身教育局，并于1976年制定颁布了《终身学习法》。

法国国民议会在1971年制定并通过了一部比较完善的成人教育法《终身职业教育法》。而且还在1984年通过了新的《职业继续教育法》，对一些问题作了补充规定。

日本在1988年设立了终身学习局，并于1990年颁布并实施了《终身学习振兴整备法》。韩国则于80年代初把终身教育写进了宪法，并开始实施终身教育政策。

联邦德国、瑞典、加拿大等许多国家也针对终身教育颁布了相应的法律。

三、终身教育体系的构建

在终身教育思想的影响下，各国政府把各类教育看成推动终身教育进程的先导，高度重视成人教育、继续教育等，通过制定法律来保障各类教育的发展。

1973年，联邦德国通过的教育计划把成人教育列为与普通教育的初、中、高等三种教育并列的第四种教育。许多国家为了保障成人教育的实施，采取了许多有效措施，如在入学条件上采取灵活的政策，带薪教育休假制度、经济援助、开设成人学分累计课程等。

1976年，内罗毕会议通过了《关于发展成人教育的建议》，提出：成人教育是包含在终身教育总体中的一部分；教育决不仅限于学校阶段，而应扩大到人生的各个方面，扩大到各种技能和知识的各个领域。

1976年，挪威在世界上第一个通过成人教育法，把成人教育视为终身学习体制的基础，促进了成人教育各领域间的协调合作。

1982年，韩国制定了社会（成人）教育法，提出了社会（成人）教育制度化。

1988年，日本提出了"向终身教育体系过渡"的建议，发展社会教育团体，建立学习信息网，建立家庭、社会、学校教育一体化的终身教育体系，将文化会馆、图书馆、博物馆、活动中心等各种科学文化设施都纳入教育的范畴。1995年，日本召开了由社会各界知名人士组成的"终身学习审议会"，要求高等教育机构必须向社会敞开大门，广泛吸收在职成人进入高等教育机构学习。日本的成人大学已经被纳入大学计划，一些高级中学还举办开放讲座，使高中向社区开放，发挥学校的文化中心作用。

美国在60年代以后，以社区发展为目标的社会学院大力发展起来，其对成人的开放性达到了几乎没有限制的地步。很多大学都成立了大学开放部，开展对"非传统型学生"的教育活动。

英国也有开放大学和大学的成人教育部，提供成人教育。在欧洲的许多国家，大学通过公开讲座、成人教育中心、函授等形式为人们提供继续教育和回归教育的机会。

各国改变了学校的封闭结构，形成开放的弹性的教育结构，成为推行终身教育的重大实践。许多国家有意识地把文化组织、社区组织、职业协会和企事业单位纳入终身教育体系，充分利用社会各种具有教育力量和教育价值的资源和设施，使教育社会一体化。终身教育的主导思想是要求每个个体在自己的一生中，不断更新，充实原有的知识，以适应快速发展的社会。社会个体的任何思想观念、知识结构从始至终都不是一成不变的，因此，终身教育必须满足社会个体自我发展、自我完善的需求，使个体不断得到自我素质的提高，掌握新的知识和新的技术能力，教育观念不断更新。

以往人们把教育分为正规教育和非正规教育，普通教育和成人教育，认为终身教育只是非正规教育或是成人教育的任务，这个观点现已完全改变。终身教育是一种教育理念，这种理念的教育体系就是终身教育体系，它贯穿人的一生，包括纵向的一个人从婴儿到老年期各个不同发展阶段接受的各级各类教育。

第四节 中国终身教育的发展及存在的问题

一、中国终身教育的发展

终身教育的理念在中国改革开放之际引入国内，并引起了国人的关注与重视。经过几十年的演变，终身教育从一种思潮、一个理念逐渐发展成为一种战略、一项政策，乃至上升到立法的层面。

1.终身教育理念的引入

随着改革开放，国内的政治与经济形势日趋稳定和好转，社会秩序日益恢复，对外交流也日渐开放，尤其是教育界的视野大为开阔，于是作为当今最受人关注的现代终身教育思想也得以导入中国。

1979年5月，人民教育出版社出版了《业余教育的制定和措施》一书，书中收录了张人杰撰写的《终身教育：一个值得关注的思潮》一文，有人认为这是国内介绍终身教育的第一篇论文。

之后，国内学者先后引进关于终身教育的几部重要著作，如联合国教科文组织出版的《学会生存——教育世界的今天和明天》、保罗·朗格朗撰写的《终身教育引论》、持田荣一等编写的《终身教育大全》、C·J·泰特缪斯的《培格曼国际终身教育百科全书》、阿瑟·克罗普利的《终身教育导论——心理学分析》等。在上述终身教育理念的引导下，国务院在90年代修订了《扫除文盲工作条例》，扩大了扫盲教育的对象与范围，同时规定了扫盲教育结束之后，还必须参加业余小学或其他形式的教育活动。

1983年9月，由山东省红十字会发起，济南市创建了全国第一所老年大学。

1988年12月，成立了全国第一个民间性的老年教育组织——"全国老年大学协会"。

1993年2月，由国务院印发的《中国教育改革和发展纲要》指出："成人教育是传统学校教育向终身教育发展的一种新型教育制度，对不断提高全民族素质，促进经济和社会发展具有重要作用。"这标志着终身教育开始从一种理念逐渐向一项政策转变。

2. 终身教育政策的深入

1995年由全国人大通过并实施的《教育法》在其第十一条中更明确地规定："国家适应社会主义市场经济发展和社会进步的需要，推进教育改革，促进各级各类教育协调发展，建立和完善终身教育体系"，"使公民接受适当形式的政治、经济、文化、科学、技术、业务教育和终身教育"，并且"为公民接受终身教育创造条件"。由于终身教育写入了《中华人民共和国教育法》，因此其作为国家法律所规定并得以保障的教育活动亦就成为一项基本国策而被确立下来，并肯定了其根本性的地位，由此政府亦从关注终身教育而跨入到推进并保障终身教育健康发展的重要阶段。

1998年12月，教育部又颁布了《面向21世纪教育振兴行动计划》，重申"终身教育将是教育发展与社会进步的共同要求"，并提出要"开展社区教育的实验工作，逐步建立和完善终身教育体系，努力提高全民素质"；"到2010年，基本建立起终身学习体系，为国家知识创新体系以及现代化建设提供充足的人才支持和知识贡献"。需要强调的是，在这一跨世纪的行动纲领中，三次提到要建立"终身学习"体系。

1999年6月，国务院颁布《关于深化教育改革，全面推进素质教育的决定》。这一被视为吹响了21世纪教育改革号角的重要政策文件，不仅继续强调要"逐渐完善终身学习体系"，积极"运用现代远程教育网络为社会成员提供终身学习的机会"，而且还第一次提出要注意提高"教师队伍终身学习的自觉性"。

自1995年终身教育被确立为一项国家基本政策以后，终身教育就从一种理念的引入转向了政策的深入贯彻执行。

3. 终身教育政策的普及

2002年11月党的十六大《全面建设小康社会，开创中国特色社会主义新局面》的报告中，强调指出要"加强职业教育和培训，发展继续教育，构建终身教育体系"，要努力"形成全民学习、终身学习的学习型社会，促进人的全面发展"。

2003年10月通过的《中共中央关于完善社会主义市场经济体制若干问题的决定》，则进一步要求"深化教育体制改革。构建现代国民教育体系和终身教育体系，建设学习型社会，全面推进素质教育，增强国民的就业能力、创新能力、创业能力，努力把人口压力转变为人力资源优势"。

2004年9月，中共中央在《关于加强党的执政能力建设的决定》一文中，明确要求"营造全民学习、终身学习的浓厚氛围，推动建立学习型社会"。

2006年10月，中共中央在《关于构建社会主义和谐社会若干重大问题的决定》中，提出要"深化教育改革，提高教育质量，建设现代国民教育体系和终身教育体系"。

2007年10月，中共十七大报告中，继续强调要"发展远程教育和继续教育，建设全民学习、终身学习的学习型社会"，这一精神最终写入2010年的《国家中长期教育规划与纲要》。

进入21世纪以来的十年，终身教育不断向纵深发展，把终身教育作为改革动力与实践举措融入各项教育改革的政策举措中，从而使它成为推进社会发展的重要力量。

二、中国终身教育存在的理论与实践问题

1. 理论研究滞后

终身教育的提法混乱，与之相似或相关的教育概念不断。如"成人教育""继续教育""社区教育""老年教育"乃至"终身学习"等，甚至在

同一个政策文本中，类似概念也交替出现。

2006年中国共产党第十六届中央委员会第六次全体会议通过的《关于构建社会主义和谐社会若干重大问题的决定》中，特别提出要"完善现代国民教育体系和构建终身教育体系"。将"国民教育体系"等同于"学校教育体系"，并与"终身教育体系"并列，造成了社会与学界的很大迷惑与混乱。把国民教育体系与终身教育体系对立起来，也从根本上压缩了终身教育的内涵。

1998年颁布的《面向21世纪教育振兴行动计划》及1999年发布的《关于深化教育改革，全面推进素质教育的决定》中，终身教育与终身学习互用或交替使用的状况亦非常显著，终身教育与终身学习混淆；再如，学习型社会与学习型组织也相互混淆。

以上这些问题的出现，都反映了终身教育概念的理论研究不足，全社会还没有形成对终身教育的深层理解和正确解读。

因此，需要厘清终身教育、终身学习、学习型社会、国民教育体系和终身教育体系等一系列涉及终身教育基本概念的理论内涵和本质特征。在启动政策之际，进行深入而细致的先行理论研究，对于明确政策导向，确立政策制定的基础以及具体内容的指向等都具有重要的意义。坚持理论指导实践的政策制定基础，使制定的政策更加具体和具有可操作性，就要力求避免以往的抽象、原则与简约。

对于实践中出现的一些问题，需要解决理论研究滞后所带来的政策导向迷失、政策价值缺乏的弊端；而终身教育机构的设立、终身教育专职人员的培养、终身教育设施的创建等也需要政策的明确规定与推进。

2.终身教育主体地位模糊

终身教育的政策制定具有自上而下及政府行政色彩过浓的特征，政府的公权力起了重要的主导作用，但作为终身教育主体的民众却并没有受到重视。国际社会对终身教育形成的共识基于宪法"主权归民"，普通民众作为终身教育参与主体的认识已经得到了普遍认同。

终身教育的受众群体包括在岗从业者、退职下岗失业者、农民工、高龄者、身心障碍者等，政府应给予这个群体足够的学习机会及更多的保障资助。当任何一个国家的公民在他人生的任何一个阶段，只要有需要，那么这个社会就应该为他提供合适的学习机会。政府在制定终身教育政策之际，重视民众的参与非常重要。

3. 国际经验与本土国情的偏差

终身教育思想引入中国，要比国际社会的推动与传播晚了近20年。当国外一些先进国家纷纷建立起终身教育的体系并出台较为成熟的政策之际，我们还处在"扫盲"与引进的阶段。随着改革开放形势的不断深入，我国也加快了借鉴国外经验并融入国际社会的步伐。从近30年终身教育政策的推进与发展的过程中，可以看到这样的尝试及取得的成绩。但需要指出的是，在具体借鉴与引入过程中，由于对理论研究得不够深入，对国外经验的认识不足，以及对本土状况缺乏清醒的认识，也使得国际经验在本土实践中出现了偏差。

教育部1998年制定、国务院1999年1月13日批转的《面向21世纪教育振兴行动计划》首次引入"终身学习"的概念。就国际社会推进终身教育的政策经验与动向而言，终身学习的概念逐渐增多并开始超越终身教育。终身学习概念被一些国家作为政策或立法的理念基础而采用，显示的是其对学习者个体及其生命性的关注，彰显了公民作为终身教育主体的地位。国外一些具有高度民主意识的发达国家已经开始从终身教育机会的提供者而逐渐向终身学习权利保障者的立场转化。

我国在借鉴国外终身教育政策与经验的态度方面有自己的见解，但是由于国情不同，对终身教育的认识与理解不同，导致国外经验本土化过程中往往停留于表面的模仿而缺乏实质内涵。

本章综述

通过本章的学习，了解终身教育对社会生活的影响，随着终身教育理念被普遍接受，学习型社会逐步形成并不断完善。社会教育资源不断被开发及充分利用，使所有社会个体共同享有教育资源，终身教育缩小了个体与社会阶层的差距，也充分体现了教育的公平。终身教育体系下，各类教育飞速发展：学校教育体制多元化、教育形式多样化、教育观念的转变，实时与非实时课堂的开展，都体现了终身教育理论的实践价值，并进一步了解我国终身教育的发展与存在的问题。

终身教育在世界各国仍处于推行阶段，终身教育以终身、全民的视角，重组教育系统，打破了千百年来学校对教育的垄断，促进了各种教育形式的发展。终身教育提出教育时间与空间多维度学习的思想，变革了传统的教育体系，也对制度化、封闭化的传统教育提出了挑战，各个国家正在逐步地完善终身教育制度。

附录：
学术研究 中国终身教育法诞生的保障机制研究
——基于国际视野的研究（摘录）
《中国职业技术教育》2014年20期 作者：桑宁霞 文伟斌

终身教育理念自提出以来便受到世界各国的认可和追捧，终身教育活动也在世界范围内如火如荼地展开，世界上主要发达国家相继建立起本国的终身教育法。在我国，终身教育理念越来越多地为大众所认可，人们呼吁终身教育的立法诞生，以指引我国的终身教育实践。台湾、福建、上海、太原等地率先颁布了地方性法规。不可否认，这些法规对国家层面终身教育法的诞生起着重要推动作用。但我们也应该清醒地认识到，这些法律仍有诸多不足，如对终身教育的内涵理解仍有待深入，落实到具体实施层面仍显乏力等。终身教育法的诞生是一个由量变到质变的过程，是一个循序渐进的过程，它不是一蹴而就的，也不是几个专家奔走呼吁所能达成的。这个过程需要积累，需要积淀，需要汇集社会资源和财富，包括观念的转变。这些社会因素中有些是涉及教育本身的，有些是教育之外的；有些是观念形态的，有些是实践层面的；有些是政府层面的，有些是民生层面的。分析国外终身教育法诞生的条件，借鉴国外终身教育实践的经验，有助于加速我国终身教育立法诞生进程，有助于使我国的终身教育立法更具操作性。

一、体系完备的法律保障

法律是实践的基础保障，比较其他已有终身教育立法的国家，可以看出，都有重视法律建设之特点。在此基础上，都拥有了丰富的法律积累，也就是说有很雄厚的立法基础，构建起一个覆盖方方面面的教育法体系。盘点这些法律，不仅有涉及职业教育、社会教育这些与终身教育有密切关系的法律，还有涉及弱势群体的，比如残疾人的学习权利、儿童营养等方面的法律。这些法律促进教育综合系统地逐渐向人的全面发展以及向人的生活质量提高延伸。从立法的宗旨来看，这些法律都有一个较高的立足点，那就是在法律的意识和观念中体现教育是为人的一生提供服务的，是为人的全面发展服务的，是为人的生活服务的，是人的权利的重要组成部分。

追索美国150年的历史，曾制定过很多教育法。主要有《第一摩雷尔法》(《The First Morrill Act》1862)、《第二摩雷尔法》(1890)、《职业教育法》(又称《史密斯—休斯法》1917)、《全国学校午餐法》(1946)、《高等教育法》(1965)、《儿童营养法》(1966)、《成人教育法》(1966)、《教育总则法》(《General Provision of Education Act》 1968)、《职业教育法》(1968)、1974年《特殊教育项目法》(1974年)、《社区学校法》(1974年)、《残废儿童教育法》(1974年)、《先行起步——继续坚持法》(《Head Start - Follow Through Act》)(1975年)、美国《终身学习法》(1976年)等。不难看出，美国教育法是大教育法，内容丰富，种类齐备，体系完整，充分体现了先进的教育宗旨和理念，这些法律都为美国终身教育法的产生和发展提供了坚实的法律基础。

法国是终身教育思想的发源地。其在终身教育法建立起来之前，已经有了很多法律做辅叠。比如1947年提出《朗之万—瓦隆教育改革方案》，1956年"终身教育草案"，1960年《高等教育基本法》，1963年《职业培训法》，1966年第892号法令，1968年第1249号法令，1971年7月，法国颁布的《继续职业教育法》是由《继续教育法》《职业训练法》《技术教育法》《企业主承担初等阶段职业技术教育经费法》四部法律组成的。1971

年法国制定并通过了《终身教育职业教育法》，在终身教育的基础上理解职业继续教育，它的颁布标志着法国终身教育开始走上制度化的道路。1972年，法国制定了终身教育立法。1998年，法国适应实际需求又制定了振兴终身学习政策执行体制的法律。法国的教育立法可操作性强，很多法律中渗透着终身教育的理念。正是有这些涉及终身教育理念的法律条文作为基础，才使得最终形成的终身教育立法、专门立法具有了较强的操作性。

英国发展终身教育更是辅之以一系列具体的立法措施，通过立法建立国家实施终身教育的原则与政策，促进和规范各种形式的成人教育的健康发展，最终推动终身教育的发展。如1870年通过的《初等教育法》，1902年的法案，1918年的《费希尔教育法》，1944年教育法。二战后，为继续推动本国教育事业的发展，英国政府又颁布了约20部教育法令和一些涉及教育的其他修正法，比如《伦敦政府法》(1963)、《教育法》(1964)、《全国卫生福利事业改革法》(1973)、《教育法》(1976)以及《教育改革法》(1988)等。除此之外，英国还提出了关于振兴人生后期的成人教育的两个"委员会报告"；其一是"1919年的报告书"，其二是1973年《拉塞尔报告书——成人教育振兴计划》。1998年英国政府又颁布了《学习的时代》绿皮书，1999年《学会成功》白皮书，2000年颁布《学习与技能法》。可以看出，英国政府特别重视教育立法并且着重强调通过立法解决本国实际教育问题，通过不断地对已有法令进行修缮和完善，确保了终身教育在英国稳定的社会背景下逐渐进行变革的成就。

改革开放以来，中国进入和世界接轨的高速发展时期，中国要发展，必须建立一个法治国家。从过去的历史来看中国对法律建设的重视程度仍有不足，法律观念相对淡漠，政策多，法律少，变化性大，实效性强，急功近利，解决现实问题的多、解决长远问题的少。具体到教育方面，从体系上来看国民教育四个组成部分，基础教育、高等教育、职业教育有相应的法律，而在成人教育方面则没有立法；从内容的构成上来看，也缺少教育之外内容的延伸，丰富性比起国外发达的资本主义国家来说有不小的距离，我们离终身教育立法还有相当大的距离。终身教育是一个体系，也是一种终极追求，其他教育法的完善对于终身教育法的诞生和具体实施都有着重大的意义。特别是成人教育法、社会教育法、职业教育法，这些与终身教育法密切相关的基础法律，它们能够拓展终身教育的视野，为终身教育体系的建立和发展奠定法律基础，推动终身教育法的生成。

二、开放协助的学校教育保障

在促进终身教育法建立的过程中，起着重要支柱作用的是教育改革。终身教育要求学校必须与其他类型的学习活动密切合作，传统学校教育必须变得更加开放和灵活。通过教育改革，实现教育资源为社会公民所共享，教育对社区开放，建立开放协助的学校教育体系。学校承担起更多的社会责任，改变过去封闭式、精英式的办学理念，实现教育资源的横向衔接和纵向整合，建立正规与非正规教育之间的连接通路，为终身教育法的建立和实施提供重要物质基础。

在美国，公立学校是终身教育活动的积极参与者，充分展现了教育资源公共性的特点。公立学校一方面依据成人学习的特点开设了各种夜校以及周末学习班，另一方面积极同企业和地方成人教育协会举行联合办学。公立中小学主要对成人进行读、写、算等基础知识教育，使成年人达到一个公民起码的文化水平。美国高等教育也在推进终身教育体系发展中越来越多地发挥起自身的作用，许多传统大学纷纷加入构建学习社会的队伍，根据自身特点，采取多种方式扩大学校向成人世界的开放，在美国，大学内非全日制学生在逐渐增加，20世纪60年代业余制学生已达48%。大学开始向成人提供学位和学分课程，更多的非学分的短期课程、讨论会和其他非正规教育机会；提供更多咨询技术服务，并积极支持社区文化活动，开设社区所需要的新课程。对自学、短期住宿研习班、函授、广播电视课程均授予学分，并设校外学位。

日本大多数大学实行大学开放制度，大学开始面向成人招生，并且开办夜间部、函授大学并定期举办一些公开讲座。日本很多大学还采用履修生制度，即非正规学生通过在大学旁听正规课程，社会可承认其所修学分，而且这些学分可以不断积累，使得非正规学生接受的教育也能够得到社会的高度认可。不仅如此，日本各大学还接受企业委托培养制度，与企业进行合作，为企业培养所需的人才。在信息化的今天，日本各大学还不断发展电视大学，实现了开放大学的全国联网化。在学校假期及普通节假日，有不少学校对社会开放，给学校周围的一般居民利用学校各种设施的机会，并由学校的教职员在这种场合向一般市民传授各种知识，这是日本实施社会教育的又一种途径。

韩国政府为推动本国终身教育事业的发展，也着眼于传统的学校教育，鼓励学校打破传统的教育界限，进行教育改革，不断发展以学校为基础的成人和继续教育。政府要求学校为社区居民提供本校的教育服务和学习设施。不仅这样，多数的学校还为社区居民提供每周、隔周或每月的辅导课程，比较有特色的是妈妈教室，教授妇女一些必要的生活知识；老人课程，为年长者安顿好晚年生活。这样不仅使教育资源的利用率得到了极大的提高，同时也极大地推动了韩国终身教育事业的发展。

在终身教育体系建立过程中无论是发达国家，还是发展中国家，教育资源的开放都是重要的基础。教育打开大门，教育走出去，教育资源为社会所享有。从封闭走向开放。中国在构建学习型社会过程中，有的地区民办教育机构向社区开放，还有的学校辅导员向社区提供义务服务，上海、福建等地方开始尝试建立开放大学，太原各级学校开始对社会公众开放，这些举措都是学校走出去的体现。终身教育立法的诞生与实施，需要足够的教育资源为基础，学校是教育资源最重要的集中地，在推进终身教育立法的过程中，学校应当承担更多的社会责任和义务，实现教育资源的高效率利用。学校教育走出去，一方面能够为终身教育的发展提供重要资源，同时，也能够使学校同社会联系更紧密，反过来丰富学校教育的教育内容，改进学校教育的教育方法，使其更适应社会的发展，最终形成一个互相促进、互相推动的良性循环系统。建立开放协助的学校教育基础，为终身教育法的生成和发展提供必要的教育资源基础。

三、发育良好的社会（成人）教育保障

社会（成人）教育在终身教育体系的构建中所起的作用是重要的。成人教育是终身教育的一个重要部分，同时也是终身教育理念的具体实践，社会（成人）教育的实践推动了终身教育理念的形成和发展，一个国家没有发达成熟的成人教育实践基础，就不可能构建出终身教育体系，也不可能普遍实施终身教育，在没有发达成人教育实践基础上所生成的终身教育立法也必将成为无本之木，缺乏实际意义。

美国政府和社会从学习化社会和社会公正的高度，对成人教育予以关注和支持。美国国会于1984年对《成人教育法》进行了修订，强调为成人提供继续学习的机会，至少使他们达到高中水平。美国政府为此推行了"成人基础教育计划"，由联邦政府每年拨款1亿美元，资助6万名教师每年为300万成人提供基本技能教育。在美国，社区学院是实施终身教育活动不可缺少的机构，经过多年的发展，现阶段社区学院已经成为一个集学校教育、成人教育、职业教育为一身的综合体，其职能包括就业培训、升学补习、成人继续教育、更换职业教育等，真正体现了社区学院开展教育的多样性和灵活性的和谐统一。社区教育的深化是当代美国终身教育的重要领域和成就，表明了美国社会实施"全民终身教育"的决心。

日本的公民馆，是日本为推动战后重建的社会教育机构。经过长达半个世纪的发展，现在日本已有公民馆18000多所，超过作为义务教育的中学总数，平均每万人就有一所以上的公民馆。每年以各种方式利用公民馆的人数达两亿左右。现在日本公民馆开展的多种多样的事业活动中，包括：开设定期讲座；举行谈论会、讲习会、讲演会、开办展示会；增加图书资料以供居民使用；举办体育、娱乐活动；与各种团体、机构建立联系；为居民提供其设施等。各地方自治体公民馆的活动、事业尽管存在着差异，但都很积极活跃，特别是高龄者的交流活动、残疾人的体育活动、年轻母亲的保育讲座、儿童的体验活动等。公民馆已经成为一个公民进行自我教育、相互教育的综合性的社会教育设施。

瑞典是一个特别重视成人教育的国家，在过去的一百年间，瑞典形成

了很多有特色的成人教育形式，比如，民间教育协会、学习圈（读书会）、民间中学（成人住宿学校）、劳动力市场培训、无线电、电视和函授学校等，极大地推动了瑞典成人教育的发展。瑞典政府的统计资料表明，全国大约有三分之二的成人人口参加着一种或多种成人学习组织，其参与率之高居世界首位。在瑞典，成人教育是以一种社会福利的形式展现在国民面前的，其经费基本上由国家提供，但是政府对具体教学活动原则上不干预。正是这长达百年的成人教育实践积淀，为瑞典制定终身教育立法奠定了坚实的实践基础，使得瑞典在推进终身教育事业上走在了世界的前列。

我国成人教育发展历程已近百年，但真正蓬勃发展起来却是新中国建立之后的事，它经历了曲折的道路，正在不断完善和发展中，但不可否认，目前我国成人教育有下滑趋势，许多成人教育院校面临困惑，甚至感到危机感，一是生源危机，参加成人考试的人数在逐年下降；二是成人教育的质量和社会信誉在下降；三是许多高校对成人的兴趣降低，许多学校办二级学院，大量应届毕业生报考二级学院；四是高校加大硕士点、博士点建设，对成人教育投入不足，甚至仅将其作为赢利的工具。致使许多从事成人教育的工作者认为成人教育发展已经举步维艰。成人教育的实践和理论孕育了终身教育思想，在构建终身教育体系，推进全体社会成员终身教育和终身学习方面起着决定性作用。加速成人教育的转型发展，加大对成人教育的改革力度，已成为当前我国终身教育发展迫切需要解决的问题。没有发达成熟的成人教育作为实践基础，终身教育立法必将是一座空中楼阁，难以走远。

四、通道畅达的准入机制保障

多种社会机构介入到终身教育活动是终身教育事业推动和发展的一项重要辅助措施，终身教育是一个非常复杂、多样化的领域，发挥非政府的社会其他力量的作用，调动各个方面的积极性，不仅使政府轻松一些，便于掌握大政方针，而且促进了终身教育在更广泛的范围内开展。现在在世界很多国家,各种民间团体以及私立学校机构在推动终身教育的事业中发挥着越来越关键的作用,在某些领域,甚至比起主导作用的政府更具优势。

美国闲暇机构、社会中介组织、政府职能部门以及一些中小企业在推广终身教育的运动中都发挥了重要的作用。在美国,农业开放讲座,各种社区团体、民间企业以及一些教会宗教团体、政府机构、图书馆、劳工组织等提供了远远多于学校的制度化成人学习机会。在市场机制的作用下,这些教育资源发挥出了潜在的教育潜力。美国人喜欢组织各种类型的民间团体,这些民间团体大都是由一群有共同兴趣爱好的人所组建的,数量之多,范围之广,所从事的活动类型之繁杂,是世界上其他国家所无法比拟的,成为美国社会与文化中最具特色的一面。这些民间组织大都热衷于参与到成人教育的活动中,为成人教育提供人力、物力、财力。它们所开展的成人教育活动,有些是需要学员交一定费用的,但大多数属于非营利性组织。在美国,民间组织已成为成人教育领域一支不可忽视的力量,它们为成人提供多种课程类型,既包括一般教育、职业训练,同时也包含宗教、社会问题等方方面面。目前民间组织每年能为2000万美国人提供进修和学习的机会。民间组织在推动美国终身教育事业发展中所发挥的巨大作用显而易见。

日本的终身教育活动中,企业内职业教育是终身教育活动的一种重要组织形式,日本的企业内职业教育与日本终身雇佣制和日本的国情相适应,受到举国重视,无论是企业内职业教育的层次、手段、形式,还是企业内职业教育机构的设置以及企业内职业教育的内容、方法经过长达半个世纪的发展都有了极大的完善。除了企业内职业教育,日本政府发展文化教育事业还借助了民间力量。在日本有很多非营利性市民团体(NPO),1999年初被认可的法人组织有1176个,而到2005年已增加到24763个。其活动领域最初涉及12个方面,2002年修改法出台,现在教学内容涉及保健、医疗、福利、城市建设、学术、文化、体育等17个领域。活动范围越来越广,内容越来越充实,显示出民众力量、社会参与在推进终身学习进程中的必要性。

　　韩国亦有多种社会机构开展各种不同类型的终身教育活动，主要有以下几种形式：私人设立的学习组织，在韩国现在有63000多个私人学习机构，而且数量还在不断增加中，私人学习机构所涉及的课程教学内容多样，包含领域极广，如外国语言培训、计算机技能学习等；针对公务员的在职训练，为他们提供多样化的在职训练方案，政府还要求企业给职工提供在职培训的机会和资金，比如各种大企业为员工所举办的技能培训等；全国性或区域性的志愿者组织；还有文化中心、教堂、图书馆等各种常见设施；广播、杂志、报纸、计算机等大众传播媒体。"知识大爆炸"的今天，即时性的信息极大地影响每个人的日常生活，因此各种类型的大众传播媒体在推进终身教育发展中也扮演了越来越重要的角色。

　　长久以来，我国的终身教育活动更多的是由学校、政府来承担。总体来看，终身教育资源不够丰富、实施终身教育活动的主体相对较少，终身教育的内容相对单一，教育场所更是稀缺，而且多为有偿教育，直接导致很多群体无法参与到终身学习的过程中，出现想学无处学，想学不起的尴尬现状，严重阻碍了终身教育事业的推进和发展。相对于学校教育，其他社会机构所举办的终身教育活动，教育内容更丰富，教学方式更多样，教育时间更灵活，更适应成人的实际需求。目前我国政府财政投入维持基础教育仍有困难，更别说对终身教育提供更多的支持。因此，在推进终身教育立法之前，鼓励更多的社会机构团体参与到终身教育的实践中来，结合自身的特点和优势，为社会提供有特色的教育服务就显得尤为重要。

　　立法的基础是社会的客观实际。从表象上看，法律的建立是人们意识的产物。但实际上，一个国家的哪些行为必须受法律制约，哪些社会关系必须由法律调节以及建立何种法律体系，皆是由其社会客观实际所决定的。分析国外终身教育立法诞生的过程，结合我国的终身教育实践活动，可以看出，终身教育立法的诞生需要健全的法规建设保障、开放的教育改革保障、良好的社会教育保障以及通畅的介入机制等条件因素。目前，我国建立国家层面的终身教育法的土壤条件尚不具备,发展还面临着诸多困难,立法仍需谨慎。但同时我们也应该注意到,终身教育立法是一种有目的的活动,必须充分发挥人的主观能动性在立法中的作用,理清终身教育法产生的推进因素,明确实践方向,夯实条件因素,制定出科学的具有中国特色的终身教育立法。

思考题:你是如何理解终身教育的意义的?

第四章 生态环境教育

> 学习目标
> 1. 了解：生态环境教育的提出背景
> 2. 掌握：生态环境教育的理念
> 3. 分析：生态环境教育的发展
> 4. 了解：我国生态环境教育的现状及反思
>
> 关键词：生态环境教育 生态环境 生态问题 生态文明

1972年在斯德哥尔摩召开了第一次联合国人类环境会议，提出应该建立国际环境教育项目，环境教育从此被首次确定下来。生态环境教育以保护环境生态整体为基点，意在培养人们的生态意识，教育所有公民，采取措施管理及调控生态环境，确立并保持人类与生态环境的和谐关系。

第一节 生态环境教育的发展

一、生态环境教育的提出背景

1. 生态环境的不断恶化

近一个世纪以来，伴随着科学技术的巨大进步和生产力的迅猛提高，人类创造了大量的物质财富，大大加速了人类物质文明的进程。但由于工业排放、人口剧增、掠夺式开发，造成全球性的环境污染、生态破坏，直接危及人类自身的生存及未来。环境生态问题，受到各国政府的高度关注，环境生态保护已成为世界性的课题。

环境的急剧恶化是导致现代生态思想运动的直接原因。一般认为1962年美国生物学家卡森发表《寂静的春天》是这场运动的开始，该书作者以其专业的认知和对生命的悲悯，写出事实的真相，提醒世人：了解化学物质毒害地球的真实事件和环境生态所面临的严重危机。

这场运动波及世界各个地方，各类环保与生态组织大量涌现。环境保护成为生态思想运动的首要问题，也成为世界各国政府部门和各种环境组织的首要任务。人们充分认识到教育对于环境保护的重要性，必须发挥教育在应对生态危机中的作用，以环境保护教育的形式，使教育与生态思想联系到一起。

20世纪中叶开始，造成上百乃至数千人中毒或死亡的环境公害事件不断发生，例如：

1930年比利时"马斯河谷烟雾事件"，造成几千人发病，60人死亡；

1953年日本水俣事件，造成180人发病，50多人死亡；

1968年日本米糠油事件，造成10000多人中毒，16人死亡……

由环境污染导致的人员大量患病和死亡的上述事件，被人们称为八大公害事件，引起了全世界的震惊和强烈关注。由于蒸汽机、内燃机的发明和广泛使用，大工业日益发展的生产力有了很大提高，环境问题也随之恶化。这些事件表明，人类对环境不合理的开发与放肆的污染，已给各个国家带来了惨痛的教训，为世界环境敲响了警钟。

80年代，世界人口激增、全球性的大气污染、大面积的生态破坏，已使生态环境问题超越了国界，发展成为整个地球生物圈的危机，已威胁到全人类的未来。

环境污染给人类的工业生产和社会生活带来日益严重的问题，主要表现在：森林与植被的破坏造成的生态危机，过度的能源资源开发与消耗不断加重污染环境的恶性循环。

人类生活的变化也给生态环境造成了严重破坏：森林面积减少、土地荒漠化、水土流失、洪涝灾害日渐加剧；加上台风、地震、沙尘暴、海啸等自然灾害日渐频繁，加剧了生态危机。

2. 教育危机的产生

教育作为社会的子系统，也受到生态环境危机的巨大影响。教育系统受到科技发展、价值观念、政治运动、学校发展规模、质量滑坡、经费不足、人才外流等因素的威胁。

1968年，国际教育规划研究所菲利普·库姆斯在其著作《世界教育危机》中指出：世界范围内发生的一系列变革使所有国家都经历了异常迅速的环境变化。而教育体制的发展和变化相对于环境变化的速度较缓慢，教育体制与周围环境之间各种形式的不平衡是世界教育危机的实质所在。

20世纪90年代，环境科学教育的发展呈现跨学科的整体化趋势，联合不同学科解决某一重大环境问题。环境教育的主要任务是了解人类与自然环境发展的演化规律，研究人类与环境的相互依存关系，探索人类活动影响下，合理开发环境资源并制定环境管理规范。

生态环境教育是人类进入21世纪后面临的最严重问题之一。从20世纪60年代起，发达国家兴起的环境保护运动引起了人们对环境问题的重视。在社会经济发展过程中，为了培养人们的环境意识，使人人都为环境保护尽一份责任，各个国家开展了生态环境教育。

1994年，联合国儿童基金会发表的《世界儿童状况》认为："要解决环境问题，必须实现我们上面所提到的种种转变，而这一切都有赖于教育。除非实现基本教育目标，否则广大人民就失去了知识、选择和机会，就无法为自己未来做出合理的选择，就无法为未来发生的各种变化做好准备。"

同年，《国际人口与发展大会行动纲领》也认为："教育是可持续发展的一个关键因素：它既是福利的组成部分，同时通过与人口、经济、社会诸因素的相互联系又成为福利发展的一个因素。教育还是使个人获取知识的一种手段，这是任何人希望应付复杂世界的前提条件。减少出生率、发病率和死亡率，赋予妇女权利，提高工作人口的素质并促进真正的民主，主要依赖教育进步的支持。"

为了保护环境，实现社会与人类自身的可持续发展，需要全社会确立正确的人与自然和谐发展的观念，需要加强有关不良环境危害健康知识的宣传，提高公众对生物圈的脆弱性和相互依存关系的认识，而这一切都有赖于教育的作用。

教育与社会、政治、经济、文化、环境有着密切联系，教育危机的解决需要教育与社会大力协作，共同调整和适应。因为整个社会经济和生态环境都面临着危机，使得教育体制与迅速变化的周围世界之间的不协调日益加剧，需要研究环境与教育的相互关系，以保护、发展、建设为目的的环境科学为理论基础，解决现实的环境问题。

二、国际生态环境教育的发展

20世纪70年代，工业化国家由于严重的环境污染，引起了世界各国政治家的严重关切。联合国教科文组织和联合国环境规划署召开了一系列环境教育会议，对推动各国加强环境教育起了积极作用。

1972年，在斯德哥尔摩召开的第一次联合国人类环境会议提出：应该建立国际环境教育项目，环境教育应采用跨学科途径，在校内和校外、各教育层次同时进行。环境教育主要是针对公众特别是普通公民，要教育他们采用力所能及的步骤管理和调控他们的环境。世界上许多国家的环境教育从此逐渐展开。

1975年，联合国教科文组织和联合国环境规划署确立国际环境教育项目（IEEP）。该项目的主要目的是帮助各国政府和国家、地区、国际机构将环境教育纳入正规与非正规的教育系统，使受教育者提高对环境中经济、社会、文化和生态诸方面相互依赖性的认识。

1977年，在前苏联第比利斯召开政府间环境教育会议，并发表了《第比利斯宣言》。宣言指出，环境教育应当为一切年龄的人，在一切水准上、在正规和非正规教育中进行。

1987年，国际环境教育和培训会议在莫斯科召开，为90年代及更长远的将来制订了国际环境教育与培训策略,并从经济、社会、文化、生态、美学等不同角度全面阐述了人与环境之间的相互联系。

1995年,联合国教科文组织等机构在希腊雅典召开"环境教育重新定向以适应可持续发展需要"的地区研讨会,中心议题是:进一步将可持续发展的概念和信息与传统的环境教育相结合,对环境教育重新定向。

90年代以后,世界各国普遍接受及重视生态环境的可持续发展,这一思想理念已渗透到人类社会的各个领域。各国政府认识到教育对促进可持续发展起到至关重要的作用。在《21世纪议程》第36章"提高环境意识"中,明确指出:"目前对人类活动和环境的内在联系的意识仍然相当缺乏。提议开展一个全球教育活动,以加强环境无害和支持可持续发展的态度、价值观和行动";"从小学学龄到成年都接受环境与发展的教育"。在正规和非正规环境教育中,应该将人口、环境、资源和教育有机地结合起来,因为,它们是实现可持续发展的主要组成部分。

第二节 生态环境教育的内涵与实施

一、生态环境教育的基本理念

在斯德哥尔摩召开的第一次国际环境保护大会指出:"环境教育是一门跨学科课程,涉及校内外各级教育,对象为全体大众,尤其是普通市民……以便使人们能根据所受的教育,采取简单的步骤来管理和控制自己的环境。"1977年第比利斯会议更加明确地指出:"环境教育是一门属于教育范畴的跨学科课程,其目的直接指向问题的解决和当地环境现实,它涉及普通、专业和校内外所有形式的教育过程。"这两个定义都明确了环境教育是针对环境问题及如何解决的教育,其目的是使人们更好地认识人与自然或人文环境之间的关系,并处理好这种关系。

对环境教育的解释和定义基本可以归纳为:环境教育是针对人类周围环境的认识、保护、改善而进行的教育活动,并且把环境保护教育作为首要任务。

例如，美国环保署（EPA）关于环境教育的最新定义为："环境教育能够提高公众对环境问题和环境改变的知识与意识，人们通过环境教育获得人类活动对环境影响的知识，以及全面认识环境问题的技能，从而能够作出更加明智的决策。"

生态环境教育的内涵在于，在现代生态思想活动的开展中，人们对生态危机有清醒的认识和深刻的担忧。随着人们对生态环境危机与自然关系的深入研究，发现对环境的认识、保护、改善的理解远远不够，加强生态意识生态环境的伦理教育势在必行，刻不容缓。

许多学者注意到生态环境问题不仅涉及政治、经济、文化等社会问题，也与教育息息相关。

生态环境教育是建立在生态哲学基础之上的，认为改善人与自然的关系、解决环境问题的根本途径，是对我们的世界观进行根本变革的教育。因此生态环境教育不仅要求对全社会进行环境保护的教育，更要从根本上革新人们的思想观念，树立生态整体观、和谐观，承担起个体与社会发展的责任，积极融入社会、政治改革之中。国外还提出生态环境教育必须把人培养成为自觉、主动、富有创新精神的批判者，从而回答教育在道德与社会方面的问题。

生态环境思想的核心是生态系统观、整体观，环境思想以生态系统的平衡、稳定和整体利益为出发点和终极标准，"生态环境"是相互依存、整体化、系统的，生态环境教育的目的是解构人类中心主义，从而倡导人与自然和谐共处的生态伦理观。

二、生态环境教育的内容

人类的生态环境系统是包含时间、空间、数量、秩序变化的复杂的动态开放系统，由各子系统相互作用成为一个网络结构。各子系统的运动所产生的集合效应，构成生态环境的整体功能。人类与环境每时每刻都在相互影响、相互作用，有正面的作用，也有负面的作用。人类要改善环境，维护生态的正常循环，就要营造人类与大自然的和谐发展。生产与消费，体现了人类与环境的关系。人类通过生产活动从环境中索取物质、能量和信息，然后通过消费活动再以废水、废气、废渣形式排向环境。

生态环境教育是研究解决全球生态环境恶化危机的科学。依据生态环境保护的现实需要，生态环境教育内容应包括：生态环境问题的基本概念，可持续发展，生态系统与生物多样性保护，环境污染及防治，人口与环境，资源与环境，全球环境问题等方面。

1. 生态环境问题

（1）由自然原因引起，如地震、海啸、火山爆发、泥石流、滑坡、洪水、台风、崩塌、干旱等，还有区域性天然化学元素异常等问题。

（2）人类活动引起，如不合理开发、过度利用自然资源所造成的生态破坏，如乱砍滥垦造成森林破坏、水土流失，放牧引起草原退化、沙漠化，捕食盗猎、化肥农药使物种灭绝，还有水热平衡失调、次生盐碱化等物理污染、化学污染。在人类对环境的开发利用不合理的情况下，特别是人为作用超过了自然界的自净能力和再生增殖能力时，可以导致污染和生态平衡的破坏引起环境恶化，其反作用将危及人类自身的生存。

2. 可持续发展思想

可持续发展思想，是1987年挪威首相布伦特兰夫人等在"我们共同的未来"中首次提出，并在1992年巴西里约世界环发大会上被世人普遍接受的战略观点。这是其最早进入环境教育的视野却成为了环境教育的关键内容，由此更提高了环境教育的科学性和先进性。

当区域经济发展过快，会对当地环境支持系统产生很大压力，导致环境恶化。因此可持续发展的实质是以环境与资源的永续利用为前提的发展模式。环境保护是实现经济可持续发展的必备条件，经济发展是环境永续利用的社会基础。因此，必须将环境保护纳入经济、社会发展的总体规划，以保护环境为重要条件，寻求发展的最佳模式，实现环境与发展的协调互动。

3. 生物多样性及生态系统的保护

生态系统的保护就是把人类社会和自然环境融入统一整体，综合考虑人类社会经济发展和自然环境的关系，注重协调和约束个人的行为，达到动态的发展平衡。

人类与大自然的关系问题就是大自然的主体——生命的各种有机体的和谐发展。整个生物圈最重要的特征就是生物多样性。生物多样性及生态系统在环境教育中占有重要的地位。这在1992年巴西环发大会的《全球生物多样性公约》中有充分体现。我国在《中国21世纪议程》中也专章阐明了生物多样性保护。

4. 人类与环境

人类是地球上生态系统及生物圈的重要组成部分之一。人类社会发展初期，受到自然环境的极大限制。为了改善生存条件，人类对自然进行着不断的改造，把自然景观转变为人文景观，影响了生物群体的组成、结构、空间的分布。对资源的开发及利用，使生态平衡被破坏，生物的多样性逐渐减少，对环境影响严重。

而环境是人类赖以生存和发展的基础。人们在生产、生活中需要从环境中索取各种物质，需要环境提供各种生存条件。但环境支持系统的支付能力有一定的限度，当人口增加使环境的承载超过限度时，就会导致生态平衡被破坏，环境恶化。

5. 资源与环境

资源是产业的基本要素，其类型、数量、质量及其时空组合特征对一定地区内经济发展有重要影响。资源一般可分为不可更新资源与可更新资源。

自然资源（可更新资源）。自然资源也是自然环境的重要组成部分，如森林、草原野生动物、野生植物等。人们应重在保护其增殖和合理利用，实现自然资源的可持续利用与发展。

土地资源（可更新资源）。目前全球可利用土地资源有限，相对人口数量的快速增长，人均土地面积逐渐减少，人地之间的矛盾日益尖锐。

矿产资源（不可更新资源）。矿山开发时，若不注意环境保护，会带来一系列环境问题，包括水污染、大气污染、土地破坏与土壤污染等。能源是资源中最重要的组成部分，它是世界经济发展的动力。近百年来，全球能源的消费速度成几何级数增长，能源生产的增长率已远大于人口的增长率。然而，由于科技水平的限制，人类在开发利用能源方面存在诸多问题：能源匮乏和枯竭、生态破坏和环境污染等。

6. 全球性环境问题

人类社会已面临世界性环境问题：全球变暖，臭氧层破坏，酸雨，淡水资源危机，固体废弃物成灾，生物多样性减少等。生态环境问题已严重影响了人类社会的发展，人们也已意识到生态环境问题的严峻性。学习研究生态环境的目的，就是使各国了解不同的地质环境及形势，唤起社会成员的环境保护意识和环保行动。

三、生态环境教育的实施目标

1. 生态环境教育的目的

生态环境教育的目的是：使社会成员掌握生态环境的有关知识，获得为理解环境、保护环境和改善环境所需要的知识、价值观、态度、责任感和技能，发展个人、群体、社会的新行为模式及道德责任，认识生态环境的构成和人类与自然的关系，逐步建立起环境保护意识、环境价值观和参与解决生态环境与发展问题的实际行动，以保护和改善环境。

现代文明的可持续发展，需要所在地的人们参与社会、经济、科技、环保等多方面活动，生态环境教育是环境保护与可持续发展的理论保障，对生态发展有着很强的现实意义和长远意义。

2. 生态环境教育的具体目标

为了达到生态环境教育的目的，需将其分为若干具体目标：

(1) 知识目标：帮助公众获得环境知识，了解大自然的规律；

(2) 技能目标：帮助公众逐步掌握识别和解决环境问题的技能；

(3) 态度目标：培养公众参与环境保护、提高生活与环境质量的兴趣、责任感和积极性；

（4）参与目标：鼓励公众参与当地社区、栖息地解决环境问题的决策和行动，为青少年提供参加环保活动的机会；

（5）意识目标：通过上述4个目标的实施，逐步培养公众对生态环境问题的重视观念，有对身边环境的敏感性，进而建立起生态环保意识。

生态环境教育要制度化、规范化、系统化和经常化，要将环境教育看作一项基本教育，已有越来越多的国家认识到开展环境教育是切实保护环境的需要。

四、生态环境教育的实施途径

我国生态环境教育主要在两个领域中进行。一方面是面向全社会的公众教育，另一方面是通过教育改革，把生态环境教育纳入大、中、小学的教育内容。生态环境教育应该是一个从学校到社会全方位参与的过程，需要社会所有成员的投入，因此，生态环境教育必须依靠社会公众教育、学校教育等多重途径。

1. 社会公众教育

生态环境教育的对象首先是社会公众，首要途径就是对公众的引导和教育。社会公众教育通过一系列的社会宣传活动，依托各种媒介，形成和提升公众参与生态环境保护的意识。获取环保信息的主要途径有电视、电影、广播、网络及传统宣传栏、画展等。通过媒介宣传的影响，树立公众的环保意识，推动生态文明的变革和进步。

通过社会公众教育，进行环保法律法规的宣传，积极倡导绿色、低碳、环保的生活方式；逐步使公众关注、关心并积极参与环保活动，让公众建立依法保护环境的意识，理解世界生态环境问题的方针、政策、法律、法规，了解全球环境问题及国际社会为保护环境共同采取的行动计划，进一步加强公众保护环境参与可持续发展的自觉性与责任心。

2. 学校教育

基础教育是生态环境教育的支柱。广大学生群体正处在世界观、人生观及价值观的形成期,保守思想最少,最容易接受新事物新观念,因此也是生态环境意识的最佳形成期。

加强对学生群体可持续发展思想的灌输。可以在课程中纳入资源、生态、环境和可持续发展的内容,重新定向生态环境教育领域的教学,将可持续发展思想贯穿于初等教育到高等教育的整个教育过程。通过开设"环境教育""环境科学基础"或"环境保护"等课程,使学生群体比较系统地学习环境科学知识。

第三节 中国生态环境教育发展阶段

我国属于发展中国家,国民科学文化素质的整体水平还不高,因而生态环境意识偏低。尽管政府和科学界做了大量工作,但有法不依、执法不严、法不治众、执法难的情况还比较多。例如,当前不少地方吃野味的风气盛行,国家保护的野生动物被偷猎宰杀端上餐桌,越是濒危等级高的,其售价越高。据调查,野味上餐桌的情况主要出现在高级餐厅酒楼。仅此现象,就足以说明环境保护法、野生生物保护法固然重要,但仅仅靠法律显然是不够的。通过深入开展环境教育,迅速提高国民特别是广大青少年的生态环境保护意识,是当前环境保护事业中一项举足轻重的工作。

中国环境教育与环境保护事业的发展有着密切的联系,经历了起步、发展、推广三个时期。

一、起步阶段(1973—1983年)

1973年8月国务院委托国家计委召开了第一次全国环境保护会议,制定了《关于保护和改善环境的若干决定》(试行),环境教育工作也随之起步。随后,《只有一个地球》《寂静的春天》等介绍国外环境保护的丛书的出版,也在我国教育界产生了一定的影响。

1979年9月,全国人大通过了《中华人民共和国环境保护法(试行）》，对环境教育作出了明确的规定。

1979年11月，中国环境科学学会教育委员会在河北保定举行第一次工作会议。会议建议：在广州、辽宁、甘肃、上海、湖南、黑龙江和北京等地进行中小学环境教育的试点工作；在高中增设环境地学课。随后，由北京师范大学和华东师范大学分别编写出版了《环境地学》教材。

1981年，国务院在《关于国民经济调整时期加强环境保护工作的决定》中明确指出："中小学要普及环境科学知识。"同年，中国环境学会教育委员会第二次会议在秦皇岛召开。会议提出：推广试点经验，开始进行教师培训和教材编辑出版工作。

1983年，中国环境科学学会教育委员会第三次会议在郑州召开。会议建议：增加高中地理的授课时数，组织编写、出版环境科学及环境保护等选修课教材，加强中小学师资培训，重视青少年的课外环境教育。会议建议文化出版部门组织力量编写环境保护趣味性读物，拍摄有关环境保护的电影片、幻灯片等。

这几次会议对我国教育系统开展环境教育起了推动作用。越来越多的中小学教师认识到学校环境教育的重要意义，并积极投入到了这项工作中。

二、发展阶段（1983—1992年）

1983年，在第二次全国环境保护工作会议上，中国政府宣布环境保护是一项基本国策，明确了环境保护的公众教育在环境保护事业中的重要作用。

1987年，国家教委在"九年义务制教育全日制小学、初中教学计划（试行草案）"中强调了能源、环保、生态等教育要渗透在相关学科教学和课外活动中进行，并提出在少数有条件的学校，可试验单独设课或开设讲座等进行环境教育。

1990年，国家教委颁布《对现行普通高中教学计划的调整意见》，要求普通高中开设环境保护选修课。北京市、湖南省教育部门与环保部门密切配合，组织出版了《环境保护》选修课本。之后，各地也陆续组织编写了适合教学或自学的中小学环境教育课本、课外读物。

这10年也是我国政府实施自然保护行动最多的时期,大规模的自然资源普查,数百个各种类型的自然保护区相继建立,有关自然资源保护法获得通过,各级新闻媒体有关自然保护的报导一天比一天多,许多环境保护的国际合作项目也开始在我国实施。这些丰富的活动,为我国环境教育的发展奠定了坚实的基础。

三、推广阶段（1992年—）

1992年里约联合国环发大会（UNCED）的召开和可持续发展思想的确立,使全世界自然保护的快速发展和生态环境教育的深入进行迈入了一个新阶段。与此同时,我国的环境教育也进入了迅速发展时期。

1992年11月国家教委与国家环保局联合召开第一次全国环境教育工作会议,提出了环境保护、教育为本的方针,把环境教育在生态环境保护中的地位和作用,提到了应有的高度。在这次会议纪要中强调：大力推动中小学环境教育,不断提高青年一代的环境意识。首先要搞好校长、教导主任和教师的培训。"各类师范院校要开设环保选修课或专业讲座,有条件的师范院校应到基层学校调查中小学环境教育的要求。"

1994年3月,通过《中国21世纪议程——中国21世纪人口、环境与发展白皮书》。其中强调："发展教育是走向可持续发展的根本大计,加强受教育者的可持续发展思想的灌输。在小学《自然》课程,中学《地理》等课程中纳入资源、生态、环境和可持续发展内容；在高等学校普遍开设《发展与环境》课程,设立与可持续发展密切相关的研究生专业,如环境学等,将可持续发展思想贯穿于从初等到高等的整个教育过程中。"

《中国21世纪议程——中国21世纪人口、环境与发展白皮书》还提出："有必要制定方案,促进青少年参与可持续发展。采取措施,鼓励青年参与可持续发展和环境保护活动。组建各种青年环境保护团体,有组织地参与可持续发展；在青年中树立各种环境保护先进典型；继续在青年中开展植树造林等绿色工程活动；鼓励青年做生活方式变革的表率,在青年中树立节约光荣、浪费可耻的观念，倡导富裕和繁荣的新观念，改变不合理的消费模式。"由此可见，在迈向21世纪之际，我国教育战略开始更新，促进学生参与可持续发展正成为我国教育的时代特征。

综上所述，我国生态环境教育虽然起步较晚，但政府重视，教育界积极努力，并且重视国际环境教育的新动向和新信息，坚持改革开放，所以取得了显著成绩。但是，我们也必须看到，我国属发展中国家，国民整体科学文化素质偏低，保护意识尚待继续培养提高。加之升学教育压力很大，素质教育尚处在起步阶段，高等师范院校的生态环境教育还亟待加强，在职基础教育师培工作面大，各地区、各学校的发展尚不平衡。在今后更广泛深入地进行生态环境教育中，需要进一步明确面向可持续发展的目的、指导原则、内容与实施途径，使生态环境教育成效不断提高。

第四节 中国生态环境教育的现状与反思

一、中国生态环境的现状

生态环境的可持续发展与社会经济发展息息相关，良好的生态环境系统既是人类赖以生存的环境，也是人类发展的源泉。随着我国经济的发展、人民生活水平的日益提高，我国也面临着越来越严重的生态环境问题，突出表现在：

1. 空气、水体污染明显加重

空气中有害物质以及颗粒粉尘不断增加，严重威胁着人们的健康，特别是北方地区，大面积出现雾霾。

中国大气污染属于煤烟型污染，分布是：北方重于南方，中小城市污染势头甚于大城市，产煤区重于非产煤区，冬季重于夏季，早晚重于中午。目前中国能源消耗以煤为主，约占能源消费总量的3/4。煤燃烧产生大量的粉尘、二氧化碳等污染物，是中国大气污染日益严重的主要原因。

据1987年典型城市监测调查，有42%的城市饮用水源地受到严重污染；63%的城市受到不同程度的污染。在调查的532条河流中，有82%的河流受到不同程度的污染。全国约有7亿人口饮用大肠杆菌超标水，约有1.7亿人饮用受有机物污染的水。

2014年2月21日环保部卫星遥感监测表明，我国中东部地区大部分省份出现灰霾，灰霾影响面积约为143万平方公里，重霾面积约为81万平方公里，主要集中在北京、河北、山西、山东、河南、辽宁等地。北京市启动空气重污染黄色预警。

2. 森林资源匮乏，林草覆盖率低

近年来，我国森林面积大幅减少，森林采伐量远远超过生长量，乱砍滥伐、毁林开荒现象十分严重。中国许多主要林区森林面积大幅度减少，昔日郁郁葱葱的林海已一去不复返。全国森林采伐量和消耗量远远超过林木生长量。若按目前的消耗水平，绝大多数国营森工企业将面临无成熟林可采的局面。森林赤字是最根本的生态赤字，当代人已经过早过多地消耗了后代人应享用的森林资源。

3. 水土流失量大，土地荒漠化加快，草原退化加剧

中国水土流失特别严重的地区（从北到南）主要有：西辽河上游，黄土高原地区，嘉陵江中上游，金沙江下游，横断山脉地区，以及部分南方山地丘陵区。

中国是世界上沙漠化受害最深的国家之一。北方地区沙漠、戈壁、沙漠化土地已超过149万平方公里，约占国土面积的15.5%。80年代，沙漠化土地以年均增长2100平方公里的速度扩展。近25年共丧失土地3.9万平方公里。目前约有5900万亩农田、7400万亩草场、2000多公里铁路以及许多城镇、工矿、乡村受到沙漠化威胁。

4. 水资源严重短缺，地下水位下降

1949年以来，中国湖泊减少了500多个，面积缩小约1.86万平方公里，占现有面积的26.3%，湖泊蓄水量减少513亿立方米，其中淡水量减少340亿立方米。我国水资源地区分布不均，河流断流日趋严重，湖泊退化愈演愈烈。湿地变农田，湿地面积减少，破坏力加剧。

我国是一个淡水资源严重缺乏的国家，有关数据显示，中国人均淡水资源占有量仅为美国人均淡水资源占有量的1/5。

中国水资源总量约为2.8124万亿立方米，占世界径流资源总量的6%；又是用水量最多的国家，1993年全国取水量（淡水）为5255亿立方米，占世界年取水量的12%，比美国1995年淡水取水量4700亿立方米还高。由于人口众多，当前中国人均水资源占有量为2500立方米，约为世界人均占有量的1/4，排名百位之后，被列为世界几个人均水资源贫乏的国家之一。另外，中国属于季风气候，水资源时空分布不均匀，南北自然环境差异大，其中北方9省区，人均水资源不到500立方米。

多年来，由于过分开采地下水，水位下降。华北地区地下超采形成的沉降漏斗已连成一片，达2.3万平方公里，地下水沉降漏斗由点到面，由城市向乡村发展，面积越来越大，出现了区域性大范围的漏斗。北方地区已形成8个总面积达1.5万平方公里的超产区，导致华北地区地下水位每年平均下降12厘米。

5. 农村生态环境污染严重

1978年以前，农村环境污染主要是化肥、农药等，使用量逐年增加，禽畜和水产养殖等也加剧了农村污染。1978年以后乡镇企业成为农村主要污染源。乡镇企业迅速发展成为农村工业化的主体，给农村带来生态环境的大范围污染，对农业资源、矿产资源造成严重的浪费。

6. 生物物种加速灭绝

近30多年来的资料表明，高鼻羚羊、白鳍豚、野象、熊猫、东北虎等珍贵野生动物分布区显著缩小，种群数量锐减。中国的植物物种中15%—20%处于濒危状态，仅高等植物中濒危植物就多达4000—5000种。属于中国特有的物种和国家规定重点保护的珍贵、濒危野生动物有312个种类，正式列入国家濒危植物名录的第一批植物有354种。

环境是一种特殊资产。生态破坏、环境污染本身就构成经济损失和财富流失。生态指标恶化已经直接而明显地影响了现期经济指标和预期经济趋势。

二、中国生态环境问题研究

造成生态破坏的原因是多方面的，有历史的因素，有现实的因素；有自然的因素，更有人为的因素。

1. 自然因素

由自然环境的自身变化引起，如西北地区干旱、多风、土壤风蚀强烈；南方多暴雨，广大丘陵山区易发生水土流失。这是经过较长自然蕴蓄过程后发生的，主要受自然力操纵。

2. 经济因素

中国经济发展中出现的生态问题，可以说是资本"原始积累"中外同此的普遍现象。社会经济的急剧发展，导致对生态环境的严重破坏。我国工业化起步时间晚，发展起点低，又面临赶超发达国家的繁重任务，不仅以资本高投入支持经济高速增长，而且以资源高消费、环境高代价换取经济繁荣。重视近利，失之远谋，重视经济，忽视生态，短期性经济行为为生态环境带来长期性、积累性后果。

3. 人口因素

我国是世界上人口最多的国家，且具有农村人口多、新增人口多、人口老龄化快、人口分布不均衡等特点。这是我国现代化进程的重大障碍，又成为我国生态环境的最大压力。迫于生存，人们毁林开荒，围湖造田，乱采滥挖，破坏植被，不合理掠夺开发活动超过了大自然生态支持系统的支付能力、输出能力和承载力。

4. 发展观念的偏差

由于认识的历史局限性，长期以来，未能正确处理社会、经济和环境三者之间的关系，可持续发展思想和科学发展观未能贯彻实施。在面对发展与生态保护矛盾时，往往不能正确处理长期利益与短期利益、局部利益与全局利益的关系。在自然资源的开发利用上，一直采取"重用轻养"、只开发不保护的态度。与此同时，"自然资源取之不尽，用之不竭"的错误观念派生的"资源低价，环境无价"的经济政策，助长了以牺牲环境为代价的高消耗低效益发展。

粗放型经济发展模式造成资源浪费的同时,更带来严重生态破坏。农业生产普遍采用大水漫灌,过量使用化肥、农药,造成水资源的浪费和污染。矿产资源开采的回收率低,损失浪费严重。铁路公路建设大量开山取石、铺路搭桥,由于管理和运作不善,造成人为的水土流失。

5. 政府与执法部门生态保护工作不力

我国目前还没有建立起完整的全国性的生态环境检测网络,不能对环境现状作出客观全面的评价。一些部门单位监督不力、执法不严,使许多破坏环境现象屡禁不止,加剧了生态退化。同时,对生态环境的保护和建设投入严重不足,环保产业在税收和政策方面缺乏国家支持,41%的自然保护区未建立管理机构,广大的农村地区环保基础设施严重滞后。生态环境保护的法律体系仍不健全,相关法律法规及标准还不完善。

三、对生态环境教育的反思

中国传统社会的整个生态环境,一直受农本思想、政权更替、人口激增、过度垦殖、乱砍滥伐、自然灾害等因素影响。因此,进行生态环境教育尤需围绕这些因素有的放矢地进行。

1. 生态环境教育应培养全民生态环境保护意识

生态环境是人类社会发展的自然基础条件,在不同时期或区域始终都影响人类的生活方式、政府的决策和运行、政策法规制定以及社会某些制度的形成,影响经济社会的发展进程,中国进入社会主义社会前期,生产力水平低下,忽视了不同的生态环境影响社会生产力的分布状况和发展水平。社会经济在发展过程中,也出现了忽视生态建设和环境保护的短视行为。而中国的生态环境教育也始终没有受到全社会的高度重视。现阶段的生态环境教育应注重在经济社会发展过程中,生态环境教育既要让全社会意识到生态环境对经济社会发展起的重大作用,又要充分认识到经济社会发展对生态环境的影响。

生态环境教育的目标应全力培养环境保护意识,了解经济、社会与生态环境协调发展、持续发展,才可能解决好当前与长远、局部与全局、片面与全面发展之间的矛盾。只有生态环境与社会协调发展、持续发展，才能解决人类需要增长与生态环境有限供给能力之间的矛盾。

要在生态环境教育过程中进一步培养生态环境保护意识。提高全民对生态环境价值及其资源有限性的认识，并通过制定和完善各种配套的政策措施与法律法规，改变经济建设中对环境的肆意破坏，切实转变生产方式，尽快摆脱高投入、高消耗、高污染生产模式诱发的生态环境危机。

2. 生态环境教育应普及传播生态文明的理念

生态文明涉及经济、政治、文化、社会发展和人类自身的各个领域，并为其提供必不可少的生态环境基础，而其他文明则不能包容生态文明的全部内涵，人类社会需要从一个全新视角去审视已有的生态环境，去推动新生态文明形态的建立。

因此生态环境教育应普及生态文明理念。把学校环境教育作为生态环境教育的核心，在中小学开展各种环境教育，将环境教育内容渗透到各个学科的教学中，生态环境教育要求学生理解自然界诸多的因果关系和客观规律。针对不同层级的学生开展不同的生态环境教育课程，强化环保意识的教育及推广。通过政府、民间团体等组织各种环境教育活动，宣传环保意识和生态文明理念，引导人们参与到生态环境保护中。开展多种形式的社会环境教育，逐步建立多渠道、多层次的完善环境教育体系，使生态文明理念遍布社会生活各个角落，实现环境教育一体化。

3. 生态环境教育应建立新的课程体系

实施生态环境教育必须调整和改革课程体系、结构和内容，特别是对不同社会历史发展阶段的生态观、环境观和发展观进行研究，有助于我们进行科学合理的继承和扬弃，有助于我们依靠今天哲学社会科学和自然科学技术的最新成果，去服务于现代生态环境。加强课程的综合性和实践性，注重学生的实际操作能力，以课程文化价值为取向，以人、自然和社会和谐发展的基本观点去思考生态环境问题。

生态环境教育通过各学科渗透，开展综合实践活动来完成，根据教学内容、知识结构选择多种形式的生态环境教育，最终建立符合生态规律的新型课程体系。引导学生全面、整体地看待生态环境问题，确保教学内容的系统性和完整性。

本章综述

本章阐述了生态环境教育的发展与基本内涵，生态环境教育是人类社会面临生态环境危机提出来的，是对整个人类历史发展的反思，也是对现代工业文明的批判性总结及对未来生存形态的向往。生态环境教育的使命是唤起社会成员对人与自然、社会发展的整体关注，理解生态环境的基本规律，深刻认识生态环境可持续发展的重要性。通过学习，需要了解中国生态环境教育的现状及进行生态环境教育的重要性。

附录：

新闻摘要 我国环保部发布今年"世界环境日"主题

2015年6月5日是新《环保法》实施后的首个"世界环境日"。日前环境保护部向媒体公布了2015年"世界环境日""践行绿色生活"主题。该主题旨在增强全民环境意识、节约意识、生态意识，选择低碳、节俭的绿色生活方式和消费模式，形成人人、事事、时时崇尚生态文明的社会新风尚，为生态文明建设奠定坚实的社会和群众基础。

把今年"世界环境日"主题确定为"践行绿色生活"，将通过"世界环境日"的集中宣传，广泛传播和弘扬"生活方式绿色化"理念，提升人们对"生活方式绿色化"的认识和理解，并自觉转化为实际行动；呼吁人人行动起来，从自身做起，从身边小事做起，减少超前消费、炫耀性消费、奢侈性消费和铺张浪费现象，实现生活方式和消费模式向勤俭节约、绿色低碳、文明健康的方向转变；呼应联合国环境署确定的世界环境日主题，形成宣传合力。

思考题：生态环境教育的目的是什么？

第五章 女性主义教育

> 学习目标
> 1. 了解：女性主义产生的背景、发展及主张
> 2. 掌握：女性主义教育的内涵及特征
> 3. 理解：女性主义教育研究
> 4. 分析：对我国女性主义教育改革的启示
>
> 关键词：女性主义 女性主义教育 社会革命运动 女性主义教育理论

19世纪前，女性在全世界范围都处于受压迫、受歧视的地位，女性主义运动批判性别阶层的不平等，发起了一系列社会理论与政治的运动浪潮。女性主义运动跨越阶级与种族界线，为女性争取了生育权、教育权、投票权、代表权，反对性别歧视、压迫与父权。女性主义观念破除以男性为中心的父权体系，提倡男女平等，争取女性的解放运动。

随着女性主义运动的发展，产生了女性主义教育思想，这种思想在不同层次上影响了女性的意识和社会发展，改变了女性生存的状态，也丰富了人类的文化促进了社会的进步。

第一节　女性主义运动产生的背景

一、女性主义产生的背景

1. 资产阶级启蒙思想

17、18世纪资产阶级的启蒙学者在反宗教神学和封建压迫的斗争中提出崭新的政治理论，即近代自然法理论，并把自然法理论作为推翻封建专制制度、进行资产阶级革命、建立资本主义社会的思想武器。

资产阶级人权观提出：在自然状态下，人们享有自然权利，包括生命权、自由权、平等权及财产权，人们只受自然法的约束，不受人为法的制约或某个人的管辖。他们把自然状态下所享有的自然权利称为天赋人权。这些权利称为基本的人权，是与生俱来、不可剥夺的权利。虽然不同阶级或社会阶层的思想家对自然权利解释的侧重点有所不同，但他们都强调了生命权、自由权、平等权、安全权和财产权。对近代人权理论做出重要贡献的是英国教育家洛克和法国的卢梭。洛克认为，在自然状态下，最主要的人权包括生命权、自由权和财产权。所谓生命权就是保全人的生存，这是每个人的基本权利或最高权利，没有这一权利就谈上到其他权利；所谓自由权是指人们享有自然的自由，除自然法以外，不受任何法律的支配和约束；所谓财产权是指人们对经过自己劳动所得来的东西具有支配、享用、处置的权利；它是人的私有财产，也是人们生存的主要依赖。

资产阶级提出的天赋人权或自然权利说为女性主义的产生提供了有力的思想武器。

2. 社会革命运动

首先，14世纪中叶至17世纪初在欧洲发生的思想文化运动——文艺复兴运动，开启了一段科学与艺术革命时期，揭开了近代欧洲历史的序幕。文艺复兴运动发源于意大利的佛罗伦萨、米兰和威尼斯，后扩展至欧洲各国。文艺复兴的核心是人文主义精神，以人为中心而不是以神为中心，肯定人的价值和尊严；主张人生的目的是追求现实生活中的幸福，倡导个性解放，反对愚昧迷信的神学思想，认为人是现实生活的创造者和主人。

其次，人文主义者批判中世纪教会的蒙昧、禁欲说教与封建的等级特权制度，提倡个人的自由、平等与欲望，提倡竞争进取精神与科学求知的理论，极大地推动了人们的思想解放与观念更新，构成了对天主教神权的巨大冲击。在这样的社会背景下，16世纪西欧的基督教宗教改革针对罗马教会对欧洲的大一统神权统治，要求通过改革建立适应民族国家发展的"民族教会"或适应资产阶级兴起的"廉价教会"。这次宗教改革运动奠定了新教的基础，同时也瓦解了罗马帝国自从宣布基督教为国家宗教以后由天主教会所主导的政教合一体系，为后来西方国家从基督教统治下的封建社会过渡到多元化的现代社会奠定了基础。

最后，思想启蒙运动是在人文主义的基础上又向前发展了的一次思想文化运动，内容和影响都超过了文艺复兴。思想启蒙运动是一场反封建的思想文化运动，是欧洲发生的第二次思想解放高潮，也是资产阶级反封建政治运动的思想酝酿阶段。

西欧近代三大思想解放运动——文艺复兴、宗教改革与思想启蒙运动推动了女性主义的发展。

3. 工业革命

18世纪后半期，资本主义生产完成了从工场手工业向机器大工业过渡的阶段。工业革命是以机器取代人力、以大规模工厂化生产取代个体工场手工生产的一场生产与科技革命。18世纪中叶，英国人瓦特改良蒸汽机之后，由一系列技术革命引起从手工劳动向动力机器生产转变的重大飞跃。蒸汽机、煤、铁和钢是促成工业革命技术加速发展的主要因素。

工业革命是资本主义发展史上的一个重要阶段，实现了从传统农业社会向现代工业社会的重要变革。

工业革命为女性提供了走出家门、参与社会经济的历史机遇，从依附于男性的附属物转变为经济上独立自主的自由人，为女性主义的产生奠定了经济基础。

二、女性主义运动的发展

1. 18世纪末至20世纪中叶的女性主义运动

1791年，法国大革命的妇女领袖奥兰普·德古热发表《女权与女公民权宣言》，亦称《女权宣言》，女性主义运动就此拉开序幕。《女权与女公民权宣言》认为："妇女生来就是自由人，和男人有平等的权利。"女性运动推动女人实现做人的权利，从边缘进入主流，使女权成为整个人权的重要内容。

1848年，美国妇女在纽约州召开首届女权大会，伊丽莎白·斯坦顿效仿《独立宣言》发表了一篇"苦情宣言"，大会表决通过争取女性参政权的议案。

1857年3月8日，美国纽约的制衣和纺织女工走上街头，抗议恶劣的工作条件和低薪。

1870年，英国通过《已婚妇女财产法》，妇女取得了财产继承权。

1909年3月8日，美国芝加哥妇女为争取男女平等、同工同酬举行了规模巨大的罢工和示威游行，要求增加工资、实行8小时工作制和获得选举权。

1910年，社会主义国际在丹麦哥本哈根召开首届国际妇女会议。会上德国妇女运动领袖克拉拉·蔡特金倡议设定一天为国际妇女节，得到与会代表的积极响应。1911年3月8日就成为第一个国际劳动妇女节。

1918年，英国改革法案通过，法案同意拥有物业的30岁以上妇女拥有投票权；1928年，这一条款被扩大到21岁以上的妇女。

1919年，美国宪法通过第19次修正案，赋予所有州的妇女投票权。

1946年6月，联合国妇女地位委员会成立。成员由联合国会员国的代表组成，职责是研究妇女在经济和社会发展中的作用、在全球保障妇女政治、经济、社会、教育和法律等方面权利的进展情况。

2. 20世纪60年代至80年代的女性主义运动

1963年，美国女权运动领袖贝蒂·弗里丹撰写了《女性的奥秘》一书，解构了美国理想女性的神话，唤醒了广大女性。1966年，她又建立了

"美国全国妇女组织"，这个组织分析了女性受压迫的根源和在男权制统治下社会的政治经济状况。

1968年，法国妇女参加"五月风暴"民权运动，成立了"女权主义"——马克思主义行动组织。

1970年，英国举办第一届妇女解放运动大会，女性汇聚在牛津学生活动中心，提出一系列平等自由的要求。

1973年，美国最高法院首次承认女性享有合法堕胎权。

1975年开始，联合国每年3月8日纪念"国际劳动妇女节"，此后这一天就成为全世界妇女的共同节日。

20世纪80年代末，女权运动掀起了第三次浪潮。以美国有色人种女权主义者对主流白人女权主义者进行批评，承认女性的性别身份，同时强调了种族关系和阶级关系，拓展了女权运动的范围和视野，进一步推动了女权主义的纵深发展。同时80年代后，美国女权运动更多地融入到当时的后现代主义思潮中。

女性主义者通过各种运动把个人解放的目标同改造社会结合起来，力图改变社会政治、经济原因造成女性承受经济、社会、政治、心理压迫的不利处境。

这种教育思潮尝试改变学校性别歧视，以女性道德心理发展理论为基础，给予女性受教育的机会，反对对于女性的暴力行为，确保女性和女孩的声音能够得到认真的倾听。

3. 20世纪90年代的女性主义运动

1995年，联合国第四次世界妇女大会在北京举行，大会通过的《北京宣言》和《行动纲领》，对促进男女平等、提高妇女地位、21世纪人类的和平与发展将产生积极而深刻的影响，是世界妇女发展史上的一个重要里程碑。

2005年3月11日，为期12天的联合国妇女地位委员会第49届会议11日在纽约联合国总部闭幕。会议强调各国政府必须采取更多实际措施和具体行动，争取实现男女平等，促进妇女地位提高。

2010年3月1日至12日,联合国妇女地位委员会第54届会议在纽约联合国总部举行,主要议题是纪念联合国第四次世界妇女大会召开15周年,审议各国和各区域在执行《行动纲领》方面所取得的进展。

2010年7月,联合国大会决定建立联合国促进两性平等和妇女赋权实体(又称妇女署),极大地增强了联合国在世界各地促进性别平等、扩大女性机会和反对歧视女性的作用。

2012年3月8日,联合国秘书长潘基文和第66届联合国大会主席纳赛尔联合提议2015年召开第五届世界妇女大会,讨论当今世界面临的诸多挑战对妇女产生的种种影响。

2013年3月4日,第57届联合国妇女地位委员会会议在纽约联合国总部开幕,会议的主题是"消除和防止针对妇女和女童的一切形式的暴力",明确指出:国际社会必须为消除这些暴力付出更多努力。

2014年3月10日,为期12天的联合国妇女地位委员会第58届会议在纽约总部开幕,议会的主题是:落实"千年发展目标"中女性相关目标的成就和挑战。联合国秘书长潘基文呼吁国际社会从性别平等的角度认真审视千年发展目标的进展情况及仍然面临的挑战,积极促进女性赋权,消除一切形式的性别不平等。

女性主义运动经过近200年的发展演变,形成了特有的思想理论体系。女性教育一直是西方女性主义关注的核心内容之一。许多女性主义教育者以社会性别的视角对现行西方教育进行了深入的考察,用大量翔实的材料揭示了仍广泛存在于当前教育体系中的性别歧视,提出了具体的改进策略,其中的一些措施已在实践中初见成效。她们的研究不仅再次唤起了人们对教育民主化的关注,而且为实现社会性别公平化的教育目标提供了切实可行的依据。

三、女性主义理论的主张

1. 自由主义的女性观——理性与感性

1792年,英国女权主义者玛丽·沃斯通克拉夫特发表了《妇女权利的辩护》，这是第一部女权运动的重要文献。玛丽认为女性存在的首要目标是做一个理性的人，而理性的实践则是通过妻子与母亲的身份来表达。

18世纪，欧洲女性主义者受资产阶级反抗君权的启发，开始质疑男权的神圣性。自由主义崇尚理性，主张所有人在接受教育以后应具备同等的理性，应平等对待。强调人性不分性别，女人亦具有理性思辨能力，男女不平等是习俗以及两性差别教育造成的，应给予女性同质的教育；女性应有充分平等的选择机会，法律应不分性别，男女一视同仁。

19世纪，创造美国女性从政历史的玛格丽特·史密斯，主张女性在法律地位和世俗生活中的权利，强调女性有追求内在自由的权利，包括心灵的充实、智识的成长、理性与创造力的激发。她认为母职是女性生活的一部分而不是全部，女性必须超越特定的家庭关系而去追求自我成长。她强调女性特质，不鼓励女性和男性直接竞争较劲。虽然男女特质不一样，但女性所拥有的权利却是相同的。她的思想具有浓厚的宗教与存在哲学的意识。

20世纪，美国女性主义运动领袖贝蒂·弗里丹继承了18世纪以来自由主义的基本主张，其著作《女性的奥秘》对女性的家庭角色展开锐利的解析与批评。她鼓励妇女和男性一样从事公共领域的活动，并认为女性可以同时兼顾家庭与事业，并且可以以事业为主。

自由女性主义过分崇尚男性价值，重视心智胜于情感、身体。强调个人先于社会，忽略了个人生活于社会关系之中。所诉求的平等更多的是形式意义上抽象的平等，没有顾及个人因种族、年龄、性别不同而产生的不同需求。自由女性主义在许多社会问题上，并没有取得女权运动的实质性进展，就连法律上的平等都未能成功争取到。

2. 激进主义女性观——生理与文化

60年代末、70年代初，激进女性主义诞生于纽约与波士顿。它是从男性新左派的阵营里发展出来的。由于投身民权运动的进步妇女在运动后得到次等待遇，仍被男性视为低下者、服侍者、性对象，争取不到发言权，因而在愤怒、幻灭之余弃绝新左派而独立出来。她们使用"激进"一词，是指较新左派更根本的革命立场，也暗示较自由派女性主义更广泛、深入的进步性。她们主张妇女所受的压迫是所有其他种族的、经济的、政治压迫的根源。

20世纪，澳大利亚女权主义先驱杰梅茵·格里尔，在《女太监》一书中阐述了她的基本理念：女人是被动的性存在。她反驳女性受制于社会"永恒的阴柔"的刻板印象理念，多角度多层次地剖析了以西方女性为代表的女性在以男权为代表的社会中所遭受的压迫、凌辱和摧残，进而呼唤建立完整健康的女性人格。

美国女性主义文学家凯特·米利特在其经典之作《性政治》一书中指出"性即政治"，并使用"男权制"一词来指世界上许多地方控制女人的事实，父权制度夸大男女的生理差异，以确保男性拥有支配角色，女性限于附属角色。

激进女性主义始终围绕妇女的性别角色进行探讨，将女人受压迫的原因归诸女人的身体因素，总结出男人的生理才是女人受压迫的问题所在。它采取一种彻底的新的角度解释社会现实，对社会科学产生强烈的冲击，其有关性、性别、再生产等的理论具有不可磨灭的贡献。

3. 社会主义女性观——经济与文化

19世纪初叶，社会主义女性主义主张妇女解放必须对社会、政治与经济结构等进行全面的社会改造。

德国马克思主义创始人卡尔·马克思以科学的分析方法特别是历史唯物主义，分析生物性和社会性之间的辩证关系，说明人性并非一成不变，而是在特定历史情境、生产活动中形成的，强调阶级社会对个人意识形态和日常生活结构的影响，这些观点都对女性主义者有重要启发。

社会主义认为资本主义与私有财产制度是妇女受压迫的根源，只有推翻这种制度，实现社会主义，妇女解放方能实现。马克思主义者的首要革命是阶级斗争，性别压迫被还原成经济问题，妇女问题被纳入阶级与国家问题的范畴，女性一直在社会主义运动中扮演重要的角色。

社会主义女性主张妇女解放的关键不在于获得与男性同等的权利，而是整个社会制度需要彻底变革，人的情感、性格与欲望需要重新归正。

4. 后现代主义女性观——一元与多元

20世纪80年代兴起了后现代女性主义思潮，是在女性主义自身发展需求及后现代主义思潮共同影响下产生的，是女性主义与后现代相结合的产物。

法国后现代女性主义思想家伊丽加莱，打破对男性气质与理性的认识，质疑自觉的理性主体，认为理性是西方男性的单性文化，而女性的差异在男权秩序中没有体现出来。女性最根本的解放是思想解放，提出解构和消除一切男权文化中对女性本质错误的认识。后现代女性主义在传统女性主义基础上，建立自己的理论基调，使女性主义在男女不平等关系的问题上开始转变，以新的视角看待女性主义。

后现代女权主义首先从否定传统女性主义"男女平等"的概念进行批判。在男权结构中，女性的自然作用和社会作用都是通过男性标准制定的。建立在"两性平等"理论上的100多年的女权运动认为，女人要取得社会政治权益就要进入男性的领域，用男性标准要求自己，把达到男性标准认作女性的解放。后现代女权主义要求在"差异"的基础上实现平等，才能构成真正条件和结果的平等。后现代女性主义主张：与男性的全面合作，争取与男性结为伙伴，以对话互补和共识的方式取代冲突和对抗，以达到以性别差异为基础的男女平等相处的模式。

后现代女性力图建构女性的话语权利理论。在理论上，女性应该有自己的话语权利，有不同于男性的思维模式；在现实中，女性的就业应考虑生理需要差异上的平等；在家庭领域，女性应有主体化与客体化的权利。反对二元论，主张多样性和差异性，同时注重女权、女性与女人的统一，使女人不再与男性对立，使世界成为具有新生意义的后现代世界。

5. 生态主义女性观——自然与文化

生态主义女性流派起源于20世纪70年代的环境主义思潮，是西方环境运动与女性运动结合而形成的一种文化思潮，体现了自然与环境、文化需求的主动适应。生态主义女性教育倡导人与人、人与自然之间的和谐相处。

1974年，法国女性主义者弗朗西丝娃·德·奥波妮在《女性主义·毁灭》一文中呼吁女性参与拯救地球的工作，最先提出"生态女性主义"，这标志着西方生态女性主义理论研究的开端。她提出这一术语的目的，是想强调女性在解决全球生态危机中的潜力，号召妇女起来领导一场拯救地球的生态革命，并在人与自然、男性与女性之间建立一种新型的关系。她同时指出：对妇女的压迫与对自然的压迫有着直接的联系。

1987年，生态女性主义者召开纪念《寂静的春天》一书发表25周年的大会，号召妇女投身并引导生态革命，以保护地球的生态系统。

生态女性主义是一种政治与社会运动，提出对女人的压迫与自然的退化存在关联性。生态女性主义理论者探讨性别歧视、对自然的控制、种族歧视、物种至上主义、与其他各种社会不平等之间的交互关联性，阐述了自然的女权主义，既继承了过去的理论，又开拓了新的研究领域。除了致力于社会改革之外，它还把这种政治运动扩大到知识领域，从各种角度研究女性本性和男性本性的差别，探讨女性角色、女性价值，进而对造成歧视妇女、压迫妇女的父权制进行全面深入的分析和批判。

生态女性主义作为一个思想流派，强调女性与自然所遭受到的压迫的精神和文化根源，认为女性是自然的象征物，改变父权的世界观是解放女性和自然的根本途径。生态主义女性教育的意义就是让人们关注日益严重的环境问题，尊重自然与现实，尊重我们赖以生存的环境。

第二节 女性主义的内涵与特征

一、女性主义的内涵

1. 女性主义的界定

"女性主义"一词产生于19世纪的法国，到19世纪80年代出现在英语中，20世纪传入中国。

一些学者认为女性主义指的是追求男女在法律和社会上的平等，等同于女权主义。然而，女性主义一词具有历史的复杂性、含义的多重性、概念的模糊性及观念的偏差性。经过200多年的发展，女性主义的思想体系成为错综复杂、派系繁多的集合体。各个流派之间的理念、意识形态、价值观偏差较大。无论是女性主义者或女性主义研究者，都没有一个普遍公认的定义。

根据西方社会一些典籍，女性主义的内涵可以包括以下几点：

（1）女性主义是一种对社会生活、哲学、伦理学的探讨，目的在于纠正导致妇女特有不良体验的偏见；

（2）女性运动是一种追求妇女平等权利的社会解放运动，妇女争取与男性一样的社会地位及选择事业和生活方式的自由权利；

（3）女性主义致力于妇女争取公民权利，与男性一样的政治、经济及社会平等权利；

（4）女性主义是妇女在政治、经济和社会中应与男性一样享有平等权利的原则。

2.女性主义教育的内涵

女性主义教育理论中关于性别平等、身份认同、双性同体等思想，与教育领域的基本原则、目标导向、方式方法等范畴研究有共同之处，必然会引入教育研究范畴。女性主义理论从性别视角出发，遵从个体的发展规律，肯定个体气质的丰富性，强调个体的性别发展是人全面发展的基础，是社会创造力的来源。教育是基于人的本性教育，而不是经社会性别化后男性或女性的教育。当受教育者被塑造成社会认可的性别气质时，他（她）的人生过程必然是不全面的，只能是某种潜能被自我克制的生命状态。女性主义理论认同"双性同体"的概念，认为将男性气质和女性气质中有价值的特征结合到双性同体的个人素质里，才是有价值的理想模式，才是实现自我性别气质和谐发展，及个人与他人、个人与社会、个人与自然和谐发展的前提。

根据以上诠释的结论可以看出，女性主义的概念应分三个层次：

(1) 政治层面。

女性主义是一场争取女性权利的政治运动，是一场改变人类社会意识形态的革命，这场运动的终极目标是消除性别的不平等和一切不平等的现象，倡导性别之间的平等和协作，以达到人类的发展。

(2) 理论层面。

女性主义带给社会一个重新审视世界的全新的视角。在女性主义核心观点的基础上，强调两性平等，积极肯定女性的作用与地位，提出了新的价值观念、学说和方法论原则，以改变社会传统意识形态。

(3) 实践层面。

女性主义是争取妇女解放的社会运动，在运动中不断生成新的理念以达成对女性概念的变化的重新理解。

女性主义思想自诞生以来，从政治、经济、文化等理论和实践方面提出消除两性之间的一切不平等现象，倡导性别和人际间的平等、合作与交流。女性主义思想来自并服务于全球的女性主义运动，是一种全新的认识世界、社会和自身的视角，对当前的学术理论和研究范式影响深远。女性主义所倡导的人性化思想在教育领域受到越来越多的重视。

3. 女性主义教育的目的

女性主义教育研究具有很强的目的性。女性主义教育研究的目的，是期望为女性争取应有的权利，能够影响教育政策的制定，可以从指导思想和政策制定的角度为女性争得话语权。在社会关系结构中，无论政治领域、经济领域，男性都占有绝对的强势，在教育领域中男权的倾向也是显而易见的。女性主义者揭示了这种不平等，及女性获得的不同质不同量的事实。女性主义强调知识的政治内涵，力图通过妇女运动改变知识创造和权力之间的相互关系，以达到妇女解放的政治目的。女性主义以女性为目标构建了新的学科体系，对女性的诠释赋予了科学的价值观，在道德、政治、社会领域提出了生态、关爱、性别平等的思想。女性教育的目的不但要求内部的平和，不仅是以个人自我发展为目的，也是从社会角度出发，综合考虑社会问题及社会的发展。

女性主义强调教育必须以女性的立场、视角、意识、经验为出发点，重视女性特质。教育研究必须以女性为主体，展现主体性的自觉性、意向性、创造性及参与性。强调女性主体的社会身份与认知结果的相关性，消除对女性认识的偏差。

女性主义力图通过教育实现女性的自我解放进而直接参与人类文化转型，通过思想和文化来达到改变人类现状并使之更美好的目的。

二、女性主义与教育

1. 女性主义在教育领域的研究

女性主义者发现教育影响人的社会性别的形成与产生，因此在教育领域开始对女性进行分析、批判与研究，学校成了性别社会化的重要场所，更是女性主义实现男女平等的重要途径。

西方的女性主义教育研究和解释的教育问题涉及范围广，包括对教学教材中男女性别的数量和角色的分析、课堂上教师对男女学生不同的反应、社会中男女受教育的程度和受教育机会的差异等性别比较研究。

研究的结果表明女性接受教育的程度远远落后于男性，社会上对女性教育的期望也低于男性。同时诸多女性仍按传统观念规划自己的生活。社会观念的改变需要依靠教育承担女性解放的责任。

教育不但可以传播男女平等意识，也可以摆脱传统观念的束缚，提升女性的主体精神境界，提高自我反思意识。

2. 女性主义对传统教育的批判

女性主义认为，传统教育忽视了人是一种性别的存在，这实际上是对人性的否定。人的性别是人类生存的基本，传统教育研究"人"，是将其视为可操作的物品，而不是具有主体意识的人。对女性的认识带有主观的意愿，正是由于传统教育对女性经验的漠视才导致了女性的劣势地位。在对待人的问题上，往往忽视了两性差异，没有正视两性与自然、非人类意识的客观存在，因此，社会性别成为国际妇女运动的重要概念。社会性别与社会制度相关，是现代女性主义研究理论的核心内容。

女性主义认为，教育研究应强调理性，否定非理性；强调公共领域，忽视个人领域；女性主义反对二元对立的认识论，反对忽视性别差异。希望通过女性主义改造，以女性主义教育研究的多样性和差异性，体现女性主义具有生命力的特征。

3. 女性主义教育的实施策略

女性主义教育重视性别差异而不为其束缚，对性别差异予以动态、灵活及适度的把握，既不夸大性别差异，也不对其进行刻板化的理解，而是把性别差异与男女两性平等、全面而自由的发展相关联。女性主义教育赋予男女社会性别以同等的价值判断，并在两种社会性别之间建构一种宽阔友善的、性别等级制消失的空间，为男女两性平等、全面而自由的发展创造条件。

（1）就教材而言，应将社会性别意识纳入教材编撰，并以之作为审定教材的标准之一；教材编撰应尽可能考虑男女两性认知方式有可能存在的差异；

（2）就课程而言，应赋予与女性相关的知识以存在的合法性，并对课程内容予以调整，即设置家政课程并将其与其他学科课程相整合；

（3）就教学而言，应尽可能做到与男女两性有可能存在差异的学习风格相匹配，并在课堂上关注各类性别—权利关系；

（4）就教师教育而言，应开展有计划、有组织、有系统的教师社会性别意识教育；

（5）就教育德性而言，除了让教育具有关怀德性，还应将女性社会性别中的家庭与母性纳入教育的德性，即让学校成为有教育性的家、让教育成为社会的母性。

三、女性主义的特征

女性主义在不同历史发展时期，有着不同的概念；每个阶段因地域文化、历史背景等因素的影响，呈现的特点各不相同。

1. 流变性

女性主义在不同时期呈现的不同理论，决定了它是一个流动、变化的思想。它没有传统意义上的固定的学科体系，既存在于科学中，又在科学之外。有明显的观点，但没有理论基础，是非学术性的政治行为。女性主义教育的研究视角是从其他学科中发展而来的。

2. 时代性

从女性主义发展的历程可以看出它的时代性，这种时代性使女性主义在不同时代和不同社会具有不同的使命。女性主义来源于妇女解放运动，在思想上影响了人们的生活，改变了人们对女性传统认识的错误。但是女性主义的共同目标是解放妇女，消除对女性的压迫、剥削和歧视，实现人类社会的两性平等。

3. 实践性

女性主义是理论与实践相结合的产物，在妇女解放运动过程中，诸多的女性主义者和女性作家的理论为概念的形成提供了理论渊源，具体的理论又指引女性解放运动的开展。女性主义是历史发展的需要，人类社会发展进程也同时推动女性主义的形成。

4. 多元性

女性主义的多元性是指在不同社会和情景下，女性在需求和理解上有差异，单一的女性主义无法解释这种现象；女性主义的多元性就在于促进各国女性之间的团结与协作，旨在把女性从一切压迫与剥削中解放出来。

第三节 女性主义教育研究

一、女性主义教育方法论

在现代西方教育理论研究中，女性主义更多地体现在方法论层面，而在是否存在独特性的女性主义方法论或研究方法问题上，美国女性主义科学哲学家桑德拉·哈丁把女性主义教育观和女性主义方法论建立在认识论的基础上。

1. 女性主义的经验论

女性主义的经验主义继承了传统哲学理论的衣钵，认为只有一个自然界和一种关于它的真实故事，而现代科学能够向我们讲述这种关于自然秩序的唯一真实的故事，强调理性的重要和个人观察（经验）的重要意义。哈丁将女性主义的经验主义定义为：性别歧视和男性中心主义是社会偏见，通过更紧密地贴近现行的科学探索的方法论规范，才能纠正偏见。

妇女解放运动为了获取真正客观的知识，对这些方法论规范进行更加严格的质疑。女性主义的经验主义在教育研究领域形成所谓客观的中性的视角，更多地表现为一种政治上的吁求，也即遵循自由主义价值观，主张教育上的两性平等，力图消除教育上的性别歧视，主张探讨女性教育的特殊性，教育如何更好地完成女性社会角色性别化或性别角色社会化，主张通过性别教育即不分性别进行教育来实现这一目标。

2. 女性主义立场论

哈丁认为：阶级、种族、文化、性别假设、信念、行为必须放入他/她所描绘的图画中，通过把这些主观性元素引入分析，可以增加研究的客观性。从中可以看出，女性主义的经验主义和女性主义立场论的相同之处都是试图使科学论述更为客观。在对于知识主体的讨论中，女性主义立场论采取了与女性主义经验论完全不同的看法，提出女性主义运动应该调查种族主义、憎恶同性恋、社会等级和殖民地化的妇女的不平等的经历。哈丁的这一包容的思想决定了她所倡导的一切。从边缘人的生活开始思考方法论，因为女人处在被统治、被忽略、被边缘化的地位，这使她们获得了一种不同于男人的批判的眼光和立场，有助于克服偏见并产生更加客观的知识。

20世纪七八十年代，教育领域的性别差异理论来源于这种认识论基础，认为女性所需要的不是性别中立的教育，而是在基础教育之后的与个人领域相联系的性别敏感性教育。学校教育应当以关怀为中心，把身体、思想和精神整合起来，同时也要重视教育中的性别差异。女性教育的关键问题并不在于女性的学习方式,而在于女性所具有的关系倾向与强加在她们身上的传统女性价值之间的冲突,强调把两性的认知方式都吸收到课堂上来。

3. 后现代女性认识论

哈丁概括了对后现代女性的认识,指出:无论女性主义立场论还是女性主义的后现代主义认识论都远离了女性主义的经验主义的语境。

后现代女性主义否定任何形式的普遍话语,认为科学知识的合理性存在于具体化的实践当中,主张一种多元主体的认识论。后现代主义女性主义无视普遍性、同一性、一致性、主体性,女性主义和后现代主义之间的关系是错综复杂的。

所谓的女性主义立场论和后现代女性主义的认识论,尽管存在诸多区别,但彼此之间还是有许多共同之处的。在方法论上共同表现为女性主义研究,强调教育研究中的女性主义视角,声称女性教育研究的目的是寻求全体女性更为平等和充分的发展及教育参与,主张站在女性主义的立场上,用女性特有的感知、思维和逻辑解释和表达女性在参与教育中特殊的感受和体验,以及女性的感性世界和理性世界。其研究方法正如其研究本身的多学科性一样,也是形形色色、多种多样的。方法论意义上的女性主义研究与其他研究视角的不同之处不在于使用的方法,而是研究者潜在的假设,提出的问题,调查的前提与性别的意义,以及运用知识来改善女性的生活。哈丁也认为这种方法论的独特之处不在于它有特殊的女性主义方法,而在于如何去思考方法。

二、女性主义对教育理论的影响

女性主义教育主要指用女性的独特视角来体验、考察教育问题,包括妇女对教育的要求、理解和女性思维中的教育问题,及常用的研究方法、方法论特色、女性解放的途径。与女性主义教育自身的思想基础相一致,女性主义教育也呈现众多流派,复杂庞大的研究体系呈现不同的走向,女性主义教育以自己独特的研究视角、鲜明的研究主题和富有个性的研究对象，使其对教育的影响越来越大。

1980年，方法论的女性主义研究真正进入了教育理论研究领域。教育理论研究处于多元化模式时期，主张研究方法应采取多元主义的观点，强调量化与质性取向并重，强调不同观点间应进行相互尊重的对话。

20世纪80年代，教育理论研究领域中女性主义研究的主要目的，在于揭露理论中的男性至上取向，并指出整个20世纪70年代教育理论研究领域充斥着这种取向，从选题和问题阐述、研究成果回顾、样本选择、数据收集程序、研究结果解释、方法论和观念偏见等方面对发表于美国的论文进行的统计分析证明了这一结论。

女性主义者认为，教育领域男性比例过多可能是在教育领域中不适当地复制非教育组织的组织结构的结果。在批判和改造现代组织的过程中，女性主义采取了两种截然不同的方式：自由女性主义者把现存的组织社会看作是既定的并试图把女性整合到该组织社会中，激进的女性主义期望通过替换官僚结构改变组织社会。这两种观点都认为女性被组织所压迫，但自由女性主义者倡导采取与官僚组织合作的策略，建立一种适合于无偏的普遍的管理模型的标准。该模型支持对所有教师进行管理培训，并建议考虑教育者工作以外的生活。而激进的女性主义者主张废除这种结构而不是对现存组织的改良。她们想创造出一种女性的语境以抵制现代组织，并创造出一种新的组织形式来抵制官僚制。在这种新的组织中，组织成员实行分权；成员依赖于人与人、面对面的关系，而不是正式的组织技巧；他们是平等的，而不是等级森严的；资源是分享的，而不是私人物品。

1990年以来，关于女性主义的研究呈现蓬勃发展的局面。研究者以女性主义研究视角检视了教育行政运作，女性代表不足一直以来被视为教育的难题，女性无论职位、声誉、地位都受到排挤而难以进入教育中心。

女性主义最重要的价值在于方法论层面，它深植于女性主义认识论基础，直接导致女性主义的研究方向，女性主义研究伴随着妇女解放运动和女性主义认识论的发展而逐渐深入，由最初的争取男女平等，到现在的注重自我身份的认同和追求自我价值的实现。在教育理论研究领域中，女性主义研究运用性别分析视角对教育理论和实践进行批判，在研究过程上，研究者对研究问题的提出、概念的界定、研究涉及的最后的数据解释及报告等需要纳入女性主义的视角。

历史脉络显示，教育理论研究领域的女性主义研究始于20世纪80年代以后，女性主义立场论也是女性主义研究的认识论基础之一。当前，无论教育理论研究使用何种研究方法，性别已经成为研究中不可或缺的变量，在学生和教师层面，性别差异问题已得到重视，性别平等的诉求也已在实践中得到一定程度的实现。

第四节　中国的女性主义教育发展情况研究及启示

一、我国女性主义教育发展与成就

新中国成立之前，中国有过妇女解放运动和女性思想的萌芽，但是这些妇女运动不具有独立的意义。在帝国主义、封建主义、官僚资本主义三座大山的压迫下，中国的妇女运动只是社会革命运动的一个组成部分，是争取社会进步、反帝反封建的手段。

新中国成立后，妇女问题均由妇联组织解决，主要以保护妇女的合法权益为主要任务，在社会主义经济建设中，妇女发挥了很大的作用。但对女性的理论认识思想仅限于男女平等、女人能顶半边天的女权阶段。真正的妇女问题，在中国理论界没有引起更多的重视。直至20世纪80年代，思想解放，改革开放和经济转型，与中西方文化的碰撞，才得以引进西方女性主义思潮，开启了世界女性主义在中国的传播与发展。

1. 女性主义的起步阶段

1974年，中国首次当选为联合国妇女地位委员会成员国，并派代表团出席了第25届妇女地位委员会会议。

1982年，《解放日报》使用"妇女学"一词，并提出加倍重视妇女学的研究。

1984年，全国妇联召开第一届妇女理论研讨会。

1986年，第六届全国人民代表大会第四次会议通过《中华人民共和国义务教育法》，根据宪法规定，适龄儿童和青少年都必须接受义务教育，国家、社会、家庭必须保证国民教育的实施。

我国九年义务教育从法律上赋予女性平等受教育的权利，让更多的女童获得上学的机会。基础教育领域中男女童教育的差距不断缩小。同时，大量的西方女性主义思潮在中国的传播，让国人尤其是女性了解了女权运动、妇女研究的现状及女性主义新思想。

2. 女性主义的发展阶段

1992年，政府制定实施《中华人民共和国妇女权益保障法》，其中规定"国家保障妇女享有与男子平等的文化教育权利"，保障妇女在入学、升学、毕业分配、授予学位、派出留学等方面享有与男子平等的权利。

1995年颁布《中国妇女发展纲要》，对女性受教育问题做出规划和实施措施。

1995年，第四届世界妇女大会召开，得到国际社会的高度好评，妇女事业得到国家的政策支持。

1998年，北京大学首次设立女性学硕士培养机构。

2001年，国务院再次颁布《中国妇女发展纲要》，进一步细化了教育的性别均衡发展。

我国自1949年以来，实行了男女平等的教育方针，女性的受教育状况有了明显的改善。但是仍有女生入学难、分配难、女性人才严重荒废、女性向传统角色回归等现象的再现。越来越多的教育界人士认识到，只有结束并超越过去几十年来无性别意识的男女平等教育的理论和实践，正视教育系统中仍存在的社会性别不公平的倾向，并将社会性别平等意识纳入广大教育者的观念及国家教育决策中，才能促进我国教育改革的进一步深化和素质教育目标的实现。

3. 90年代中期后的理论形成阶段

90年代中国政府确立了科学教育优先发展的战略决策，针对男女性别之间、地区之间等存在的差异，采取特殊政策措施促进女性教育的发展，并在教育及社会扶贫项目中增加了社会发展的视角，提高我国女性教育的发展水平与程度。

90年代中国女性主义教育的理论体系更加系统化、专门化。一批女性研究专家及学者将西方女性主义理论与中国文化对接，阐述女性主义的内涵及蕴含的中国文化，揭示了在中国两千年的文明史中，女性在社会家庭伦理秩序中是被统驭的对象，在经济秩序中是依附男性的"附属物"，在文化层面上没有话语权。

女性研究者更多的是在文学领域阐发女性主义，如乔以钢的《多彩的旋律——中国女性文学主题研究》等文学作品，将思想研究延伸到文化领域，并涉及历史学、教育学、社会学、生态学等多种学科。

进入21世纪以后，中国很多的女性主义研究者，从早期启蒙式的女性主义理论逐步走向具体行动，把反对家庭暴力作为主题，开展了女性学者深入社会底层，揭示女性生活的艰难，并为女性呼吁及呐喊的行动。中国第一个自由主义女性主义者、中国社会科学院社会学所研究员、教授、博士生导师李银河，放弃原专业专门从事两性学调查，作为中国第一位性专业社会学家、第一个文科博士后，专门研究新时期现实生活中的中国性现象与性文化，揭示同性恋、异性问题的社会根源与特征。

二、中国女性主义教育存在的问题

1. 人口压力

人口压力意味着中国教育需求超过教育供给，在中国农村，教育的市场价格使经济不富裕的家庭在男权文化驱使下，重男轻女，或者让女儿去打工，为家庭分担儿子昂贵的教育负担，或者让独生女儿适可而止，初中即辍学，以免给家庭增加负担。人口压力加大传统性别文化对中国女性特别是中国农村女性教育的负面影响。

传统的性别文化不是直接作用于中国女性的教育发展，而是通过传统守旧的思想产生影响，"女子无才便是德"、"家中女比男强好景不长"的传统性别文化,"相夫教子是女人最重要的工作"、"男人以事业为重,女人以家庭为重"、"男主外女主内"的分工传统,以及容易产生"反正长大都要嫁人,何必进行教育投资"想法的"男婚女嫁"与"男高女低"的传统性别婚嫁观点,都会在家庭中有意识地形成向男孩倾斜的教育资源配置机制,导致女性教育机会的减少。即使是接受政府提供的义务教育,有些父母出于机会成本的考虑,也会拒绝女孩子上学,因为上学就意味着减少了女儿在家帮忙可能带来的经济收益。还有长期传承下来的女性学习能力不如男性、女性掌握不了高深知识等性别偏见,也会在人口压力下对女性发展起到压抑作用。

2. 性别歧视

美国哈佛大学前任校长萨默斯曾提出,男女先天智力的不同导致女性科研人员不如男性同行出色,使得女性更多地聚集在语言文学等学科,失去了在工学、理学和农学等学科的教育机会。

女性接受教育表现出一定的难度,主要是:性别的学科专业聚集加大了升学的竞争程度,迫使女生要付出更大的努力,在教育过程中力争好中更优。

在传统的性别文化和制度下,许多调查研究的结果已经证实了女性就业难。厦门大学本科大学毕业生就业问卷调查的结果表明,女大学生在劳动市场遭遇严重的性别歧视,不仅就业机会比男生少12.3个百分点,而且拟付月工资也比男生少。还有,女性提早退休制度也对教育就业产生负面影响。高学历女性在婚姻上面临高处不胜寒的尴尬,中国的"男高女低"的婚配模式,导致大量大龄剩女。

3. 对解放妇女运动认识的误区

在封建思想长期统治下,中国没有女权运动的背景,妇女解放是伴随新中国的解放而实现的。从新中国成立初期到改革开放,我国采取的各种政治、经济手段,把妇女投放到大生产运动中,让中国女性进入"男女不分"的时代。大量的妇女走出家庭,参与社会生产活动,开辟了女性解放自身的新天地。但是,在那个女性"男性化"的时代,是女性自我的丧失，妇女仍沦为一种社会工具，没有独立的人格地位和人生价值。五六十年代大办托儿所、幼儿园，把妇女从沉重的家务中解放出来，只是出于增加生产、发展经济的考虑，妇女的负担反而更重，白天参加完集体生产劳动，晚上回家仍得做完原来成天在家做的繁重家务。

4. 解决对策

传统的性别文化和制度对中国女性教育发展一直起着滞后作用。要进一步加快中国女性教育的发展，缩小义务教育和高等教育的性别差异，就应该围绕如何变革传统的性别文化和制度展开。

首先，对于经济拮据的边远地区、少数民族地区以及农村家庭，政府不仅要建立健全义务教育经费保障机制，免除义务教育阶段学生学杂费，免费提供教科书并补助寄宿生活费，还要开展勤工俭学，使女性在求学过程中最好还有一定的经济收入，增加农村办学在时间上的灵活性，以满足农忙季节性的劳动力需求。只有这样才能比较好地降低或抵消女孩因为求学给家庭带来的机会成本。

其次，要改变对女性掌握学科知识能力的传统认知，打破对女性的学科和专业隔离。鼓励女性报考传统的男性学科和专业，引导高等院校根据女学生的性别特点，进行学科之间的交叉和融合，充分发挥女性在跨学科、交叉学科以及边缘学科发展中的性别作用，为女性创造更多的深造机会和更宽阔的求学领域。

第三，对女生特别是农村女生要减轻家务负担和减少求学压力，对于她们的学业要给予更多的关心、鼓励和指导，尤其是在她们遭遇学习上的困难和挫折的时候，更要及时地予以帮助和疏导。为了更好地在学习态度、学习心理和学习方法上对女生提供辅导和咨询，建议构建学生家长、社区义工、在读学校班主任三位一体的工作机制，以人为本，以学为重，定期交换信息，适时跟踪服务。

第四，要为解决女大学生就业难的问题创造更好的文化与制度环境，确保甚至扩大女性通过教育所得到的就业回报。要以男女平等作为唯一标准对各种公共立法、各级政府政策规定进行盘点，彻底清除违反男女平等原则或与之不符的内容。另外，在各级政府的劳动管理部门设立性别平等监管办公室，监督和维护本行政区域内就业过程中的性别平等关系，在初具规模的劳动力市场和定期人才交流会上分设必要的监控窗口，及时处理各种性别歧视的投诉，保护女性的劳动权益，并帮助她们获得合理的就业待遇。

三、对我国女性主义教育改革的启示

女性主义教育在于用批判性的思维分析女性在社会中的地位，对充满性别歧视的传统教育观提出挑战，质疑现有的知识理论框架、思想流派和方法论，思考女性教育改革的问题。

1. 促进社会性别的公平

现代教育改革应以社会性别公平为目标，其内容、策略、途径应该是多样性的。在教育改革的内容上，虽然已通过立法和制定专门的教育政策以确保女性教育的发展，但是，多年来政策的执行仍不理想，有待一一落实，以确保男女都有平等的入学机会。

我国已出台多部政策与措施制订了妇女教育改革的目标，包括解决妇女文盲问题，提高妇女接受中等教育的比例，在妇女中广泛开展职业教育。

改善社会性别公平的教育思路，仍需加大以下力度：一是把社会性别公平及其意识深度扩大到社会各个领域，二是鼓励女性进入数理领域，三是教育改革必须使女性占据中心位置。

2. 建立评价社会性别公平的教育指数

从科学发展的角度，通过制度安排和政策调整来增进社会的公平公正，使女性获得平等的权利。教育指数就是通过调查、测验及教育资料收集得出统计数据，内容包括学生背景、学校政策措施、学生学业成绩等。这些数据可以体现教育中社会性别公平情况、男女生成绩差别、女生的学业水平、男女生机会均等的程度。

教育指数可以控制传统性别观念对男女学生的影响。在教学组织活动中，不以性别差异为依据，突破传统性别模式，在学生选课、专业和职业问题上，以个人的感性理性为起点。

3. 提高女性整体素质

我国女性教育虽已取得显著成就，但在现实生活中，女性教育仍存在各种阻力和困难。

我国是发展中国家，人口居世界第一，作为全国人口一半的女性，长期以来被歧视忽视，其素质如何关系到国家整个国民素质的提高，也关系到国家综合实力的提高。

我国女性虽然拥有了与男性同等的进入高等学府以及各式各样继续深造的机会，但是女性就业形势仍很严峻。由于社会上对女性承担的家庭角色的认识，就业形势不容乐观，中国女性的教育需要不断改进。

4. 培养女性自我意识

中国在各种思想交融、以社会民主为理想的时代，女性主义只研究追求民主、平等和正义，而没有实际意义上的对女性自我意识的解放。

女性教育中应着重培养女性的自我意识与自身价值定位。对女性主体性、品质的培养，可使女性自尊、自信、自立、自强和富于创造精神。女性教育的核心是能力的培养，包括处理人际关系、利用各类资源能力、综合分析能力、运用各种技术的能力，更要发展个体能力，以终身学习理论指导女性技能的培养。

本章综述

本章对西方女性主义的教育理论与实践做了较全面的介绍、分析。第一部分介绍了女性主义运动产生的背景及发展，分析了西方教育女性主义理论流派的基本观点及其教育主张，第二部分分析了女性主义的内涵与特征，第三部分论述了女性主义教育研究的方法论及对教育理论的影响，第四部分介绍了我国女性主义教育发展的情况与成就、存在的问题及其对我国女性主义教育改革的启示。

通过本章的学习，可以了解目前我国教育体制中还存在性别意识缺失的问题，要深化教育改革，了解要实现社会性别公平化的教育目标是一项长期而艰巨的任务，需要社会各界的通力合作与坚持不懈的努力。探索能为男女生提供同等机会和发展空间的平等教育,广为宣传社会性别公平化的理念,加强女性教育理论研究与实践的联系,并尽快建立起监控社会性别公平的评估体系,促进社会性别公平化教育目标的实现。

附录:
学术动态"社会变迁背景下的女性主义"新辨析
中国妇女报　记者 蔡双喜 2014年04月08日

当前围绕女性主义的很多争论呈现的是立场之争,而非对问题的辨析。日前召开的"社会变迁背景下的女性主义理论"学术交流会就女性主义的内涵、启蒙与女性主义、女性主义哲学研究新进展等问题展开了认真讨论,有助于我们回应中国思想与经验对女性主义提出的挑战与质疑,理解社会变迁背景下中国妇女/性别问题的复杂性,把握中国女性主义的理论走向。

女性主义,即便是在其诞生的语境中,也是一个饱受争议的词汇,更不用说在中国了。当前围绕女性主义的很多争论呈现的是立场之争,而非对问题的辨析。为了更好地理解女性主义的内涵,回应中国思想与经验对女性主义提出的挑战与质疑,理解社会变迁背景下的中国妇女/性别问题的复杂性,把握中国女性主义的理论走向,中华女子学院女性学系、中华女子学院性别与哲学研究中心于2014年3月29日联合举办了"社会变迁背景下的女性主义理论"学术交流会。

女性主义的内涵与中国的女性研究

"女性主义"是一个充满歧义的词汇,人们往往会根据自己的想象理解这个词语。中国人民大学韩东晖教授提出了一个值得参考的观点,他认为,20世纪的思想界产生了许多后缀为-ism的词,但这些词其实不一定要译为"主义",feminism更适合译成对与女性有关的问题的主张和研究,是由一系列具有相关性的观点构成的,有可能有些主张和研究在结论上会具有冲突性,这样来理解的话,不同地区、不同阶级、不同民族的女性关注的问题与政治表达可能会有很大的差异。

北京大学魏国英编审则与大家分享了她对中国自20世纪80年代以来的女性研究的理解。她认为，中国女性研究的对象经历了从妇女运动到妇女问题，再到从人的角度来研究女性与女性问题的转变。特定的时代和地域环境中产生的女性主义，整体上并不排斥男性参与，而是主张两性共同进行反男性中心的结构和文化传统的研究。由于研究对象、研究方法、知识体系等方面显示出中国元素，中国的女性学呈现出与西方女性主义的明显差异。如果说上世纪末我国的女性学研究基本上是复述国外的理论观点、引证西方的学术见解、评价美国学者的成果方法的话，那么，进入新世纪后，我国女性学研究正在努力有所超越、有所创新，即超越国外女性学既有的发展尺度，创建对中国女性问题有阐释和解说能力的知识与理论，正在变"照着说"为"接着说"，变"别人说"为"自己说"，变"说别人"为"说自己"。这是一个质的飞跃。

启蒙与女性主义及其未来

女性主义理论的源头很大程度上是由启蒙的某些观念牵引，又在与它的冲突中不断发展。启蒙中的某些核心因素，比如对理性的高扬等在早期曾作为女性主义的有力证据，用以为妇女的某些权利进行辩护，但女性主义并没有固守理性、进步、自由、平等、人性等启蒙主义的核心概念，而是主张对这些概念进行重新理解，并引导人们看到，在启蒙主义原则下，西方思想是如何最终将妇女置于女性的、家庭的、母性的领域的。考虑到今天人们易于对女性主义进行整体化、本质化理解的倾向，学者们认为有必要重新回到女性主义理论产生的最初语境中，重新梳理启蒙与女性主义的关系。

会上，韩东晖教授对启蒙运动的内在逻辑进行了历史的、哲学的、宗教的梳理，指出启蒙具有内生型和比附型两种，前者产生于欧洲的法国、苏格兰和德国；后者指在中国发生的几次启蒙运动。在欧洲产生的启蒙运动中，一个最重要的成果是对什么是启蒙的回答，其中康德的理解成为典范。康德指出，启蒙就是人类脱离人类加之于自己的不成熟状态，人们之所以没有走出"未成年、不成熟"的状态，是因为没有勇气使用自己的理性，因此，启蒙就是要有勇气运用自己的理智。从这些表述中可以看出女性主义与启蒙的内在关联性，从20世纪的历史看，理论与实践中的妇女关心的诸多问题以及各种政治诉求，都可以看成是对理性的公开运用。

与会者也讨论到女性主义会不会消亡的问题，在女性主义者内部，有人认为如今女性主义的发展已经超出一种简单地解释压迫的理论，而成为一个理解世界的透镜和视角，女性主义理论的必要性和价值永远不会消失。但清华大学肖巍教授认为，女性主义是一个历史的范畴，有其产生和发展的历史，其最终目标是女性主义自身退出历史舞台，人类获得全面解放之日，便是女性主义消亡之时。

女性主义哲学研究与哲学写作

整体上看，女性主义理论并非当前妇女研究中的热门领域，关注的研究者也并没有那么多，不过，肖巍教授并不这么看。她根据自己对国内外女性主义学术的把握程度，认为今天女性主义哲学研究呈现出多元化的局面，并与大家分享了关于女性主义空间理论、女性主义论母婴关系的最新研究心得。

针对肖巍教授的母婴关系观点，参会者展开了激烈的争论。在女性主义精神分析来看，母亲是个体最早的启蒙者，正是在与母亲的关系中，个体形成核心的个体身份，对母婴关系的考察，有助于理解人与人之间尤其是性别之间的关系。但是，有的参与讨论者提出，这样的论述会不会强化母亲的照顾与关怀的职责，会不会有本质化妇女的倾向，而且，这样的讨论并没有触及父亲的角色问题。而中华女子学院魏开琼副教授认为，这里谈到的母婴关系中的"母"，并非是指母亲，而更有可能谈的是"母职"，这样理解才不至于落入本质主义的陷阱中。

肖巍教授还介绍了女性主义认识论争议的一个关键问题，即认识的不正义问题，指出女性主义哲学走向具有以下特点，即不放弃相对主义的前提下，对普遍主义和本质论模式提出挑战；在性别和种族的相互结合中分析殖民性和缘身性问题，把对压迫问题的抽象讨论变成具体的世界观和行动；以女性主义哲学自身的特点和价值进入主流哲学世界。正好，本次会议向参会者赠送了魏开琼副教授与厦门大学曹剑波教授合著的《女性主义知识论》，在这本书中，研究者指出，桑德拉·哈丁最初对女性主义知识论的三种分类，虽然今天界限已经变得模糊起来，但这样的分类对理解女性主义知识论的发展历程还是有用的。《女性主义知识论》一书的写作证明，一种具有性别敏感的、明确政治取向的研究同样是可以激发多样化的有关知识问题的探讨。

韩东晖教授与大家分享了他在研究哲学史时的一些感受，他认为女性主义哲学史的写作应注重从女性视角而非男性视角来进行，实践讲真话的自由和勇气，将哲学与其发展过程中的情境结合起来，还原一个具有语境的哲学史。他发现当代哲学史的写作呈现出万花筒的样式，因此可以预见女性主义哲学的写作也会更加多元，但在写作中也要注意进行哲学元层次的写作。

思考题：女性主义教育改革的思考。

第六章 生命教育

> 学习目标
> 1. 了解：生命教育的起因及意义；
> 2. 掌握：生命教育的基本理念；
> 3. 理解：生命教育的内容与目标；
> 4. 了解：中国生命教育的兴起与反思
>
> 关键词：生命　生命教育　尊重生命　生命价值

生命教育产生于20世纪60年代。生命教育涵盖了个体从出生到死亡的整个过程以及在这一过程中所涉及的个体的生存与生活，关系到个体的成长与发展、个体的本性与价值。生命教育的核心就是让个体了解生命的有限性及唯一性，从而思考个体生命的存在价值，并在人生实践中实现其生命价值。

生命教育就是要教会个体接受与认识生命的意义，珍惜生命、敬畏生命。在世界范围内，加强生命教育已成为各国发展的普遍趋势。

第一节　生命教育的背景和发展

一、生命教育的起因

1. 社会背景

社会的进步促进了经济和文化的发展，信息技术、生物技术、航空航天技术也改变了人们的生活方式，但是同时也引发了与科技发展不协调的诸多问题：贫富悬殊、文化虚无主义、道德规范缺失等，这些都直接导致生命存在价值和生活意义的迷失。

20世纪60年代美国经济的飞速发展使其教育目的发生了很大变化，学校教育的实用主义思潮导致出现了迷茫、颓废、抑郁的年轻人。

1968年美国学者唐纳·华特士首次提出生命教育的思想，受到了人们的高度重视。他在美国加州创建的阿南达村、阿南达学校，都积极实践生命教育的思想，使生命教育的实践得到迅速发展。唐纳提出：学校教育不应该只是训练学生谋取职业或获取知识，还应该引导他们充分体验人生的意义。帮助他们做好准备，迎接人生的挑战。生命教育就是要实现这一目标。

1974年澳大利亚牧师特德·诺夫斯对普遍存在的青少年吸毒致死的问题，提出生命教育的理念，认为要切实解决这一严重的社会问题，有必要以提高孩子们的生命质量为起点对孩子进行预防教育。

1989年日本新修订的《教学大纲》针对青少年日益严重的自杀、污辱、杀人、破坏自然环境、浪费等现象，提出以"尊重人的精神"和"对生命的敬畏"来定位道德教育的目标。

2. 教育本身存在的问题

学校教育极少重视生命教育。在学校教育中，与世隔绝的知识学习严重地隔离于生活世界，教育过程是冰冷的知识接受、机械训练，教师教学也只是有教书无育人、有知识无生命，学生的主体性被忽视，教师关注的是学生考分、评比、获奖等目标，而忽视、淡漠了学生作为生命个体的特殊性，导致教育和教学成为重复性的机械劳动，学校教育培养的目标是制造标准化的"教育商品"，教育内容倾向于知识、技能的传授，教学结果注重的是"升学"和"就业"。无意义、超负荷的学业使学习者缺乏人文关怀，导致学生的生存状况出现道德品质、文化素质、心理人格等问题。简单化的知识灌输是对精神的压抑及对生命的漠视。这种教育从根本上说隔离了人的生命活动，也剥夺了个体发展生命、创造生命的权利。

教育的目的是让学习者能够更好地适应社会生活并获得全面发展。教育与生命之间的关系是非常密切的。生命是教育的起点，人即教育的原点，这是由生命的未完成性与文化性决定的，而教育是生命的存在方式之一。自人类社会以来，教育起了维持人类特征的作用，让学习者珍爱生命并更好地生活，应该是当代教育所要关注和解决的重大问题。

二、世界各国生命教育的发展

1. 美国的生命教育

美国的生命教育起初是以死亡教育的形式出现的。美国的死亡教育名为谈死，实则通过死亡教育让孩子树立正确的生死观念，以正确的态度保持生命、追求生命的价值和意义，死亡教育只是教育的一种形式。美国学者唐纳·华特士1968年提出生命教育思想，并且在美国加州创建阿南达村、阿南达学校，倡导和践行生命教育思想。到1976年美国有1500所中小学开设了生命教育课程。

20世纪90年代，美国中小学的生命教育基本普及。印第安纳州通过互联网及电子传媒推动生命教育；Life Skill Ministry是另外一个专门训练青少年生活技能的机构，用来帮助青少年远离犯罪、贫穷等。目前美国的生命教育大致分为品格教育、迎向生命挑战的教育、情绪教育三部分。

2. 澳大利亚的生命教育

1979年澳大利亚在悉尼创办了生命教育中心，与学校建立了健全的共生伙伴关系，为学校提供反毒品教材。学校要预先教导孩子，加强社交技巧，防范危险因素。利用问题解决能力，发展孩子积极的态度；课程资源和设计都适合小学各年龄课程的反毒教育，通过教学人员、多媒体技术，传达生命教育的意义。

课程资源和设计是协助学校老师（特别是孩子早期就学阶段）确认孩子可能面临的危险因素及提高防护因素；在生命教育的资源部分，教学人员事先评估学校的需求和协助老师的教学准备，对于老师的训练、家长的信息反馈都开会讨论，学生的教材和学校老师及家长都是交互作用的，教材也被包含于学校老师现有的健康和体育课程活动内,四个网站供中小学生及其老师家长持续互动沟通和资源下载。生命教育资源的重点在于吸烟和吸毒的预防,以及将酗酒和吸毒的伤害减至最低。

3. 日本的生命教育

1989年日本针对青少年的自杀、欺侮、杀人、破坏环境、浪费等日益严重的现实,修改原《教学大纲》,明确提出以尊重人的精神和对生命的敬畏来定位道德教育的目标。日本实施的"余裕教育"是生命教育的重要内容之一。"余裕教育"的口号就是"热爱生命,选择坚强",是针对现在日本青少年的脆弱心理和青少年自杀事件而提出的,目的是让青少年通过"余裕教育"认识到生命的美好和重要,使他们能面对并很好地承受挫折,使他们更加热爱生命,珍惜生命。

日本的生命教育倡导热爱生命,自爱自护,并要求人与自然和谐相处,热爱动植物等其他生命。为此,"余裕教育"鼓励学生经常到牧场体验生活。更有日本专家建议,把中小学体验农村生活变为"必修课"。

4. 新西兰的生命教育

1988年新西兰创立"生命教育基金会",服务的对象是5~12岁的学生,其课程是衔接学校教授的健康和体育课程,在学校课程架构范围内,课程资料发给学生和老师,其中也包含回家功课,以延续对人类身体的认识,其内容是介绍人身体的奥妙,重点是"如何照顾身体",例如保持干净、睡眠和吃早餐。课程方向主要是培养积极性取向和自我尊重,也教导学生拒绝的技巧、认识健康生活的好处及结果。课程的目的是让学生在就学阶段就能够认识人类身体的功能及其被其他因素破坏后的失衡状态,证明身体滥用后生理、心理和情绪上的变化;学习拒绝朋友、同学的技巧,树立环境对个人健康和日常生活冲击的正确理解。

第二节 生命教育的基本理念

一、生命的含义

1. 生命的定义

19世纪下半叶，恩格斯首次科学地定义了生命："生命是蛋白体的存在方式，这个存在方式的基本因素在于和它周围的外部自然界的不断地新陈代谢，而且这种新陈代谢一停止，生命就随之停止，结果便是蛋白质的分解。"恩格斯的生命定义在生物化学基础上揭示了生命的物质含义，即具有新陈代谢功能的蛋白体。100年来，这个定义一直是指导人们认识生命的基本概念。

生命科学认为生物是有生命的物体。化学进化产生原始生命后，就开始了生物进化，人类的生命正是这一进化的结果。微观上说生命是蛋白质和核酸物质特殊、高级、复杂的物质运动形式。生长和发育是生命的基本过程，而新陈代谢则是生命维持的最基本机理，是其他一切生命现象的基础。生命的一般形态具有某种"合目的性"的行为，作为生命高级形态的人类则具有自觉的目的性行为。

20世纪以来，自然科学发展迅速，研究生命的有关科学相继进入分子水平。现代科学证明，活的细胞除去水分后，约90%是蛋白质、核酸、糖、脂四类大分子，其中又以蛋白质和核酸最为重要。生物体蛋白质由20种氨基酸组成，对核酸代谢的催化、新陈代谢的调节控制以及高等动物的记忆、识别机能等起重要的作用。

关于生命，每个专业都用自己的术语下定义：

（1）生理学定义：具有进食、代谢、排泄、呼吸、运动、生长、生殖和反应性等功能的系统，但某些细菌不呼吸。

（2）新陈代谢定义：生命系统具有界面，与外界经常交换物质但不改变其自身性质。

（3）生物化学定义：生命系统包含储藏遗传信息的核酸和调节代谢的酶蛋白，但是已知某种病毒样生物却无核酸。

（4）遗传学定义：通过基因复制、突变和自然选择而进化的系统。

2. 生命的形态

生命特别是人的生命，由三个因素构成，即形体、心理（精神）和社会性。

历史唯物主义认为，人的生命具有多重属性，其中最主要的是社会属性和自然属性，社会属性是决定人之所以为人的最根本的本质特性。生命的自然活动主要包括新陈代谢、生长、发育、遗传、变异、感应、运动等；生命的社会活动主要包括感知社会、角色扮演、人际交往、求学择业、社会竞争等。

人的生命分为这样几种形态：首先是生物性生命，即人首先是作为自然生理性的肉体生命而存在的，这是和自然界的众多生物一样必须具有的基本属性。其次是人的精神性生命。人之所以为人就在于人有高于动物的意识活动，有超越生物性生命的精神世界。人不但要思考如何活下来，还要谋求如何更好地生活。只要人存在一天，大脑就不会停止思考，人类就要创造、就要超越，就要更好地认识世界、改造世界。最后是人的价值性生命。每个人在一生中都要思考诸如"为何活着"的问题，这就是人对于生命意义发自内心的追问，是人对价值生命的一种诉求。人的价值性生命为人的生存夯实了根基，加足了动力。

二、生命教育的理念

生命教育包含生与死、宗教与伦理的教育观念，涉及生命的表现形式，生命的意义与存在方式，意在启发个体的人格情操与道德思辨的判断。生命教育以生命的本质与特点为逻辑起点，探索生命的起源与发展、生命的价值与意义。

1. 生命哲学观

19世纪末至20世纪初流行于德、法等国的生命哲学，是贯穿20世纪并广泛传播于西方各国的哲学流派。它是用生命的发生和发展来解释宇宙甚至解释知识或经验基础的唯心主义学说。

生命哲学从"生命"出发阐发宇宙人生，用意志、情感和实践活动充实理性的作用，提出自然科学和理性的这些经验或知识不完全，必须提高意志、情感的地位，才能穷尽"生命"的本质。他们夸大生命现象的意义，把生命解释为某种神秘的心理体验，从而使这种观点带有浓厚的主观唯心主义特色。

唯物主义的生命哲学是从19世纪达尔文《物种起源》所提出的进化论开始的，是对生命发生和发展的一系列自然规律的提炼与升华，是理性而客观的哲学。唯物主义的生命哲学是一门讲述生命和生命体系（如人类社会、宇宙星系）发生发展过程的哲学，生命以其优势在竞争中存在和繁衍，提醒人们通过不断提升自身和集体的优势在竞争中取得成功，改造生活、改造世界。

由于科学技术的发展，从基因水平更能看透生命的本质，补充生命哲学观。生命竞争优势源于基因，基因的表达和遗传造就了生命个体的竞争本性。对于生命而言，竞争是不可避免的，缺少竞争优势的个体将被其他个体所挤压排斥，缺少竞争优势的种群也将被优势种群吞灭。竞争性对人类种群有两个极端：个体欲望与集体道德，两者均源于基因，在自然环境下均不可排除。欲望与道德的竞争是人类社会永恒的话题。

生命哲学的核心思想是竞争，这是生命发生发展的一般规律，启示人们认识环境的残酷，从而通过改进自身去适应和改造世界，是理性而客观的唯物主义哲学。

2. 生命伦理观

生命伦理观产生于20世纪70年代。生命伦理是根据道德价值和原则对生命科学和卫生保健领域内的人类行为进行系统研究，主要研究生物医学和行为研究中的道德问题，环境与人口中的道德问题，动物实验和植物保护中的道德问题，以及人类生殖、生育控制、遗传、优生、死亡、安乐死、器官移植等方面的道德问题。

人类行为规范具有社会性，生命伦理是对人类行为的社会规范的研究。伦理规范不是由个人制订的，它体现在种种规定、准则、法典、公约、习俗之中。人类成长的过程是一个社会化过程，人们通过学习社会规则来了解伦理规则。

生命伦理将人的自然属性和社会属性结合起来，把人的生命视为自觉和理性的存在，指出人的生命的出生、发展和结束与人的自身存在息息相关。

生命伦理在文化层面研究个体、群体和社会的文化归属。文化也影响哲学和伦理学，在某一文化环境中提出的伦理原则或规则是否适用于其他文化，是否存在普遍伦理学或全球生命伦理学，伦理学普遍主义或绝对主义以及伦理学相对主义是否能成立等，而生命伦理学的伦理原则则包括尊重人、不伤害人、有益于人、公正对待人等。

3. 生命价值观

生命价值观是人们认识和处理生命价值问题所持有的根本观念，是对生命价值问题的根本立场、观点、态度和看法，表现为生命价值的信念、信仰和理想。

生命价值是指个体生命存在的意义，是个体在自身的实践过程中，对自己生命的肯定，以满足个体自我需求、愿望与目的。生命个体有自己独特的需求，其需求具有正当合理性，社会需要给个体提供满足需求的条件，而个体需求的实现与满足就必须为社会尽义务。个体与社会相互促进相互发展，这种个体与社会互为主客体的关系就构建了生命的价值体系。

生命价值是自我价值和社会价值的统一。人的生命是价值存在的出发点，生命的价值在于为人类社会做贡献。个体如果只依赖于社会而不为，个体生命就没有存在的价值。

第三节 生命教育的内容与目标

一、生命教育的内容

1. 尊重生命

尊重生命是生命教育的首要内容。尊重生命就是珍惜生命的存在、维护生命的权利、尊重生命的个性。生命是唯一性、不可替代性及平等性的连接。

人的生命是复杂的过程，人类可以掌握自然规律，但任何规律都不以人的意志为转移。人不能因自身的优越性而忽视或践踏其他生命，而应用敬畏的心态看待一切生命。

维护生命的生存是尊重生命的前提，是生命的底线。除了国家司法机关有权依据严格的法律程序剥夺罪犯的生命外，任何人、社会组织和团体都无权剥夺他人的生命。生命具有至高无上的价值，人人都有维护生命的神圣义务。个体生命权利平等是人类社会尊严的基点，人人享有固有的生命权，社会成员的个体生命都只有一次，人的生存、生命存在的基础是享有同样的权利和待遇。

但是，因个体智能与体能的不同，个体生命对自身、他人和社会具有不同的价值，所以要区分对待个体生命，关注生命的发展，促进生命质量的提升和人格的完善。既要注重生命的长度也要注重生命的深度及生命的质量。

2. 直面死亡

如何看待和面对死亡一直是人类最为关切的热门话题之一，因为每个人最终的归属都是死亡，是个体生命的最后完成。人类在对美好生命的追求与最终死亡的必然中，一直在思考生存的意义。随着物质追求的迷失、社会道德的衰落、身心发展的龃龉、有限岁月的虚度，自杀行为频繁发生，推行生命教育变得刻不容缓，生命教育的首要任务就是要教会社会成员如何科学合理地理解生命。

对死亡的不可逆性及未知性，往往使人对死亡采取回避态度，对死亡充满神秘感。人类一直无法正确把握死亡的现象，因此没有统一完整的公认死亡观念，这直接影响到人类以何种心态去面对死亡。死亡教育是通过间接体验死亡，从他人离世中感受到个体生命存在的有限性、生命的脆弱与渺小。揭开死亡的神秘面纱，消除死亡给人们带来的恐惧，对人类追求人生价值、珍惜生命有着十分重要的现实意义。生与死是一个对立统一的矛盾体，融合在一个完整的生命过程中。有生必有死，人类学习领会死亡对生命的意义，使其以坦然的心态面对生死，理解死亡是自然赋予人类的内在规定性，人人死而平等，以生命的有限去创造价值的无限，以价值的无限换取人生的精彩，是生命教育的价值所在。

二、生命教育的目标

生命教育是以生命为核心，以教育手段，倡导认识生命、珍惜生命、尊重生命、爱护生命、享受生命，提升生命质量、获得生命价值的教育活动。生命教育目标分别为：

1. 欣赏生命，生死尊严

生命教育不仅要教会社会个体珍爱生命，更要启发个体完整理解生命的意义，积极创造生命的价值；生命教育不只是告诉青少年关注自身生命，既要珍惜自己，更要关怀别人，关注、尊重、热爱他人的生命，帮助个体感悟到生命的有限性、唯一性，尊重与珍惜生命的价值，认识生命的本质、理解生命的意义、创造生命的价值。这是人的生命形态和特征的本质要求。

2. 宗教信仰与人生

通过生命教育体会生命的无常。领悟生命的全部不仅仅是生物的躯体，自然的生命仅仅是人生命存在的前提和物质载体，真正让人和动物区别开的是人类丰富的精神生活。因此，生命教育不仅要教育社会个体珍爱生命，还要帮助他们理解人生，使个体树立起积极、健康、正确的生命观，感恩惜福。

生命教育不仅要惠泽人类，还应该使教育对象明白，生命的其他物种也应和谐地同在一片蓝天下；生命教育不仅要关心今日生命之享用，还应该关怀明日生命之发展。

3. 应变与生存

生命教育就是让人热爱并发展每个人独特的生命，将自己的生命融入社会，应对社会政治经济的变革，在各种环境下都坚定理想与信念，以博大的胸怀和坚韧的毅力实现个体生命的价值，立足社会。

从生命教育近40年的历程来看，它首先是从要求控制自杀率的这一残酷现实开始的，是作为预防未成年人自杀的权宜之计提出来的。但本原之义，生命教育应该指向对人的终极关怀，充分考察人的生命本质基础，符合人性要求，成为一种全面关照多层次生命的人本教育。

人的生命不是独立存在的。当一个人的生命出现问题时，会体现在不同的生活层面和维度上，包括自我价值偏差、人际关系失衡、不能应对生活环境带来的冲突与压力，不能宏观地看待整体生命等问题。因此，生命教育既是一切教育的前提，同时还是教育的最高追求。生命教育的核心目标在于通过生命的维护管理，让每一个人都成为"真实的自我"，都能最终实现"本真"的生命价值，即把生命中的仁爱和慈善全部展现出来，为社会焕发出个体独有的美丽光彩。

第四节 中国生命教育的兴起及反思

一、生命教育的兴起

1. 中国生命教育的逐步发展

1997年，台湾首次提出"生命教育"的概念与愿景，并在一些学校中设置生命教育的课程，1998年在全台湾实施。

2000年，中国内陆开始关注生命教育的教学理念及课程，并开始引入。

2004年，辽宁省启动《中小学生命教育专项工作方案》。

2005年，上海实施《中小学生命教育指导纲要》。同年，在安徽举办首届中华青少年生命教育论坛，主题是培育青少年"热爱生命、珍惜生命、欣赏生命"的积极人生态度。到2014年，中华青少年生命教育第十届论坛主题为"生命教育的跨学科对话"。围绕主题，来自教育、体育、危机干预、心理咨商、健康促进、民政和生命教育教学领域的专家们进行了主旨发言和主题对话。

2008年，云南省颁布《关于实施生命教育生存教育生活教育的决定》，标志着中国生命教育的进一步发展，意义重大影响深远。

2010年，国家颁布的《国家中长期教育改革和发展规划纲要》在其战略主题中明确提出："学会生存生活""重视安全教育、生命教育、国防教育、可持续发展教育"。

2011年，首届大学生生命教育高峰论坛会议在北京召开，论坛的主题是"生命教育的核心理念"。随后，中国各大省会城市相继开展生命教育行动。目前，已有24个省市组织开展了生命教育工作，在各大、中、小学校进行了生命教育课题的研究与实践。

从学术史的角度回顾生命教育的发展历程，其轨迹主要是从死亡哲学到生死哲学，再到生命教育。生死观的教育是生命教育中的重要组成部分，但是生死观不能替代生命教育。因社会上一些自杀事件、校园暴力及毒品的泛滥等综合性的事件，使一些学者开始关注生命教育。首先，现代人复杂的生死问题层出不穷，导致中国生命教育的兴起；第二，青少年遭遇种种生命的困顿，教育界也试图从完全人发展的各个层面去解决对生命的困惑；第三，社会全体的普遍关注及大力推动，表现出的对人生命的关怀。

2. 中国生命教育的课程类型

第一，显性课程：学校开设专门的生命教育课程，配有专门的师资和教材，引导学生关注生命、尊重生命、珍爱生命、欣赏生命以至敬畏生命。

第二，隐性课程：结合生理卫生等其他学科教学内容，开展认识生命、珍惜生命、尊重生命、热爱生命，提高生存技能和生命质量的教育训练活动。

第三，专题讲座：利用品德教育、心理抚慰疏导等形式，开展灵活、有效、多样的生命教育，倡导学生自主探究、实践体验、合作交流的学习方式。

第四，课外活动：利用班集体及团队参观生命博物馆、参加追悼会、清明扫墓等多种形式的活动，使学生体验生命的价值。

二、生命教育的研究理论

1. 生命教育的概述

我国学者对生命教育的研究，是按不同年龄段的学生分别阐释的：

小学阶段：着重帮助和引导学生初步了解自身的生长发育特点，初步树立正确的生命意识，养成健康的生活习惯；

初中阶段：着重帮助和引导学生了解青春期生理、心理发育特点，掌握自我保护、应对灾难的基本技能，学会尊重生命、关怀生命、悦纳自我、接纳他人，养成健康良好的生活方式；

高中阶段：着重帮助和引导学生形成科学合理的性生理、性心理和性道德观念，培养对婚姻、家庭的责任意识，学会用法律和其他合适的方法保护自己的合法权益，学会尊重他人、理解生命、热爱生命，提高保持健康、丰富精神生活的能力，培养积极的生活态度和人生观；

大学阶段：让学生"既认识到生命的伟大与崇高，又认识到生命的脆弱与渺小；既了解人类生命的价值，又了解自然界中其他生命的伦理意义，教育大学生以平等的眼光看待世间万物，以敬畏的心情善待一切生命，以负责的态度关爱自己和他人的生命"。

2. 生命教育的层次

生命教育包括生存意识教育、生存技能教育和生存价值升华教育三个层次。

生命教育的第一个层次是生存意识教育，实际上也就是珍惜生命的教育。这是生命教育的基础和首要前提，包括生命安全教育、生活态度教育、死亡体验教育。

第二个层次是生存能力教育，这是个体生命得以存在和发展的必要条件，包括动手能力、适应能力、抗挫折能力、野外生存能力、安全防范能力和自救能力的训练。

第三个层次是生命价值升华教育，即生命质量提升教育，是生命教育的最高层次。

另有一些学者认为生命教育还可以分为以下三个层面：

一是认知层面，认识和了解身体及生命的意义和价值，熟悉与他人相处的法则以及知道爱惜自己和他人生命的方法。

二是实践层面，个体除了具备维护自身和他人生命的知识能力之外，还要能够动手操作（如人工呼吸等）、付诸行动、言行合一，不轻视、不践踏自己和别人，不伤害人，能为自己的行为负责。

三是情感层面，应具有人文关怀、社会关怀和正义关怀，能够不断自我省思，悦己纳人，欣赏热爱自己和他人的生命。

生命教育的目的在于帮助个体认识生命、珍惜生命、尊重生命、热爱生命，提高生存技能，提升生命质量。这一点中国学者基本达成共识，只不过表达方法各异而已。

三、生命教育发展的思考

1. 生命教育的理论核心问题

中国生命教育虽然提出了各种理论体系，但理论研究仍不具系统性，譬如，对生命教育的核心问题，不同学者有不同的看法，未能达成一致。生命教育的理论核心问题应该是生命教育的本质，而生命教育的本质是让教育回归真正的原点：以人为本，以人的全面发展为基点，以人的幸福、生命与快乐为核心。教育的价值不仅是传授知识、技能，还要在深层意义上使人成为人，引导个体生命走向完美、和谐、幸福的境界。这些在生命教育理论研究中都没有达到应有的重视。

2. 生命教育的目标问题

生命教育的范畴隶属公民教育，现代社会的每个公民都应该具备基本的生命理念。生命教育不仅是学校的显性课程或隐性课程，更应该是公民素质的体现。实现生命的意义与价值是每个个体在生存与生活中应具备的意识和能力。

如何将生命教育的理念方法运用到所有的教学门类中，使全体教师都具备生命教育的教学素质与方法，同时把生命教育广泛推进到家庭教育和社会教育中，使其成为公民教育，是生命教育的最终目标要研究的课题，目前显然远未达成共识。

3. 生命教育的课程设计问题

目前我国的生命教育只是简单地把生命教育等同于服务社会管理和教育管理的一种手段，等同于安全教育、德育教育、班会活动、心理健康教育。学校课程中的生命教育几乎包含了课堂教学之外的所有教育内容，模糊了生命教育的内涵及外延。对生命教育的核心价值观念理解有偏差，没有从生命个体的需要看待生命教育。忽视了生命教育的独特性，没有掌握生命教育的教育价值，实质是异化了生命教育，导致生命教育的实践失去了生命教育原有的意义，达不到应有的效果。

生命教育对实践层面的研究不够深入，不注重行动和操作，停留于泛泛空谈。课程设计需要通过实践来验证生命教育的理论，在活动中体会生命教育的理念。如何将生命教育与教育教学融合而发挥作用，需要更多的探讨。

4. 生命教育的师资问题

生命教育作为一种综合交叉的教育内容，最终的目的不仅要解决人们生活能力与生存技巧的问题，还要解决人们生活意义和生命价值的问题。因此，生命教育的发展，教师的师资水平是关键。具有专业知识与高素质生命教育知识的教师是最重要的条件。但是大多数从事生命教育的教师的知识背景，往往是教育学、心理学、哲学等，结构不全面完整，尤其缺乏生命伦理学、哲学生死学意义上对生命、生存、生活的理解和把握。生命教育对教师的要求暂无明确的界定，但对生命内在的相关性、深层意义与价值问题的讲解论述，应是生命教育追求的逻辑终点和最高境界，生命教育教师在这些方面的基本知识素养值得深入探讨。

四、生命教育的实施策略

生命教育应从家庭、学校、社会各方面着手，帮助社会个体从小开始探索与认识生命的意义、尊重与珍惜生命的价值，热爱并发展每个人独特的生命，并将自己的生命与天地人之间建立美好的共融共存关系。

1. 开展生命教育应当成为教育部门新的使命

目前在内地，仅有辽宁、上海、湖南启动了生命教育，其他地区生命教育发展仍然缓慢，严重滞后于其他教育的发展。作为教育行政当局，要成为生命教育的发动者和引领者，转变教育观念，与时俱进，从思想深处认识到对学生进行生命教育的重要性，将之纳入学校教育目标，制订相应的教育政策加以推动。作为学校和各科教师，要成为生命教育的响应者，把生命教育和自己的实际工作结合起来，利用自己的优势对学生进行生命教育。

2. 拓宽渠道，生动活泼地开展生命教育

现阶段，中国内地开展生命教育并非一定要另起炉灶，可以从学校实际出发，因地制宜地进行。生命教育可以和学科教学、专题教育、课外活动、校园文化建设、德育、心理教育等有机结合起来，充分整合利用学校的教育资源优势，调动广大教师学生参与生命教育的积极性，增强生命教育的效果。

3. 重视生命教育师资队伍的建设

建设一支优秀的师资队伍，是开展生命教育的重要保证。台湾教育部门在开展生命教育的初期就充分认识到这一点，因而也相当重视对师资的培育。他们的具体做法是：采取指派教师和自愿报名相结合的办法，通过集中教育培训、加强生命教育观念的宣导、举办读书会、现场观摩教学、观看视听教学资料、制定教师手册等方式组织教师进行培训。

4. 积极开展生命教育研究

我国台湾的学校生命教育取得了令人瞩目的成绩，这与台湾社会各界积极开展对生命教育的研究是分不开的。我们要在倡导生命教育的同时，经常组织专家、学者、中小学教师等就有关生命教育的内容、途径、方法、教材、实施状况等开展研究和探讨，以促进我国生命教育的发展。

5. 重视家庭、社会力量，形成生命教育合力

生命教育是一项系统工程，需要家庭、学校、社会的密切配合，共同参与。台湾地区的生命教育最早就是由民间社团引入并逐步在全岛推广的。目前台湾许多民间团体、社会机构，如得荣基金会、得胜者教育协会、彩虹儿童教育中心等，都积极投入其中。其现有的18个生命教育网站大部分是由宗教团体建立的。我国大陆的生命教育尚处于萌芽阶段，需要全社会的广泛参与，充分发挥社会、家庭的力量，形成教育合力，共同推动生命教育的发展。

本章综述

通过本章的学习，了解了生命教育的起因、意义及目标，理解生命教育是在充分考察人的生命本质基础上提出来的，符合人性要求，是一种全面关照生命多层次的人本教育，成为指向人的终极关怀的重要教育理念；了解我国生命教育的兴起、理论研究及对生命教育的反思。

生命教育，即是直面生命和人的生死问题的教育，其目标在于使人们学会尊重生命、理解生命的意义以及生命与天人物我之间的关系，学会积极地生存、健康地生活与独立地发展，通过彼此间对生命的呵护、记录、感恩和分享，获得身心的和谐，事业成功，生活幸福，从而实现生命自我的最大价值。

附录：

拓展知识 世界献血者日

2015年6月15日讯：每年的6月14日，是世界献血者日。为鼓励更多的人无偿献血，宣传和促进全球血液安全规划的实施，世界卫生组织、红十字会与红新月会国际联合会、国际献血组织联合会、国际输血协会将2004年6月14日定为第一个世界献血者日（World Blood Donor Day，WBDD）。

国际教育新理念

2005 年世界献血者日

2005 年 5 月 24 日，包括世界卫生组织 192 个会员国的世界卫生大会通过了一项决议，确认世界献血者日为每年在国际上庆祝的一天，以促进全球自愿献血。

2005 年世界献血者日主题为"庆祝你的血液礼物"，并突出其生活因血液而发生改变——在许多情况下其生命得到拯救的人们的真实故事。

这一天再次在全球进行庆祝，以一个城市作为活动的支点。2005 年这一城市为英国伦敦，一个重要的国际中心和国家首都，有着依靠自愿无偿献血采集安全血液供应的可靠传统。世界献血者日提供对血液和献血者的必要性提高认识的机会。全球每年捐献的血液超过 8000 万单位，但仅有近 39% 是在 82% 全球人口生活的发展中国家采集的。这一天还突出了一个事实，即自愿的无报酬的献血者是安全血液供应的基础，因为他们同通过输血传播的包括 HIV 和肝炎病毒在内的感染显著较低水平联系在一起。筛查输血传播的感染极其重要，但是最安全的献血来自最安全的献血者。

安全血液的可靠供应对于加强若干层次的卫生服务，尤其对于妇女和儿童极其重要。例如，全世界每年有 50 多万妇女死于与妊娠和分娩有关的并发症——其中 99% 在发展中国家。出血占并发症的 25%，是最常见的孕产妇死亡原因。在非洲，所有输血中高达 70% 输给因疟疾而严重贫血的儿童，它占非洲所有儿童期死亡的约五分之一。

世界献血者日也是减少 HIV/艾滋病、疟疾、乙肝和丙肝等严重疾病传播战略的一个重要部分。世卫组织根据一项全球调查收集的最新数字表明，至少 65 个国家未按世卫组织建议对所有捐献的血液检测 HIV、乙肝、丙肝和梅毒。

世界献血者日首次于 2004 年 6 月 14 日举办，由南非国家血液服务机构在约翰内斯堡主办了国际启动。它在全世界近 80 个国家中进行了庆祝。（当年曾用名为"世界献血日"）

虽然希望世界献血者日将使自愿献血的重要性被引起更广泛的认识和鼓励更多的人成为世界献血日经常的献血者，但是其目的不是在 6 月 14 日吸引新的献血者大量涌入。更准确地说，其本意是庆祝和感谢除他们帮助拯救生命的知识以外无偿自愿捐献其血液的个人，特别是每年两次或三次定期捐献血液的个人。我们希望，新一代献血者将仿效他们的榜样，无论何时和无论何地，在需要拯救生命时提供可使用的最安全血液。

2005年6月14日是由从事自愿无偿献血的三个组织选定为世界献血者日：红十字会和红新月会国际联合会、国际输血组织联合会和国际输血学会。世界卫生组织与这些组织一起联合发起此项活动。在它们之间，这些组织代表192个会员国、181个国家红十字会和红新月会、50个国家自愿献血组织以及全世界输血专科医师。

2006年世界献血者日

2006年6月12日日内瓦——全世界正在朝着100%无偿自愿献血的目标取得缓慢进展，未能确保血液供应的安全性和可持续性。大多数发展中国家仍然依靠有偿献血者或家庭成员献血者。但是，一些国家，例如中国、马来西亚和印度，通过在其艾滋病预防规划中应用更严格的原则，已在过去两年内显示进展。

在2006年6月14日世界献血者日，世界卫生组织（世卫组织）将发表其最近关于采血和血液检测方法的全球调查结果。

由于经常无偿自愿献血者不大可能就其健康状况撒谎，他们是安全和可持续血液供应的支柱。证据表明，他们还更可能使自己保持健康。例如，南非艾滋病毒患病率在成人人口中为23.3%，而在其经常献血者中仅为0.03%。世卫组织调查显示，在向世卫组织提供数据的124个国家中，有56个国家发现无偿自愿献血有所增加。其余68个国家不是没有取得进展，就是发现无偿自愿献血者人数有所下降。在124个国家中，有49个已做到100%无偿自愿献血。在这49个国家中，只有17个是发展中国家。

在高收入国家每1000人口献血数量约比低收入国家高15倍。这一点令人关注，由于需要输血的许多病症，例如儿童中与疟疾有关的严重贫血或严重的妊娠并发症——每年仍在夺走100多万人的生命，发展中国家对持续供应安全血液有着甚至更大的需求。在由分娩期间严重出血造成的死亡中,约25%可通过获得安全血液予以预防。

在血液检测方面,在124个国家中有56个未对其捐献的所有血液筛查艾滋病毒、乙肝和丙肝以及梅毒。对此提供的理由包括检测盒不足或负担不起,缺乏基础设施以及经培训的工作人员短缺。另一方面,若干国家已接受挑战。在调查的国家中,圣卢西亚取得了最大的跳跃式前进,从2002年来自无偿自愿者的血液占采集血液的24.39%,上升至2004年的83.05%。马来西亚从2002年的50%上升至2004年的99%,而印度从45%增至52.42%。

根据政府对世卫组织调查表的回答,进展的原因同较强有力的艾滋病预防规划有密切关系。

在中国,政府数字显示,对2005年捐献的所有血液均检测了这4种感染。在献血方面,中国已看到无偿自愿献血者从1998年的22%增加至2005年的94.5%。中国的进展可特别归因于其减少商业性血液和血浆,从而在全国范围最大限度减少任意采集和提供血液的做法,同时还加强艾滋病毒预防。

世界卫生组织于1997年推行100%无偿自愿献血政策。于6月14日举办的一项年度活动,世界献血者日是通过提高对可持续供应安全血液必要性的认识帮助各国政府实现这一目标的一天。它也是为现有献血者向他们已改善或拯救其生命的人们提供不平常的礼物以及向他们表示感谢和鼓励新献血者作出承诺的一天。承诺是2006年世界献血者日的主题;来自经常和潜在献血者,而且来自政府和全球社会承诺保持将血液安全置于议程优先地位,作为治疗和疾病预防的一个至关重要的因素。

2006年6月14日全球庆祝2006年世界献血者日将在泰国曼谷举行。它将由世卫组织输血医学培训合作中心和泰国红十字会国家血液中心主办。100多个其他国家将参加这些庆祝活动。世界献血者日由世卫组织192个会员国于2005年5月在第五十八届世界卫生大会上设立,以敦促全世界所有国家感谢献血者,促进自愿无偿献血和确保人人获得安全的血液供应。2006年世界献血日,全球有120多个国家举办了促进自愿献血的富有想象力的宣传活动，其中许多国家由皇室成员、总统、卫生部长、名人和体育明星主导和参与。在一些国家，6月14日还作为一个开展更广泛活动的平台，包括宣布调整输血服务国家计划、发布献血和输血方面的法规以及启动关于临床输血实践国家准则等。

2007年世界献血者日

世界卫生组织、红十字会和红新月国际联合会、国际输血协会和献血者组织国际联合会共同发布2007年6月14日世界献血者日宣传主题：安全血液促进母亲安全。强调自愿献血者的爱心捐献在拯救千百万母亲及其新生儿的生命方面发挥至关重要的作用。

据悉，全世界每年有50多万妇女在妊娠或分娩期间发生不必要的死亡，其中99%发生在发展中国家或区域，普通妇女出现严重出血而得不到及时的输血和细心照顾，可能在两个小时内造成死亡。这一现象在非洲高达44%，那里的孕产妇死亡的风险为1/16，亚洲为1/65，北美为1/2700。在所有孕产妇死亡中，有多达四分之一可通过获得安全输血予以拯救。

2008年世界献血者日

无偿献血2008年，世界献血者日的主题是"定期献血"，以通过建立稳定的承诺长期多次献血的自愿无偿献血者队伍支持国家献血工作。"定期献血助他人，长久爱心好精神"和"定期献血，救人不绝"等口号可用于突出献血者日主题，强调合格献血者定期献血的重要性，而定期献血将有助于计划安排血液采集，满足国家对特定血型和血液成分的需求，确保在需要时可获得安全的血液供输血。

2008年世界献血者日特别关注定期献血者有三个主要目标：

1. 促使更多公众认识到由于血液成分保存期短，需要定期献血，鼓励现有和潜在的献血者定期献血。

2. 使公众认识到定期自愿无偿献血者是健康的人群，因此是公共卫生系统的组成部分；由于他们保持健康的生活方式，并定期筛检，因此能够定期献血。

3. 关注献血者的健康和献血者服务的质量，这是促成献血者承诺并愿意定期献血的关键因素。

因此，世界献血者日为输血机构提供了一次机会以评估其献血者服务工作的有效性，并调动献血者自身的参与来确定增加献血者的满意度，提高献血者对献血工作支持力度的方法。

每年，这些发起机构确认一个国家担任世界献血者日全球活动的东道国，为全球媒体宣传提供一个聚集点，提高对自愿献血者在国家卫生保健系统中重要作用的认识。有关活动还旨在支持输血机构、献血者组织和其他非政府组织加强和扩展其自愿无偿献血工作，并推进国家和地方的无偿献血运动。

发起机构谨愉快地宣布，2008年6月14日全球活动将由阿拉伯联合酋长国在谢赫·哈里法·本·扎耶德·阿勒纳哈扬总统殿下的直接赞助下在迪拜主办。

2009年世界献血者日

2009年6月14日，全世界再次庆祝世界献血者日，使更多的人认识到需要安全血液供输血以及献血的重要性。2009年，世界献血者日全球庆祝活动的主题是：继续重视通过实现100%自愿无偿捐献血液和血液成分的目标，改善安全和充足的血液供应。确定这一非常广泛主题的目的是便于各国集中精力对付各项具体挑战，为此：

1. 主张那些尚未实现100%自愿献血目标的国家应该再度重视新的和具有创意的社区参与 和青年参与方法，并制定国家献血规划，增加自愿献血者的数目，逐步淘汰家庭/替代献血，消除有偿献血。

2. 呼吁已经实现100%自愿献血目标的国家加紧努力，增加定期献血者的数目，以便维持稳定的献血者队伍，随时满足本国在例行和紧急情况下对血液和血液成分的需要。

3. 促请正在建立或扩大血液成分规划的国家将这些规划建立在100%自

愿无偿捐献的基础上。

4. 鼓励已建立血液制品采购机制的国家与其他国家开展合作，以便获得足够的基于自愿献血的血液制品供应。例如，在2009年世界献血者日，一些国家不妨将重点放在通过自愿捐献血浆实现自给自足上。

世界献血者日由世界卫生组织、红十字会和红新月会国际联合会、献血者组织国际联合会和国际输血协会这四个核心组织联合主持。每年，这些伙伴组织确认一个国家担任世界献血者日全球活动的东道国，为全球媒体宣传提供一个聚集点，提高对自愿无偿献血者在国家卫生保健系统中极端重要性的认识。庆祝活动还旨在支持输血机构、献血者组织和其他非政府组织加强和扩展其自愿献血者规划，并推进国家和地方运动。

这四个核心机构谨愉快地宣布，2009年6月14日全球活动将在澳大利亚红十字会和澳大利亚红十字会血液处的密切协助下，由澳大利亚政府在澳大利亚主办。这次世界献血者日庆祝活动将在澳大利亚献血者年期间举行。澳大利亚献血者年的目的是提高对需要持续增加献血和招募新献血者的认识。

2010年世界献血者日

青年捐献者口号是："向世界提供新鲜血液"。每年6月14日为世界献血者日，目的是提高全球认识，要知道输血必须有安全的血液和血液制品，并要认识到自愿无偿献血者对国家卫生系统做出的重要贡献。

世界各地对血液的需求在日益增加，临床患者尤其需要更具活力的新鲜血液。年轻人可以通过捐献血液和募集其他年轻人加入无偿献血者行列来做出重要贡献。血液中心将根据《中华人民共和国献血法》中提及的重点人群，同时结合世博元素开展系列活动，如针对高校大学生的"天之骄子热血行动"、针对部队士兵的"青年卫士突击行动"和针对年轻公务员的"机关精英奉献行动"。希望通过这些活动的运作挖掘年轻人在确保安全血液供应方面的作用，并将无偿献血的理念辐射全社会，以实际行动实践"向世界提供新鲜血液"这一口号。

此外，2010年的全球世界献血者日活动将在西班牙巴塞罗那举行，由西班牙和加泰罗尼亚卫生保健当局、西班牙和加泰罗尼亚献血者协会以及西班牙红十字会主办。

2013年世界献血者日

2013年是世界献血者日十周年纪念日，其侧重点是：献血是拯救生命的礼物。世卫组织鼓励所有国家突出讲述那些通过献血而使其生命得以挽救的人们的故事，借此鼓动常规献血者继续献血，并且动员那些健康状况良好，但又从未献过血的人们（尤其是年轻人）开始献血。

2013年活动的目标是：感谢献血者提供的救命捐赠；促进自愿无偿献血；说服卫生部作出承诺，在100%自愿无偿献血的基础上，实现安全血液和血液制品的自给自足。

2013年世界献血者日的主办国是法国。自上世纪50年代以来，法国一直通过其国家血液服务机构鼓励人们自愿无偿献血。将于2013年6月14日在巴黎举行全球活动。

2014年世界献血者日

2014年世界献血者日活动的关注点是"安全血液挽救母亲生命"。及时获得安全的血液和血液制品，对所有国家而言都是预防孕产妇死亡的全面措施的必要组成部分，今年的活动将提高对这一点的认识。

世卫组织鼓励所有国家及就输血和孕产妇健康开展工作的各国和国际伙伴拟定活动计划，突出及时获得安全的血液和血液制品以预防孕产妇死亡的必要性。

2015年世界献血者日

今年的活动主题为"感谢您挽救我的生命"。

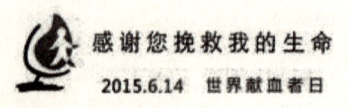

其重点是感谢那些通过献血每天拯救生命的献血者,并利用"无偿献血,定期献血。献血事关紧要"这一口号来鼓励全世界更多的人自愿、定期献血。

活动的目的是通过突出宣传那些自身生命通过献血得以挽救的人们的故事,来激发定期献血者继续献血的积极性,同时鼓励那些健康良好但从未献过血的人们(尤其是年轻人)开始加入到这一行列。

思考题:如何理解生命教育的内容与目标?

第七章 个性化教育

> 学习目标
> 1. 了解：个性化教育的历史追溯
> 2. 掌握：个性化教育的内涵与本质
> 3. 理解：个性化教育的特征及思考
> 4. 了解：中国个性化教育的理论研究、动态及反思
>
> 关键词：个性 个性化教育 民主性 主体性 个性化教育理论

2008年，国际个性化教育协会第一次理事会议正式给个性化教育做了完整的诠释。指出："个性化教育就是通过对被教育对象进行综合调查、研究、分析、测试、考核和诊断，根据社会或未来发展趋势、被教育对象的潜质特征和自我价值倾向以及被教育对象的利益人（个人的家长或监护人）的实际可行要求，量身定制教育目标、教育计划、辅导方案和执行管理系统，并组织相关专业人员通过量身定制的教育培训方法、学习管理和知识管理技术以及整合有效的教育资源，从潜能开发、素养教育、灵修教育等多个方面，对被教育对象的心态、观念、信念、思维力、学习力、创新力、知识、经验等展开咨询、教育和培训，从而帮助被教育对象释放生命潜能，突破生存限制，实现量身定制的自我成长、自我实现和自我超越。"

第一节 个性化教育的历史追溯

一、中国古代的"个性教育"观

个性教育作为一个独立的思想理念提出来是在20世纪,但是这种思想理念却是自古就有的。中国古代圣人——孔子在两千多年前就已经提出"因材施教,有教无类"的教育思想,这是最早关于个性化教育的理念和思想。

以孔子为代表的儒家的个性教育观,明确了个体的差异性。在《论语·先进篇》中提出了"因材施教"的观点:孔子针对子路逞强好胜、办事不周全的个性特点,劝他遇事多听取别人的意见,三思而行;冉有性格谦逊、办事犹豫不决,所以鼓励他临事果断。

《学记》:"学者有四失,教者必知之。人之学也,或失则多,或失则寡,或失则易,或失则止。此四者,新之莫同也。知其新,然后能救其失也,故教也者,长善而救其失也者。"这也说明了因材施教的目的是长善救失,突出了个性教育的培养与改造的关系。

朱熹《论语集注》记载,子夏问孝:"子游能养而或失于敬,子夏能直义而或少温润之色,各因其材之高下与其所失而告之,故不同也。"这里充分体现了因性格施教,每个人有不同性格,很多人学习不好的根本原因往往是性格造成的,而且不同性格的人对于学习的方式和内容的敏感度也不一样。

"因材施教"中,"因"义根据,"材"为资质,"施"即施加,"教"表示教育,全译就是针对学习者的志趣、能力等具体情况进行不同的教育。

几千年来,"因材施教"作为一种教育理念或教育理想一直备受中国从事教育工作的先辈们的推崇,不断在"私塾教育"中实践,但是,至今依然没有真正形成"因材施教"的教育系统或教育制度。

当今社会普遍实行的"制度化教育""共性化教育"的学校教育制度恰恰与"因材施教"背道而驰。因此,把个性化教育简单概括为根据孩子独有的个性因材施教，实际上是中国传统教育理念的回归，返璞归真。个体的独特个性，包括人的思想、态度、兴趣、气质、潜能、人生哲学、体格和生理等的个性特征。但是，人的个体是社会的，人作为社会的一员，在不同方面和不同程度上影响和改变着社会，同时人又得适应社会的发展与变化。人又是利益相关的，任何个体都在一定的利益关系中，个体的教育与国家利益、民族利益、社会利益、宗族利益、家庭利益、个人利益密切相关。因此，个性化教育的前提条件不仅要考虑到个体潜质特征和自我价值倾向（即独特的个性特征），同时还必须考虑到个体所处的社会环境变化和未来社会发展趋势，以及与个体利益相关的目标、要求、期望与需要。

"因材施教"这个概念如果只作为一种教育思想、教育理念或教育理想是可以理解的，也是可以被广泛接受的。但是，如果作为一个指引教育系统建设和实施教育的准则，则过于简单、笼统和缺乏操作性。

二、西方社会历史上的个性教育观

古罗马教育家昆体良就注意到学生的个体差异，但是西方古代个性教育思想的研究却始于更早的古希腊时期。苏格拉底说过："独立人格的价值在于个体本身鲜明的个性。"柏拉图也提出，"教育的任务在于发现个体人的特长，并且训练他尽量发挥他的特长，因为这种发展最能和谐地满足社会的需要"，他看到了个体与社会的关系。亚里士多德则把个人的个性发展过程放在了教育的第一位。这些观点不可否认都有进步之处，给教育开拓了新理念，也为个性发展提供了理论支撑。

文艺复兴时期，基于人类精神的觉醒，个性教育观表现为强调个性解放和人格独立。

启蒙运动中法国的卢梭在《爱弥尔》中阐述了浪漫主义的个性教育思想，认为人生来是自由的、平等的。

德国的康德被称为卢梭的大弟子，继承了卢梭的思想："才能有市场价格，气质有亲和价格，个性有一种内在的价值，高于所有的价格。"

俄国教育家乌申斯基强调个性不是游离于社会之外与共性对立的,他不但指出了培养人的个性的具体任务,而且阐述了在家庭教育、学校教育、社会教育、道德教育、劳动教育和集体中如何培养个性。

西方近代的个性教育观明显具有自觉性和鲜明性,丰富而深刻。

三、现代心理学派的个性教育观

国外儿童中心主义教育观认为:教育的自身发展规律要体现对人的终极关怀,就是教育必须适应人的发展。个体由于受家庭、环境、性格等因素的影响,本身存在着差异,而个体自身具有主观能动性,因此人的身心发展规律对教育的要求就是个性化。

心理学派的个性教育就是要使学生保有个性,帮助学生发掘、形成和发展个性,使学生的个性得到充分发展的教育,教育者承认学生在社会背景、智能背景、态度价值、情感和生理等方面存在个别差异的前提下,做到既"有教无类",又"因材施教",使每个学生都得到全面发展。个性教育的观念以学习者个体的个性差异为重要依据,让每一个学生都找到自己个性才能发展的独特领域,以个性充分发展、人格完整健全为目标。弘扬学生独特个性的教育,是"在发现和尊重受教育者现有个性以及有利的物质条件基础上,尽可能地促进受教育者的体能、智能、活动能力、道德品质、情感意志等素质自主、和谐、能动地发展,最终形成优良个性的教育"。

心理学派的个性教育是针对目前班级授课制和划一性教育制度下无视学生个性的教育提出来的,提出要充分注意学生的差别,承认学生在智力、社会背景、情感和生理等方面存在的差异性,了解其兴趣、爱好和特长,并根据社会要求,适应其能力水平进行教育,使之得到发展。

这个概念明确了个性是人的一种客观的、事实的、自然的存在,但是,把教育目的只定为发展个性显然是具有局限性的。

第二节 个性化教育的内涵与本质

一、个性的定义

个性一词来自古代希腊，最初源于拉丁语Personal。个性在很多学科中都备受关注，并且众说纷纭，各有侧重。一般来说，个性就是个性心理的简称，在西方又称人格。

美国心理学家奥尔波特说："个性是决定一个人的行为和思想的心理、物理学体系的个体的行为结构。"

美国人格心理学家卡特尔（R.B.Cattell）认为："人格是一种倾向，可借以预测一个人在给定的环境中的所作所为，它是与个体的外显与内隐行为联系在一起的。"

苏联心理学家彼得罗夫斯基认为："在心理学中个性就是指个体在对象活动和交往活动中获得的，并表明在个体中表现社会关系水平和性质的系统的社会品质。"

在心理学上个性即为人格，解释为："一个区别于他人的，在不同环境中显现出来的，相对稳定的，影响人的外显和内隐性行为模式的心理特征的总和。"

《辞海》中解释个性说，在哲学上个性与共性相对，唯物辩证法认为，共性即普遍性，个性即特殊性，两者密切联系，不可分割，是辩证统一的关系。一方面，共性寓于个性之中，并通过个性表现出来，没有个性就没有共性；另一方面，个性也离不开共性。世界上的事物无论如何特殊，它总是和同类事物中的其他事物有共同之处，总要服从于这类事物的一般规律，不包含普遍性的特殊性是没有的，即特殊性也离不开普遍性。

个性的全面、和谐最终构成个性整体。个体的独特性主要表现在人的个体心理上，诸如兴趣、爱好、理想、信念、世界观以及能力、气质、性格等方面的特征。个性是在社会实践中形成的，个体的意识、行为倾向表现出区别于他人的特质。正是因为有着这种特殊的特质，所以教育的目的就是要发现个体差异性，并引导成为更完善的个体个性。

二、个性化教育的定义与内涵

个性化教育的概念有很多不同的诠释,有人说个性化教育就是"因材施教",有人说个性化教育就是"个性的教育",有人说个性化教育就是"一对一的教育",也有人说个性化教育就是"教育资源的合理匹配"。

个性化教育这一概念在全世界范围内发展迅速,并且被教育理论界、教育管理结构及社会群体普遍接受及引用。因此有必要对个性化教育进行进一步全面的分析及定义,对个性化教育进行全面、系统、科学的认知。

美国著名学者卡罗尔把个性化教育定义为:在学习者个性特征与学习环境之间努力达到的一种平衡,它是学习者个性特征与所学知识、概念、行为方式、学习环境、激励系统及习得技能之间的一种合理匹配,而且是一种连续的过程。

这个定义合理地阐述了个性化教育的组织过程,是针对学校教育或制度化教育体制中人为限制学制年限、人为固化学习内容和教育过程所存在的系统性缺陷提出来的。但是,这个定义缺乏对教育前提、教育目的以及具体操作系统的全面阐述,局限于实施个性化教育的实施方式、手段和过程的描述。

在2008年国际个性化教育协会学术会议上,协会中国理事会会长、中国个性化教育研究院执行院长、个性化教育理论和实践家曹晓峰教授经过长达近20年对个性化教育进行深入、系统的理论研究和实践探索,主张将个性化教育定义为:通过对被教育对象(包括个人和企业)进行综合调查、研究、分析、测试、考核和诊断,根据社会环境变化或未来社会发展趋势、被教育对象的潜质特征和自我价值倾向以及被教育对象的利益人(个人的家长或监护人,企业的投资人或经营者)的目标与要求,量身定制教育目标、教育计划、辅导方案和执行管理系统,并组织相关专业人员通过量身定制的教育培训方法、学习管理和知识管理技术以及整合有效的教育资源,从潜能开发、素养教育、学科教育、阅历教育、职业教育、创业教育和灵修教育多个方面,对被教育对象的心态、观念、信念、思维力、学习力、创新力、知识、技能、经验等展开咨询、策划、教育和培训，从而帮助被教育对象形成完整独立人格和优化自身独特个性，释放生命潜能，突破生存限制，实现量身定制的自我成长、自我实现和自我超越的教育培训系统。

由于曹晓峰教授提出关于个性化教育的这个定义比较全面、准确、系统、完整，阐述了个性化教育的内涵和外延，是目前个性化教育相对比较科学的定义，在2008年国际个性化教育协会学术会议中被采纳为标准定义，同时也被其中国理事会、中国个性化教育研究院学术专家委员会共同确定为个性化教育的标准定义。

个性化教育，是在正确的教育思想、教育观念的指导下，从学生的现实个性出发，尊重学生的需要、兴趣、创造和自由，通过个性化和社会化、教育和自我教育的统一过程，培养学生良好的个性品质，促进其个性自主和谐的发展。个性化教育的宗旨是培养个性充分发展、人格健全的社会公民。

个性化教育突出个性，因材施教，就必须利用教育的规律和原理，在教育目标的指引下谨慎教育，抓好教育教学质量，不是只看眼前，还要看将来，要着眼学习者的终身学习和发展。个性化教育并不是单纯的上课那么简单，而应该是要符合教育教学的目标要求的，是要遵循一定教育理论和教育规律的。要履行并实践尊重的教育理念，让个性化教育成为真正值得投资的教育，通过个性化教育促进社会教育资源的合理化和公平化。个性化教育要规范教育的目标，规范教育的行为，从事个性化教育的老师也应该把个性化教育当成大教育的一部分。只要是搞教育的都要遵循教育的规律，深入学习和研究教育教学工作。个性化教育相对而言还在不断完善，是一个初级阶段。

三、个性化教育的本质

1. 个性化教育的本质是各系统的融合

人的个体差异性的发展，个体特征的形成，则更多地取决于后天的因素，其中突出地取决于教育的作用。教育虽然按照社会的要求作用于个体的发展，但社会化本身也内在地包含着对人的个体特征的充分发展的需求。个性化教育是尊重个体差异的教育，良好的个性化教育必须尽可能地做到因材施教，帮助不同的个体充分开发其内在的潜力，形成自己的优势区域，充分发展自己的特长，形成个体的独特性。个性化教育主要是通过不同的教育内容和不同的教育形式来促进人的个体特征的发展的。

个性化教育是家庭教育、社会教育和学校教育三大教育系统的融合统一，具有一定的结构、特点与规律，是社会复杂结构系统中的一个子系统。相对于三大教育形态，个性化教育具有自身的特点。

在家庭教育中，通常是家长承担学习管理的任务，但是家长在学习管理中通常缺乏专业知识和技能，缺乏对孩子学习的管理意识，因此在家庭教育中很容易造成学习管理的缺失或不足。

在学校教育中，由班主任教师承担班级的学习管理任务，但班主任通常是某学科老师担任。班主任一方面要担任一定的学科教学任务，另一方面又要管一个班级几十个学生，不可能针对性地为每个学生提供系统性的学习管理服务，因此，学校教育也容易缺失针对每个学生的学习管理。

在个性化教育系统中，需要根据特定的教学方案进行学习管理，需要家庭、社会和学校教育充分融合。

2. 个性化教育的目的就是个性化

个性化教育的目的因人而异，充分尊重个人的选择，必须符合学习者的个性倾向，不仅是量身定制的、个性化的，而且是多元化、阶段化的，以适应其需要及变化发展。因此个性化教育不能模式化、固定化、单一化。

个性化教育不把学校教育中单一灌输学科知识、追求考试成绩、考取名牌学校和获取学历学位作为学生和学校的目标，也不是高喊"德、智、体、美"全面发展的教育口号，其本质是帮助学习者形成完整独立人格和优化自身独特个性，帮助他成为个人和家庭所希望的、适应社会所要求的那种个性的人。

3. 个性化教育系统的中心和主体是学习者个体

学校教育中教师是教学的主体，学生是教学的客体，人为地把学生按年龄、区域、户籍、学习能力、科目考试成绩，作为入学条件筛选和限定，使得学习者个体独立自主、自由自愿的教育选择权被弱化、限定、歧视甚至剥夺。

在家庭教育中，家长与孩子互为主客体。

社会教育中，环境是主体，学习者被置于一定的教育环境中，成为环境的客体。

个性化教育系统中，学校、教师、家长、家庭、环境都是实施教育的客体资源。这些资源有益于作为系统教育的中心和主体的学习者本人。个性化教育充分尊重学习者个体的主观和客观的前提条件，充分尊重学习者个体的独立自主、自由意愿和自主选择权，没有条件限定，使教育对象更能适应、应对未来社会环境变化和发展趋势。

4.个性化教育的教育内容是个性化的

个性化教育系统中，针对每个学生的教育内容不同，是根据教育目的和教育目标进行计划、安排、组织和管理的。由于个性化教育的目的个性化，个性化教育区别于学校教育的教学内容对学科知识和专业技能的侧重，因此教育内容也是个性化的，是完全针对某一特定的教育对象的需要或要求，为其量身定制，根据其成长要求弹性组织和管理学习进度及不断变化的学习要求。

个性化教育的学习内容是基于学习者的个性特征和人格结构的完善与优化，以适应社会发展、丰富人生经历、实现学习者个体的自我价值。

第三节 个性化教育诸要素的关系、特征及思考

一、个性化教育各因素间的关系

1.社会化与个性化的关系

个性化教育是与社会经济相适应的教育。社会经济为个人的发展提供了广泛多样的机会，同时也对人的主动性、创造性、开放性、应变性，以

及竞争观、效益观、风格观、信息观、法律观等素质提出了较高要求。社会经济的发展亟待大批具有独特个性、完整人格的生力军的加入。个性化教育正肩负着这样的历史使命，在促进学习者的人格全面发展的同时，又特别注重人的差异性。它尊重学习者的个性特征，结合学习者个体的智能和气质特点，精心选择、设计适合不同学习者的教育内容和方法，在个体内部有效地形成较为稳固的、符合预期目标的认知结构和行为模式。

个性化教育在积极开发学习者身心潜能的同时，帮助学习者实现社会化，成为社会所需要的各类型、各层次的高素质人才。由于个性化教育将社会化与个性化统一在同一教育过程中，所以，从未来社会对人才需要的角度而言，个性化教育势在必行。

2. 全面发展和个性发展的关系

个性化教育适应学习者全面发展的要求。从个性教育的角度看，全面发展可表述为每个社会成员的智力和体力都获得社会和学校的统一要求，体现学习者尽可能多的充分自由、统一发展、整体水平的成果状态。

但是全面发展不等于各方面均衡发展，因为这样会扼杀个性，最终导致阻碍人的全面发展。没有个性的充分发展，就没有人的全面发展，个性发展是全面发展的必要条件和核心内容。苏霍姆林斯基说过，个人的全面和和谐发展就是道德的、智力的、劳动的、审美的、身体的几个方面的和谐发展，而这种发展必须同挖掘人的天赋才能结合起来。他认为："最主要的是在每个孩子身上发现他最强的一面，找出他作为人发展根源的机灵点，做到使孩子能够最充分地显示和发展他的天赋素质的事情上，达到他的年龄可能达到的最卓越成绩。"个性化教育正是以个性充分发展为突破口实现人的全方位提高。

3. 教学评价和对学生评价的关系

个性化教育是教育思维方式发生根本变化的必然结果。它的表现就是把系统理论引进考试过程中，从而评价教育质量不再是各门功课考试成绩的简单相加，而是追求整体效益。在这一思想下指导下的个性化教育就从选拔性转化为发展性。"人人都受教育，人人都能成才"目标的实现，将使每个学习者都在自己原有的基础上得到提高，使考试分数的信度和效度在教育评估中退居次要地位，而对人的能力和实绩的评价上升为主导地位。

个性化教育将使教学出现一个宽松的环境，有助于发挥学校教育的全部优势，促成学习者做人、求知、办事、健体等诸方面素质的全面提高。个性化教育的教学过程，需要教师、学习者、教学媒体、教学设施和教学评价等方面的有效参与，需要教师具备完整广泛的知识储备和较高的能力素养，并且拥有高度的积极性和责任心。教师要根据学习者个体的学习基础，培养其学习能力，激发他们的求知欲和学习动机，促使学习者有学习的内在需求，并且教给他们有效的学习策略和方法，锻炼学习者的学习毅力等非智力因素。根据美国芝加哥大学教授霍德华·加德纳的多元智能理论，教育目标就是根据学生的实际，做到因材施教，让学生学有所长。

个性化教育要求，在教学中，各个环节需结合预定的教学目标，用目标指导教学工作。教学规律在实践中不断完善，在理论指导中得到提高。

二、个性化教育的特征

1. 民主性

民主性教育是真正的个性化教育，是以适应并促进个性发展的方式，培养具有完善个性的人，比统一的教育更具民主性。教育民主的本质在于让学习者的个性得以充分、和谐、自由地发展，倡导师生关系是民主型的。教师不仅是学生的师长，还是朋友，他了解学生，理解学生，尊重学生，帮助学生寻找最适合他自己个性发展的方式，"使师生生活在一种相互理解、尊重、关怀、帮助、谅解、信任的和谐气氛中，提高学习效率"。

2. 主体性

主体性指确立学习者主体地位，提升学习者的主体意识、主体能力及主体价值，表现在教育上就是学习者自主的创造的自我教育的活动。

人的主体意识和主体能力是人的主体性的突出表现。主体意识是人作为认识和实践活动的主体的自觉意识，包括主体的自我意识和对象意识，它是主体性的观念表现。主体能力是主体认识和改造外部对象世界的能力，是主体性的外在表征。无论是主体意识的形成，还是主体能力的获得，都有赖于教育。人要从最初孱弱的生物体转变成为认识和实践的主体，必须获得相应的知识和能力，把握外部世界的客观规律，发展自我意识，从而主动积极地作用于外部世界，达到变革对象世界的目的。因此，对于个体而言，教育过程就是一个发展自我意识、提高自身素质、增强自身能力的过程。通过教育的定向、强化和加速的作用，有利于人的主体意识更好地形成、人的主体能力更好地发展，从而使人的主体性不断地发展和增强。

传统的教育观念主要是"传道授业解惑"。这种教育观念是以教为主，学习者始终处于被动的学习环境中。现代教学追求的是教与学的双向互动，以讲授引导思考，以教导激发兴趣，并赋予学习者学习的自主性。实践证明，学习者能否学习好，与他的自主性有直接联系。

3. 选择性

世上找不到两片完全相同的树叶，也找不出个性完全相同的两个学生。有研究表明，人的差异是与生俱来的，即使通过后天学习，也很难消除其差异性。这一客观存在就要求现行的教育必须打破整齐划一的教育模式，针对学习者的个性特点，进行选择性教育。个性化教育倡导的"选择"，就是让学习者根据自己的个性特征、兴趣爱好，培养自己某一方面的才能。个性化教育的理念是以学习者个性发展为主，允许学习者有所选择。

选择性不仅包容多种有益的教育方法，还在教育制度、组织形式、教育内容、教育评价等各方面全方位地兼容，以适合个性不同的学习者发展的需要。个性化教育把握了人全面发展的潜能，强调诸要素和谐发展。

三、个性化教育的理性思考

1. 对教育理论和个性化教育的思考

教育理论是指导教育者进行教育的总的方向性思想指导体系，包括教育观、价值观、师生观等。就教育观来说，就是认可教育的价值作用，认为教育是人类发展的必然产物，是推动社会发展的必要因素。就师生观来说，随着社会生产力和生产关系的发展而变化。现阶段，教师不仅是人类灵魂的工程师，不仅要传道、授业、解惑，还是学习者的促进者及帮扶者。

教育理论涉及"尊重的教育"，包括尊重教育教学规律，尊重学习者的人性人格，尊重人才成长的规律，尊重教育者的劳动成果等。但是这种尊重，如果理论和实践不协调一致，势必导致教学的失败。例如，有的教师有了"尊重"的教育理念，却不知道如何尊重学习者；有的教师虽然幽默，但是却伤害到部分学生；有的教师认为教育仅仅是传授知识，教会学生解题，那么教育和工厂生产就没有什么区别了。教育的目的是善的，教育的目标是善的，教育的手段也要是善的。对于个性化教育，教师要正确认识学习者，把学习者当做需要帮助的人，用心帮助他们解决学习中的问题，并且要着眼于学习者的长远发展。

2. 对教育资源配置和教育与社会关系的思考

教育的经济问题涉及教育的投资和教育的产出。人口与教育、经济密不可分，人口的结构和教育的程度对经济和教育的发展都有深远的影响。因此教育资源的整合和优化是非常必要的。只有教育资源合理配置，并通过有效管理才可以让个性化教育有成效，对个性化教育的投入才具有真正的社会价值。

教育与社会的发展，是一种相互制约又相互促进并相对独立的关系。教育受社会发展的限制，同时又可以超前或滞后于社会的发展，从而影响社会的进步。教育资源分配不当，学校的差异，学习者认知层次的不同，还有经济条件、地域的差异等问题都会影响学习者受教育的程度。教育资源配置的不合理是教育发展的主要矛盾。

个性化教育试图缓解因教育引起的社会矛盾冲突，也可以在一定程度上缓解社会矛盾，解决学习者因学习评价结果而带来的教育资源的差异。因此，个性化教育就是要尽可能让教育资源更加合理、更加公平地配置，以体现个性化教育在社会发展和进步中的作用，教育资源从不均衡走向均衡是必然趋势。

3. 教育管理的思考

在各级各类学校的正常管理项目中，学校管理、班级管理和课堂管理是教育各层次管理主要的研究问题。营造师生员工和谐健康的人际关系是教育管理的重中之重。任何一个学校管理不科学不民主，如利用职权进行压制，都会使领导层的不良管理渗入班级与课堂管理，从而导致校内关系紧张，那么学习者得不到发展，也会不利。因此，参与教育管理的各类人际关系的和谐与健康会在一定程度上决定教育教学的成败。

个性化教育中的教育管理难度相对更大，学习者在各方面都会存在不同的问题，导致有些规章制度很难执行。这需要个性化教育更加规范，让教育者以认真负责的工作态度投入个性化教学，有效性才会提高。

教育者要明确如何进行时间管理，什么时间该做什么，该怎么做。个性化教育需要持久规范，将对学习者的教育与教学相融合。

个性化教育成功与否，取决于教育者是否善于发现每个学习者的独特性及其价值，是否尊重和注意学习者个性的健康发展，是否积极地为学习者个性的发展创造客观条件和提供活动舞台，是否有效地开展各种有益个性发展的教育活动。

第四节 中国个性化教育的理论实践研究、动态及反思

一、中国个性化教育的理论实践研究阶段

1. 个案探索时期

1991年至1994年，中国个性化教育研究院执行院长曹晓峰教授等人，出于对传统教育体制的模式化、刻板机械化的不满，进行个性化教育研究实验。他和他的个性化教育团队创立了学习管理方法指导，用量身定制的教育和学习计划帮助学生取得学习上的成功，开拓了"个性化教育""学

习管理"和"知识管理"的探索之路。

2. 理论实践研究时期

1994年至1998年，个性化教育研究团队一直探索"个性化教育""学习管理"和"知识管理"的哲学支持，并进行深入系统的理论研究，初步构建了"循环平衡理论"的基本框架，把逻辑学、数学、教育学、心理学、社会学及各种自然科学和人文科学整合统一起来，逐步建立了"循环平衡理论"为核心的哲学思想体系，为个性化教育、学习管理和知识管理的研究提供了"认识论""方法论"的思维工具。

3. 应用研究时期

1998年至2000年，个性化教育团队专门致力于"个性化教育""学习管理"和"知识管理"的应用服务。进行"家庭教育专业化""终身学习解决方案""个性化学习管理实施方案"等基础理论研究，进行学习分析与诊断专家系统、教育计划和学习方案策划系统、学习过程管理系统、英语技术系统等的研究开发，构建了完整的个性化学习管理的理论工具和技术支持系统。

由于个性化学习管理的理论和技术从研发、实践到应用，缺乏足够的个性化教育专业人才，缺乏个性化教育的网络平台，因此个性化教育在商业应用过程中，存在一定的教育质量上的问题。

随后，个性化教育团队借助国际互联网、多媒体、虚拟现实和人工智能技术在个性化教育、学习管理和知识管理等领域的运用，以保证个性化教育的质量。

4. 研究成果实施阶段

2001年至2007年，个性化教育团队先后成立了三个"连锁家庭学校"，与教育管理部门、教育研究机构、师范院校的学者、专家进一步论证"个性化教育"、"学习管理"和"知识管理"的科学性、前瞻性和可行性，充分论证了"个性化教育"是未来人类教育发展的新趋势。

5. 个性化教育行业标准研究阶段

2007年至今，个性化教育团队发起成立的中国个性化教育研究院，是中国个性化教育领域具有专业性、权威性的学术研究机构。积极广泛地参与学校教育的个性化改革、家庭教育的专业化服务和社会教育的系统化建设等活动，高度关注国际个性化教育的前沿动态，推动中国个性化教育人才的培养。

二、中国个性化教育动态

1. 个性化教育的国际会议

2011年8月，由中国教育学会、中国民办教育协会主办，亚太地区联合国教科文组织协会联合会和国内多家重要教育机构支持，学大教育承办的2011年个性化教育国际会议在北京召开。来自美国、加拿大、澳大利亚、津巴布韦、日本、意大利等国家以及国际教育组织和香港地区的专家，全国各地幼儿园、中小学教师、校长，教育行政部门及有关教育机构代表800多人参加了本次会议。

本次会议把个性化教育与学生全面发展确定为主题，深入探讨在经济全球化背景下个性化教育对学生全面发展及创新人才培养的重要意义，总结我国个性化教育实践经验和成功案例，研究新形势下个性化教育的有效模式，探究个性化教育理论体系，以深化中小学教育教学改革、推进素质教育。

会议主张：个性化教育应遵循教育规律和人才成长规律，尊重广大学生的主体地位，体现教育以人为本的核心理念和促进公平、提高质量的战略目标。推进个性化教育有利于加强教育的针对性、实效性；有利于改变学生被动学习的状况，进一步调动广大学生学习的主动性、积极性；有利于发展广大学生的优势潜能，有效培养其创新能力。

2. 个性化教育的国内首届会议

2013年10月26日，首届中学生个性化教育论坛会议在上海召开。会议的主题是：以"给每个孩子独特的未来"为主旨，共同探讨如何释放孩子的创造力、想象力和个性发展，如何把个性化的思想和理念贯穿在中学教育过程中，如何在家庭教育中体现个性化教育的思想。

此次会议总结了多年来中国的学校教育，特别是揭示了德育的一种明显偏向：重视集体主义教育，忽视自我意识培养；重视规章纪律对学生的约束，忽视个性心理的发展。而在基础教育领域，长期形成的"大一统"理念影响深远：统一大纲、统一教材、统一课程、统一要求、统一考试、统一录取等。

在"一刀切"的传统教育体制下，教育者习惯用同一个教育目标、同一种教育标准培养和要求学生，习惯用相同的教育模式、相同的教育策略实施教育教学计划，其结果是忽视了学生的个性、潜能、兴趣、特长等个体差异，违背了青少年认知发展的基本规律。

随着教育改革的深入，教育需求日趋多元化，个性化教育将成为未来社会教育变革与发展的趋势，引起社会各界的关注，教育部更是多次强调要尊重个性，因材施教。在家长、教师都在寻求如何解放孩子创造力的大背景下，个性化教育论坛会议通过教学研讨，明晰个性化教育内涵及实施方法，以促进中学教育阶段更多地进行个性化的实践和探索。

三、中国个性化教育的反思

个性化教育是教育的灵魂，教育的根本内涵就是培养学生的个性。目前中国的教育，一直围绕学生的考试分数进行，学生没有个性，没有差异，只是教师灌输知识的容器。培养学生的个性已经成为日益突出的问题。

1. 个性化教育与学校教育的关系

众所周知，学校教育是共性教育。在学校长期的教育实践活动中，所有学习者需认同、遵循、接受共同的价值观、精神、行为准则、规章制度、行为方式。

学校教育的本质意义在于影响和制约学习者的行为规范。但同时，教育又必须鼓励和鞭策学生的个性化发展。如果一所学校非常注重学生个性化发展，那么对于学生来说是一种巨大的精神力量；如果一所学校的教育压抑学生的个性化发展，那么学生的个性化发展就无从谈起。为此而协调个性化教育与学校教育的关系是非常必要的。

2. 个性化教育与因材施教的关系

因材施教是个性化教育在教学中的体现，是古代中国教学一项重要的教学方法，即教师根据不同学生的认知水平、学习能力以及自身素质，选择适合每个学生特点的学习方法有针对性地教学，发挥学生的长处，弥补学生的不足，激发学生学习的兴趣，树立学生学习的信心，从而促进学生全面发展。

因材施教可以根据学习者个性需求与兴致，对事物喜好或关切的程度进行选择，在个性化教育的实践活动中具有重要意义。

3. 个性化教育与教师风格的关系

教师是培养学生个性化发展的直接参与者，教师的教育价值观，直接影响学生的个性化发展。没有教师的个性化教育价值观及其实践就不可能有学生的个性化发展，为此教师的教育价值观对于培养学生的个性至关重要。

培养学生的个性化发展，必须先培养教师的个性化发展，只有教师具备个性化的特征才能有学生的个性化。教师的个性化特征可以用教师的教学风格化特色化来定位。如果我们的教师都具有个性都具有教学特色及风格，学校的教育教学工作就必然有特色有风格，培育的学生也将有独特的个性风格。

4. 个性化教育与评价体系的关系

教育评价是对教育活动满足社会与个体需要的程度做出判断的工作。从目前人们对教育评价的观点来看，可以将教育评价视为根据一定的教育价值观或教育目标，运用可行的科学手段，通过系统地搜集信息资料和分析整理，对教育活动、教育过程和教育结果进行效果判断，从而不断自我完善和为教育决策提供依据的过程。

但是教育评价如何对个体化教育做出判断，取决于个体化教育是否符合评价体系的各项指标和培养目标。而个性化教育的评价应该是将评价对象的发展状态作为价值判断核心，不是简单地以固定的模式及技术手段对个体做出判断。

个性化教育的评价体系最终是对学习者个体的判断。进行科学的评价，需要一套完整的理论体系。

本章综述

通过对个性化教育的历史追溯，学习掌握个性化教育的内涵与本质，在分析个性化教育诸要素之间关系的基础上，理解个性化教育的特征。最后，本章对个性化教育的发展提出了各种思考。

学习了解中国个性化教育的理论研究过程，个性化教育在中国的实践动态，学会对中国个性化教育进行反思。

附录：

新闻：个性化教学案例

2015年5月海盐县向阳小学信息技术教学案例《玩转Scratch——让学生成为动画游戏的制作者》精彩亮相国际教育信息化应用大会。此次大会由中国教育部、联合国教科文组织、中国联合国教科文组织全委会主办，在青岛市举行，向阳小学和浙江省其他7所学校、3家教育局等共12个单位，成为此次浙江省参加全国展会的参展单位。

据悉，国际教育信息化应用大会是中国政府和联合国教科文组织合作首次召开的教育信息化大会，汇聚了各国教育官员、专家学者、校长、教师以及企业界代表，围绕"信息技术与未来教育变革"的主题，共同探索教育与信息技术深度融合的有效途径，促进信息技术在教育领域更加广泛与深入地应用，推动实施2015年新的世界教育发展议程。

在参展活动前，首先进行学校教学应用案例的撰写和申报，通过县、市、省级教育部门的层层筛选，最终向阳小学提交的案例获得全国参展的资格，案例名称确定为《玩转Scratch——让学生成为动画游戏的制作者》。经过前期的构想和策划，向阳小学在展板展示、材料撰写、程序设计、校本教材编印等方面进行了充分的准备，在5月21日晚完成所有现场展示内容的布置和调试，做好了迎接嘉宾参观的准备工作。

5月22日是全国教育信息化应用展预演。向阳小学展位迎来了浙江省教育厅刘希平厅长一行，刘厅长耐心地倾听了学校介绍，还高兴地拿起了学校主编的Scratch校本教材，兴致勃勃地观摩了向阳小学展出的迷你机器人。联合国教科文组织会议代表也来到了学校的展位，六年级的崔昊哲同学和五年级的姚嘉同学代表学校向国际友人介绍了学校Scratch开展情况，并用英语直接和国际友人对话，得到了嘉宾的赞许。

5月23日上午，国家领导人刘延东副总理亲临全国教育信息化展会，教育部副部长杜占元视察浙江展馆。下午，嘉兴市教育装备中心领导一行莅临向阳小学展区，耐心倾听向阳小学展出案例介绍，对"玩转Scratch"教学案例给予了充分肯定。海盐县教育局领导在向阳小学展位进行参观和指导，对向阳小学教学案例的展出表示了赞赏，此案例的展出也代表了海盐县教育信息化推进中取得成绩的一个方面，体现了向阳小学信息技术教学的特色。

据悉，向阳小学Scratch教学活动的开展，是学校持续推进信息技术与教育教学深度融合的重要内容之一，结合学生发展需求与学习兴趣，构建了游戏动画课程，让学生成为动画游戏的设计者和制作者。在建设过程中，向阳小学选择学生感兴趣的游戏内容，以"儿童的视角"，用"故事的形式"予以生动的呈现；对学生个性化的作品去粗取精，逐一分类，以达到简化教学难度、实现以点带面的效应；通过教师指导和同伴互助有效提升学生Scratch的学习能力，让学生像玩游戏一样熟悉Scratch的相关操作。Scratch的教学研究已经成为向阳小学信息技术教学的特色，不仅让学生获得了一种技能，还让学生在独立学习、自主解决问题的过程中获得了创造的快乐。

思考题：如何理解个性化教育的内涵与本质？

第八章　建构主义教育思想

> 学习目标
>
> 1. 了解：建构主义教育的产生与发展
> 2. 掌握：建构主义教育思想的理论观点
> 3. 学习：反思建构主义教育思想的理论和实践
> 4. 了解：建构主义思想对中国教育的影响
>
> 关键词：建构主义　建构主义教育　认知观　师生观　学习观

20世纪80年代，建构主义教育思想起源于欧美国家，源自瑞士皮亚杰的儿童认知发展的理论，对教育领域产生了深远的影响。建构主义认为：个体的认知发展与学习过程密切相关，利用建构主义可以比较好地说明人类学习过程的认知规律，即学习如何发生、意义如何建构、概念如何形成，以及理想的学习环境应包含哪些主要因素，等等。总之，在建构主义思想指导下可以形成一套新的比较有效的认知学习理论，并在此基础上实现较理想的建构主义学习环境。

第一节　建构主义教育思想的产生与发展

一、建构主义的起源

建构主义本是1913年沙俄艺术家和建筑学家新创的词汇，初与教育无涉。十月革命后，建构主义成为一种重要的新艺术潮流，被普遍用来描述一种认识论立场，其内涵和最初的建构主义已有很大的区别。它被作为一种社会学的研究取向，认为客观世界是通过社会建构而存在的，所以得名"建构主义"。

社会建构主义是在对国际体系的结构发生争鸣的背景下产生和发展起来的，并且成为20世纪90年代国际关系的重要理论学派之一。

从起源上看，社会建构主义注重以心理学为基础，把心态、期望、知识、信念等作为基本因素来解释个体与社会行为，代表了一种认知取向。建构主义重视存在的社会结构，对事物的分析过程要求严谨，富有逻辑性，观察现象与原因之间的复杂关系，提出行为体与体系结构间存在双向建构关系。社会建构理论强调建立严格的科学研究议程，提出能够证伪的科学假定，是以整体主义为方法论基础，以理念主义为本体论基础，以科学实在论为认识论基础，强调观念的重要意义，这是建构主义理论的基底。

从根本上说，社会建构主义承认客观存在的重要性，认为通过建立严格的科学研究议程，经过认真的科学验证，就可以获得关于社会的客观认识。建构主义这一系列实证性的研究都坚持了科学认识论的原则。

二、建构主义教育思想的发展

建构主义源自教育学，作为改进教学而提出的理论，主要目的在于了解各式活动如何引发孩童的自主学习，以及在学习过程中教师如何扮演支持者的角色。

1966年瑞士心理学家让·皮亚杰提出建构主义观点，是认知领域中最有影响的思想。

1970年皮亚杰发表《发生认识论原理》，主要研究知识的形成和发展。他从认识的发生和发展这一角度对儿童心理进行了系统深入的研究，提出认识是一种以主体已有的知识和经验为基础的主动建构，这正是建构主义观点的核心所在。他所创立的关于儿童认知发展的学派被人们称为日内瓦学派。皮亚杰的结构观和建构观认为，人的知识是在知识范畴和感性材料结合的基础上建构的，同化和顺应的认知过程说明了主体在学习活动中的能动性。儿童是在与周围环境相互作用的过程中，逐步建构起关于外部世界的知识，从而使自身认知结构得到发展。皮亚杰的理论充满唯物辩证法，从内因和外因相互作用的观点研究儿童的认知发展。

其他国家的学者也从各种不同角度发展了建构主义思想。

20世纪后期，针对传统的赫尔巴特教育思想的弊端和社会发展的要求，也基于人们对哲学、心理学和教育学的重新认识，建构主义的教学观盛行于西方，深刻地影响和引导着现实的教育教学。与传统的赫尔巴特"三中心"相反，建构主义强调人的主体能动性，即要求学习者积极主动地参与教学，在与客观教学环境相互作用的过程中，积极地建构自己的知识框架。著名教育家杜威的教育哲学也说明经验的中心应该是主体在有目的选择对象基础上的主观改造。维果斯基强调学习者的社会文化历史背景的作用，提出了"最近发展区"理论，其主旨在于学习者的学习是在教师有效指导下逐步发展的过程，揭示出教学的本质特征不是行为主义者所认为的"刺激—反应"，而是激发学习者尚未成熟的心理机能。美国教育家布鲁纳在其"认识是在旧知识结构之上建构新结构"的理论基础之上力倡发现法学习。

以上奠基建构主义理论基石的先驱们给现代教育教学有益的启示是：教学绝不是教师给学习者灌输知识、技能，而是学习者通过驱动自己学习的动力机制，积极主动地建构知识的过程，课堂的中心应该是学生而不是教师，教师在课堂教学中应该是引导者、促进者和帮助者。

柯尔伯格在认知结构的性质与认知结构的发展条件等方面作了进一步的研究。斯腾伯格和卡茨等人则强调了个体的主动性在建构认知结构过程中的关键作用，并对认知过程中如何发挥个体的主动性作了认真的探索。维特洛克提出学习的生成过程模式。乔纳生等提出非结构性的经验背景；现代建构主义中的"极端建构主义"、"个人建构主义"也都是建构主义的新发展。所有这些研究都使建构主义理论得到进一步的丰富和完善，为建构主义理论应用于教学实践奠定了基础。

三、建构主义教育思想的理论学说

建构主义也称结构主义，是认知心理学派的一个分支。建构主义理论的一个重要概念是图式，指个体对世界的知觉理解和思考的方式，也可以把它看作心理活动的框架或组织结构。图式是认知结构的起点和核心，或者说是人类认识事物的基础。因此，图式的形成和变化是认知发展的实质，认知发展受三个过程的影响：同化、顺应和平衡。

建构主义理论的主要代表人物有：皮亚杰、柯尔柏格、斯腾伯格、卡茨、维果斯基、布鲁纳。

1. 皮亚杰的建构学说

皮亚杰是瑞士认知发展领域最有影响的一位心理学家，他的建构主义基本观点是，儿童是在与周围环境相互作用的过程中，逐步建构起关于外部世界的知识，从而使自身认知结构得到发展的。儿童与环境的相互作用涉及两个基本过程："同化"与"顺应"。同化是指个体把外界信息整合到自己原有认知结构内的全盘接受的过程，顺应是指个体的认知结构因外部刺激的影响而发生改变的过程。同化是认知结构数量的扩充，而顺应则是认知结构性质状态的改变。个体通过同化与顺应这两种思维过程达到与周围环境的平衡：当儿童能用现有图式去同化新信息时，他处于一种平衡的认知状态；而当现有图式不能同化新信息时，平衡即被破坏，而修改或创造新图式（顺应）的过程就是寻找新的平衡的过程。儿童的认知结构就是通过同化与顺应过程逐步建构起来，并在"平衡—不平衡—新的平衡"的循环中不断丰富、提高和发展。

在皮亚杰的"认知结构说"的基础上，柯尔伯格对认知结构的性质与发展条件等方面作了进一步的研究；斯腾伯格和卡茨等人强调个体的主动性在建构认知结构过程中的关键作用，并对认知过程中如何发挥个体的主动性作了认真的探索。

2. 维果斯基的发展学说

前苏联教育家维果斯基提出的"文化历史发展理论",强调认知过程中学习者所处社会文化历史背景的作用,并提出了"最近发展区"的理论。维果斯基认为,个体的学习是在一定的历史、社会文化背景下进行的,社会可以为个体的学习发展起到重要的支持和促进作用。维果斯基区分了个体发展的两种水平:现实的发展水平和潜在的发展水平。现实的发展水平即个体独立活动所能达到的水平,而潜在的发展水平则是指个体在成人或比他成熟的个体的帮助下所能达到的活动水平,这两种水平之间的区域即"最近发展区"。在此基础上以维果斯基为首的维列鲁学派深入地研究了"活动"和"社会交往"在人的高级心理机能发展中的重要作用。所有这些研究都使建构主义理论得到进一步的丰富和完善,为实际应用于教学过程创造了条件。

3. 布鲁纳的认知学说

美国心理学家布鲁纳明确指出:学习是主动形成认知结构的过程。学习的过程实际上是学习者个体利用已有的认知结构,对新的知识经验进行加工改造并形成新的认知结构的过程。在学习中,新的知识经验不是纳入原有的认知结构(同化),就是引起原有的认知结构的改组(顺应),从而产生新的认知结构。这个过程不是被动地产生的,而是一种积极主动的过程。

学习者不是被动的知识接受者,而是积极的信息加工者。学习者的学习包括三个几乎同时发生的过程:(1)获得新信息;(2)转换信息,使其适合于新的任务;(3)评价、检查加工处理信息的方式是否适合于该任务。新知识的获得过程是它与已有的知识发生联系的相互作用的过程,是主动接受和理解的过程。新知识的转化是对它的进一步的加工,使之成为认知结构的有机构成部分并适应新的任务的过程。评价是指对新知识的一种检验与核对,看自己的理解与概括是否正确,能不能正确地应用。简而言之,学习者的学习认知过程就是对新知识的获得、转化和评价三个几乎同时发生的过程。

第二节 建构主义教育思想的基本观点

一、建构主义教育的认知观

建构主义认为个体的知识是由学习者建构的，人们对事物的理解不仅取决于事物本身，同时取决于建构者的经验背景和信念系统，事物的感觉刺激本没有什么意义，意义是人赋予的。更重要的是，人们会根据自己赋予的意义来解读世界，形成个体认知，每个人都以自己的认知做决策。知识是对经验的建构。我们都得用过去的经验来建构新的知识，学习过程是用原有知识解释新知识的过程，是基于经验探寻意义的过程。学员能把新知和过去的旧知结合起来，能够解释，并形成新的意义，说明他消化了新知。

建构主义的认知观认为：世界是人们感知和建构的世界，其哲学基础是主观理性主义哲学，它认为世界本来就是客观存在，所谓的秩序是人们按照自己的喜好建立的。激进建构主义者格拉塞斯菲尔德甚至认为：不否认客观的世界存在，但是没有人能够准确地描述这个客观世界，因为一描述就有了主观的色彩。建构主义和格式塔心理学有紧密的联系，格式塔心理学非常强调主观意识的能动性，强调认知是人们基于大脑中早已存在的各种痕迹，加上主观意识对这些痕迹的再加工，形成认知构图。学习者认知结构发生变化有两种途径或方式。同化是认知结构的量变，而顺应则是认知结构的质变。同化—顺应—同化—顺应……循环往复，平衡—不平衡—平衡—不平衡，相互交替，人的认知水平经此循环不断发展更新，就是人认知学习的过程。学习不是简单的信息积累，更重要的是新旧知识经验的冲突，以及由此而引发的认知结构的重组。学习过程不是简单的信息输入、存储和提取，而是新旧知识经验之间双向的相互作用，也就是学习者与学习环境之间互动的过程。

儿童与环境的相互作用涉及两个基本过程："同化"与"顺应"。同化是指把外部环境中的有关信息吸收进来并结合到儿童已有的认知结构（也称"图式"）中，即个体把外界刺激所提供的信息整合到自己原有认知结构内的过程；顺应是指外部环境发生变化，而原有认知结构无法同化新环境提供的信息时所引起的儿童认知结构发生重组与改造的过程，即个体的认知结构因外部刺激的影响而发生改变的过程。可见，同化是认知结构数量的扩充（图式扩充），而顺应则是认知结构性状的改变（图式改变）。认知个体（儿童）就是通过同化与顺应这两种形式来达到与周围环境的平衡：当儿童能用现有图式去同化新信息时，他是处于一种平衡的认知状态；而当现有图式不能同化新信息时，平衡即被破坏，而修改或创造新图式（即顺应）的过程就是寻找新的平衡的过程。儿童的认知结构就是通过同化与顺应过程逐步建构起来，并在"平衡—不平衡—新的平衡"的循环中得到不断的丰富、提高和发展。这就是皮亚杰关于建构主义的基本观点。

建构主义认知观指出：知识不是对客观世界的纯粹反映，也不能一次就绝对准确无误地概括客观世界的法则，它伴随着个体认知程度的加深而不断地变化与调整，提出新的解释和假设，并对出现的问题提供解决的方法。学习者对知识的理解是基于个体自身的经验背景而建构起来的。

二、建构主义教育的学习观

建构主义的学习观认为，学习是每个学习者自己的事情，每个学习者都带着自己固有的经验和信念来认知外界。学习者本身存在很大的差别，最终的收获自然会因人而异，每个个体都用自己的原认知消化和理解新知，由于个体的认知发展与学习过程密切相关，因此利用建构主义阐明人类学习过程的认知规律，即能较好地说明学习如何发生、意义如何建构、概念如何形成，以及理想的学习环境应包含哪些主要因素，等等。总之，在建构主义思想指导下形成了一套新的比较有效的认知学习理论，并在此基础上实现较理想的建构主义学习环境。

建构主义学习理论认为：知识不是通过教师传授得到的，而是学习者在一定的情境即社会文化背景下，借助其他人（包括教师和学习伙伴）的帮助，利用必要的学习资料，通过意义建构的方式而获得的。因此，获得知识的多少取决于学习者根据自身经验去建构知识、意义的能力。获得知识的学习并不是单一的对客观规律的反映，不是被发现，而是学习者个体为了适应环境，运用各种工具、手段组织自己的经验的结果。学习者对知识的获取取决于特定情况下的学习活动过程。否则，就不能理解，而是死记硬背或生吞活剥，是被动的复制式学习。

建构主义思想的学习观主张学习的过程是结构改变的过程，不是简单的信息积累；新旧知识经验的冲突，是学习者认知、诠释模式及问题解决策略的改变，引发学习者认知结构的重组。因此，学习是一个交流与合作的互动过程，是个体主动建构认知体系的过程。教学不应该是传授知识的活动，而应该是帮助学习者建构意义的过程，要结合学习者已有的知识经验、教材提供的学习内容，是学习者主动建构的对象，媒介不再是教师传授知识的手段，而是学习者主动学习、合作学习的认知工具。

三、建构主义教育的师生观

建构主义理论中，教师的角色是把学习者原有的知识经验作为新知识的生长基点，引导学习者从原有的知识经验中，生长出新的知识经验。教学不是知识的传递，而是知识的处理和转换。教师不是知识权威的象征，不是知识的呈现者，而是注重学习者自己对各种现象的理解，倾听学习者对自己理解的诠释，思考学习者想法的由来，并以此为据，引导学习者丰富或调整自己的观点。

1. 教师的角色

教师的角色是学习者建构知识的支持者，教师的作用从传统的传递知识的权威转变为学习者学习的辅导者、高级伙伴或合作者。教师应该给学习者提供复杂的真实问题。学习者不仅必须开发或发现这些问题，而且必须认识到复杂问题有多种答案，激励学习者思考解决问题的多重方案，这显然是与创造性的教学活动宗旨紧密吻合的。教师必须创设一种良好的学习环境，学习者在这种环境中可以通过实验、独立探究、合作学习等方式来学习。教师必须保证学习活动和学习内容保持平衡，提供给学习者元认知工具和心理测量工具，培养学习者评判性的认知加工策略以及自己建构知识和理解的心理模式。教师应认识到教学目标包括认知目标和情感目标，教学是逐步减少外部控制、增加学习者自我控制学习的过程。

教师要成为学习者建构知识的积极帮助者和引导者。教师的任务应当是激发学习者的学习兴趣，引发和保持学习者的学习动机、积极性。通过创设符合教学内容要求的情景和提示新旧知识之间联系的线索，帮助学习者建构当前所学知识的意义。为使学习者的意义建构更为有效，教师应尽可能组织协作学习，展开讨论和交流，并对协作学习过程进行引导，使之朝有利于意义建构的方向发展。

教师与学习者、学习者与学习者之间需要共同针对某些问题进行探索，并在探索的过程中相互交流和质疑，了解彼此的想法。由于经验背景的差异，学习者对问题的看法和理解经常是千差万别的。其实，这些差异本身就是宝贵的资源。建构主义虽然非常重视个体的自我发展，但是也不否认外部引导，亦即教师的影响作用。建构主义教学比传统教学要求学习者更多地管理自己学习的机会。教师应当使机会永远处于维果斯基提出的"学生最近发展区"，并为学习者提供一定的辅导。

2. 学习者的角色

学习者是教学活动的主体和知识的自主建构者。建构主义要求学习者面对复杂的真实世界，在复杂的真实情境中完成任务，因而需要采取新的学习风格、新的认识加工策略，形成自己是知识与理解的建构者的心理模式。建构主义思想要求学习者要用探索法和发现法去建构知识的意义。在建构意义的过程中要主动搜集和分析有关的信息资料，对所学的问题提出各种假设并努力加以验证。要善于把当前学习内容尽量与自己已有的知识经验联系起来，并对这种联系加以认真思考。联系和思考是意义建构的关键。它最好的效果是与协商过程结合起来。

第三节 建构主义教育思想理论和实践的反思

建构主义的教育思想对教学实践活动影响至深，许多教育者逐渐认同建构主义的学习理论，认同学习者的背景知识对其学习的深远影响，即学习者运用已有知识，与同伴进行创作型的沟通交流，加深对教学内容的理解，找出解决问题的途径。建构主义学习理论大大提高了学习效率，但是当建构主义教育思想真正运用于课堂教学时，仍然面对许多挑战。

一、建构主义教学模式对传统教学体系的挑战

首先，在传统教学模式中，以教师为中心，教室越安静越有秩序，就越有可能发生学习行为。教室成为被老师的权威占据的空间，学习者被要求完成相同的基于技能之类的任务，以保证学习的一致性，标准的结论潜藏于这一环境的每一个地方。教师在教学中缺乏批判精神、怀疑精神、创新精神，学习者在学习中也必然形成严重的思维惰性和依赖性，缺乏质疑和批判能力，导致创新能力缺失。而绝大多数教师都是在这样的思想指导下成长起来的，形成了固有成型的以教师教和学生学为主要形式的模式。从根本上说，传统教学模式与建构主义教育思想大相径庭。

其次，建构主义对教学方式提出的挑战表现在教师对教学主题的理解上。学习者理解一个教学主题可以有多种方式，所以教师必须在熟练掌握教学主题的基础上，探讨理解这些主题的各种方式。学习者在学习过程中总会主动建构或组织知识，而不是简单地从教师或书本中吸收知识。教师的教学技巧应该适合于学习者构建知识的过程。不管运用何种教学方式、教学技巧，都应该努力配合学习者的思维，而不是支配学习者的思维。由于建构主义教学要求学习者个人建构知识，并提倡合作学习，学习者活动就有较大的自由度。因此，要求教师对分散的学习环境有较强的监控和管理能力。

再者，建构主义教学要求在课程、时间安排和教学评价等方面做较大的改变，这对教学管理提出了挑战。当学习者面对问题解决和教师帮助指

导学习时，教师会发现建构主义的教学方法将使教学时间超过规定的课时，这常常意味着教师不得不同管理者以及其他教师协商进行课程整合，为教学管理和正常授课带来很大的不便。同时，由于建构主义的教学形式和要求与传统的教学相比有较大的变化，允许学习者理解的多样性，所以教学评估的方式也应作相应的调整，这些似乎与传统评价标准是不相容的，在实践中很难有操作性。

二、建构主义教育思想对教师主导地位的挑战

在传统教学中，教师发挥主导作用的同时往往忽视了学习者应有的主体地位，而且老师越主动，学习者就越被动。这种"以教师为中心"的教育思想，优点是有利于教师主导作用的发挥，有利于教师监控整个教学活动进程，有利于系统科学知识的传授，有利于教学目标的完成；不足之处是由于长期"重教轻学"，忽视学习者的自主学习、自主探究，容易造成学习者对教师、对书本、对权威的迷信、依赖和懒惰，缺乏发散思维、批判思维和想象力。

以美国为首的西方国家教育思想历来倾向"以学生为中心"。从20世纪初开始，杜威就大力提倡"以儿童为中心"、"以活动为中心"，到20世纪五六十年代，布鲁纳大力推动"发现式学习"，其核心思想也是鼓励学习者的自主学习、自主探究。对教师主导作用忽视的直接后果就是学习者基础知识的削弱，在教育信息化条件下美国中小学教学质量不仅没有提升，反而有较大幅度的下降。

尽管建构主义提倡"以学生为中心"，但是建构主义教学设计的每一个环节要真正落到实处，都离不开教师主导作用的发挥，教师的主导作用就靠学习者的主体地位来体现。所以，教师主导作用的发挥和学习者主体地位的体现二者不可或缺，而建构主义教育思想应当是把"以教师为中心"和"以学生为中心"这二者结合起来，既要充分发挥教师的主导作用，又要突现学习者在学习过程中的主体地位，即要主导、主体相结合，否则会片面理解建构主义教育思想，给实际教学活动带来负面影响。

三、对建构主义教育思想的反思

在半个世纪以前，建构主义的理论基础是由皮亚杰和维果斯基等学者奠定的，但是这种理论开始在世界范围流行并产生日益扩大的影响，却是在20世纪90年代以后。

建构主义之所以在当代兴起，与多媒体及网络技术（尤其是Internet）的逐步普及密切相关。正是多媒体与网络技术为建构主义所倡导的理想学习环境提供了强大的物质支持，使之得以实现，才使建构主义理论走出心理学家的"象牙塔"，开始进入各级各类学校的课堂，成为支持多媒体与网络教学以及"信息技术与学科课程相整合"的重要理论基础。

建构主义之所以成为主要的教育思潮，离不开多媒体与网络技术（尤其是Internet）的支持。反过来，当代的"网络教育"以及"信息技术与课程整合"之所以在全球范围有如此巨大的影响，也与建构主义理论的指导分不开。特别是在有信息技术支持的教学环境下（即有多媒体或网络技术的支持，或是同时有这两种技术支持的教学环境下），通过建构主义理论的正确指导，确实可以有效地培养青少年的创新精神、创新能力与合作精神；而这恰恰是21世纪人才应当具备的最重要的素质——这已成为当前国际教育界的基本共识。正因为如此，从90年代初到90年代中后期，即从建构主义开始兴起到达到鼎盛时期，西方学者对建构主义一般都是积极倡导、广泛赞扬与大力支持。

但是随着国际教育技术界教育思想观念的转变和对Blending Learning新含义的认同，在西方（尤其在美国）教育界，近年来从教育行政部门的高层主管到一般学者乃至教师都对建构主义产生了质疑。

许多学者对近10年来世界范围内教育技术的发展进行更冷静的观察和更深层次的思考，以及近年来教育技术理论与应用发展的现实，都引发我们对建构主义作进一步的反思。

在知识观上，建构主义需认可相对的客观真理的存在，知识不应是个人的信念，而应具有相对的普遍性。个人或群体所建构的认识既植根于客观世界，就可通过实践来检验其认识的真理性，实践仍然是检验真理的唯一标准。

在学习观上，建构主义需尊重多样化学习的现实，认识到在主动学习之外还有被动学习、内隐学习的存在，因此对前人所建构的知识体系可通过自主探索和吸收汲取的方式来学习。同理，作为学习方式的一种，情境式学习有自己的适用范围，不应无视年龄、性格、学习内容等因素的不同一概而论。

无论是建构式教学还是传统教学，都各有利弊，应因时、因地、因人而异。建构主义思想把个体建构、社会文化背景、多媒体技术、新旧经验之互动和社会性交互相互补充、互通有无。若将这种理念综合为一体，形成一种统一的建构主义理论，必然会作用于建构主义教学的实践。认可个体学习确实能建构知识，又肯定个体间交流合作也能实现知识建构，则会极大地推动建构主义理论的统一。

因此，建构主义思想应通过对自身理论的反思，实现建构主义与其他理论体系的兼容；通过建构主义理论内部各学派的沟通互助，实现建构主义理论内部的磨合与统一。在内外两方面的作用下，建构主义可从理论层面实现发展，更能彰显其进步性和优势。

第四节　建构主义教育思想对中国教育的影响

建构主义思想作为20世纪国际教育界的一种新的主流思想，对中国的教育教学理论与实践的影响深远，改变了中国教育传统的师生观、教学观、学习观，对教育改革有着明显的积极意义。

一、师生观的改变

1. 树立以人为本、以学生为本的教育理念

中国传统的教育思想历来倾向以教师为中心，"为人师表"，"师道尊严"，"传道、授业、解惑"。我们祖先留传下来的良好师德，也是以教师

为中心的传统教育思想的真实写照。建构主义教育理念改变了中国传统的"传授—强化—记忆"的教学过程,变学习者被动接受、被动学习为主动学习、探究学习的过程。学习者的主体性由被忽略的角色转变到主体的地位。

进入到21世纪数字化时代以来,随着学习者知识水平、理论水平的不断提高,实践经验的不断丰富,在以人为本的观念影响下,传统理念已不能适应现实的需要。

建构主义教育理念转变了中国传统的"师道尊严"的观念,以学习者为学习主体,以学习者为中心,把学习的主动权交给学习者,让学习者在一个宽松、欢乐的环境中自己去发现问题、剖析问题,最后解决问题,从中发现总结出规律。建构主义教学的本质是以人为本,关注学习者,教师是组织者、引导者而不再是教学最重要的主体,主体的位置转换到学习者身上。尊重学习者个体的观点与个性,把学习者看作一个发展的、能动的个体,是对传统教学个体发展观的突破与超越,是对传统个体发展遗传决定论、环境决定论、社会决定论的一种扬弃。

2. 树立自主建构的理念

教育教学活动,归根结底是一种帮助和促进人发展、提升自身能力的过程,而建构主义思想作为一种发展性教学理念,更适应教育教学规律。教育教学活动培养学习者能力,使每一个学习者遵循逻辑思维且条理清晰地思考,参与获得知识的过程。

建构主义主张"认识是一个过程,绝不是一个结果",把学习看作不断建构和永恒发展的过程。主体按照自身的知识结构同化、顺应从而建构自身的知识体系,使知识体系的内容不断丰富与创新;而客观世界的不断发展又使主体不断扩展自己的知识容量,提高认识能力。这种发展是人与自然和谐发展的动态发展进程,旨在促进学习者学习,提倡在学习者的学习发展过程中,不断培养学习者对知识、技能的理解、运用以及训练学习者的思维能力与品质。

3. 树立合作学习的理念

建构主义认为，每个学习者以自己已有的知识经验为背景构建的对事物的理解存在着差异性，因此，在教学过程中，教师与学习者需要双向互动，学习者之间也要相互交流，要合作学习、交互学习。

学习不仅是一个认知过程，也是一个开放的交流和合作的过程。由于接受教育的学习者有着不同的文化背景和社会阅历，他们对学习的内容和问题的解决有着不同的观点。因此在教学过程中，要通过合作和讨论的方式，教师和学习者以及学习者之间共享和交流对同一问题的不同看法、不同认识、不同理解，增强彼此之间的了解，弥补自己的不足，从而形成更加丰富、正确、全面的理解。

二、教学观的改变

"基于问题学习"是建构主义所提倡的一种教学方式。它是由师生根据教学内容，联系生活实际提出问题，在教师的指导下通过个人和小组搜集材料、提取信息、处理信息、合作研究、探索解决问题的学习方式，为学习者提供交流、合作、探索、发展的平台。学习者在教师创设的情境下，借助已有的知识和经验，主动探索，积极交流，建立新的认知结构。

在教育教学实践中，建构主义教育彰显了主要特性：

1. 教师的指导性

实践证明，教师与学习者之间的情感联系与促进教育实效息息相关。作为教师，对学习者自身建构的水平有限的基础，对于学习者的疑惑不再应付或回避，而是真心帮助解答；对于学习者生活学习中的困难，也主动积极帮助解决；甚至学习者在走向工作岗位后有所请教，也都可以联系实际用心帮助。

2. 教学的严谨性

一方面，教师主动摸清学习者底数，注重掌握学习者求知的需求点、理论的困惑点和思考的兴奋点，以提高教学中说理讲解的针对性；另一方面，精心设计教学，注重把理讲透、把理讲真和把理讲明；再者，要注意搞好答疑，对于不易理解或难以把握的理论点，及时有重点地给予答复。

3. 教学的多样性

经典案例以其理论实践化、说理形象化特点，在教学中发挥着举足轻重的作用。针对学习者如何操作、使用的问题，注重搞好调查研究，广泛收集案例材料；围绕教学目标注重案例加工修改，提高案例的针对性、生动性和真实性。通过案例教学将理论知识的传授有效转化为学习者的思考和智慧，教师主动帮助学习者把所授理论变成其日后工作的思路和方法。

教师依据教育教学目标和标准，启发学习者探索学习对策，以提高学习者发现问题、分析问题和解决问题的本领。

4. 教学的实践性

建构主义思想观念克服了课堂教学局限性，探索情景模拟、实地锻炼和现场教学等办法，使教学内容、问题构设、背景条件更接近生活实际，增强了教学的现场感和实践性，从而培养学习者成为理论的智者、实践的能手。

三、学习观的改变

建构主义强调学习的主动性、实践性、创造性和社会性，并对学习与教学提出了许多新的见解和思想，它对教育教学的诸多方面都具有深远的影响。

1. 学习的主动性

建构主义强调学习者的主体地位，尊重学习者的个性化特点，主动适应学习者的学习需求设计教学形式、筛选教学内容、分配教学时间，对于提高教育教学效果，促进学习者能力的提高发挥着积极作用。

建构主义的主动适应不是一味迎合，而是按需施教，是适应学习者的理论需求，尽力满足其兴趣需要，把教学课变成论理说事的论坛，倡导教学的核心价值的主旋律，以生活的实际内容诠释科学理论，因此，学习的主动性的关键是投其所求、按需施教，充分了解和掌握学习者教学需求，注重以问题牵引思路，才是学习者欢迎的、真正需要的。

2. 学习的实践性

建构主义学习处理好情况诱导设置与启发多维思考的关系。倡导互动式、共享式和协作式教学，就某一问题在教师的主导下，启发学习者在主题探讨式互动、归纳问题式互动及经典案例式互动中，不断澄清思想认识、巩固学习成果，强化教学效果。

在教学中，不是刻意谋求形式上的互动，而是根据问题研究的本身，使互动讨论的优势真正发挥出来，问题研究透彻，教学的目的也就实现了。

因此，搞好互动讨论不能舍本逐末，关键是教师要精心准备，把握知识的思想点、问题的矛盾点以及学习者思想互动的碰撞点，科学合理地设置讨论题目，启发学习者自主思考，构建讨论空间，努力实现教师与学习者之间、学习者与学习者之间的理论与实战、授受与反馈的协调统一。

3. 学习的创造性

建构主义教育落实"教为主导，学为主体"的要求，是适应教育特点规律、尊重个性教学的有效途径。这种教育思想与教学环境为学生提供了良好的自由发展空间，也对学生的创新精神与创新能力的培养大有好处。这种教学对教师的综合能力提出了更高要求，教学实施过程中，注重加强过程控制，也要运用教师智慧，发挥创造性，做到既不影响教学秩序也不影响教学内容的传授，以期达到教学目的和要求。

学习的创造性体现在学习者主动基于以往的经验，依靠其认知能力，形成对问题的解释，并提出他们自己的假设。这些经验和知识包括大量的概念、先见、选择性框架等，这些都是学习者学习新知识的唯一基础。学习者的自觉能动性，突显出他们在学习活动中的主体价值。学习者并不是把知识从外界搬到记忆中，而是以已有的经验为基础，通过与外界的相互作用来建构新的理解。

本章综述

通过本章的学习，了解建构主义的起因与发展，及在发展过程中的基本理论学说，对掌握建构主义思想的基本主张有感性的认知；通过对建构主义教育过程的反思，分析了建构主义教育对传统教育体系的挑战；同时也了解了建构主义教育思想对中国教育的影响。

附录：

知识拓展

皮亚杰的基本观点是建构主义的认识论，他认为知识既不是客观的东西，也不是主观的东西，而是个体在与环境交互作用的过程中逐渐构建的结果。为此，皮亚杰认为知识发展受三个基本的过程的影响，即同化、顺化和平衡，他认为个体每当遇到新的刺激后总是试图用原有图式去同化，若获得成功，便能得到暂时的平衡，如果原有图式无法同化环境刺激，个体便会作出顺化，即调节原有图式或重新建立新图式，直至达到认识上的新平衡。

对于学习的看法，皮亚杰提出学习从属于发展、知觉受制于心理运演、学习是一种能动建构的过程、错误是有意义的学习所必需的、否定是一种有意义的学习五个观点，其中在学习是一种能动的建构过程中，他提出学习并不是个体获得越来越多外部信息的过程，而是学到越来越多有关他们认识事物的程序，即建构了新的认知图式，皮亚杰认为儿童在解决问题时如果能将知识同化到他已有的认知图式中，知识就不会很快被遗忘，但这种同化只有在儿童积极参与建构时才有可能发生，认知方面的积极参与，并不意味着儿童仅仅是摆弄某种材料，而必须在心理上积极参与才行。所以，学习所关注的，应该是儿童主动的心理建构活动。

思考题：评述一下对建构主义教育思想理论和实践的反思。

第九章　后现代主义思想教育

> 学习目标
> 1. 了解：后现代主义思想教育产生的背景及发展
> 2. 分析：后现代主义思想教育的理论倾向
> 3. 把握：后现代主义思想教育的基本主张及其变革
> 4. 了解：后现代主义思潮下的中国教育及启示
>
> 关键词：现代主义　后现代主义教育　单一化　多元化　启示

资本主义国家在完成工业化任务之后，进入"后工业社会"即后现代时期。后现代主义是20世纪60年代伴随后现代社会适应科学技术革命发展需要的产物，是西方社会出现的以反传统哲学为特征的社会思潮和文化思潮，也是对现代文化哲学和精神价值取向进行批判和解构的一种哲学思维方式和态度。后现代主义反映了人类对现代社会的反思。

第一节　后现代主义产生的背景及发展

一、后现代主义产生的背景

1. 现代主义的界定

现代主义从历史发展的层面说，是一个历史断代术语，是指"中世纪"或封建时代以后的时代。

从社会层面来说，现代主义与资本主义的产生、发展相伴随。文艺复兴以后，现代性逐渐成为西方各国经济、政治、文化和社会思想潮流的主轴，贯穿于所有社会制度、组织架构和发展政策中，成为主导经济、政治和文化等领域的价值趋向和思维范式。它推崇人道主义和理性主义，推崇知识和科学在社会发展中的作用。

从文化的角度来说，现代主义是1914年前兴起的新艺术与文学风格，艺术家为了反抗19世纪末期的叙事成规，用一种他们认为感情上更真实的方式，来表现真正的感受与想法。20世纪以来，具有前卫特色、与传统文艺分道扬镳的各种美术流派和思潮，又称现代派，摒除传统是其最重要的变革之一。

德国社会学家哈贝马斯认为："现代是指一系列的累积和互动的过程：资本形成和资源流动；生产力发展和劳动率提高；集中化政治权力的建立和国家认同感的形成；政治权力参与、城市生活和正规教育的多样化；价值和原则的世俗化。"现代性与传统相对立，具有革新、新奇和不断变动的特点。现代性推崇理性，把它视为知识与社会进步的源泉，视为真理之所在和系统性知识之基础。人们深信理性有能力发现适当的理论与实践规范，依据这些规范，思想体系和行动体系就会建立，社会就会得到重建。现代社会可以用很多概念来描述，如机械化、工业化、城市化、法制化、民主化等。这些特点把现代社会与前现代社会或传统社会区别开来。

2.后现代主义发展的背景

20世纪末，制造业经济占主导地位的社会转变为服务性经济占主导地位，以专业技术人员为核心的中产阶级取代企业主成为社会支柱，旧的等级制度受到挑战，大众文化成为文化进程的主旋律，时代意识和大众生活方式的文化模式逐渐淘汰了理性和精英崇拜。信息技术的出现极大地促进了后现代思潮的发展，计算机改变了人类的时空观念，多媒体和虚拟现实技术打破了真实和虚幻的界限，表明当今社会进入"后工业社会"时期。现代社会的经济化所导致的对社会文化危机的思索与批评是后现代主义思想的重要内容。

信息时代的来临和知识经济的发展，人类的主体性、个体性的张扬，世界政治、经济和个人生活的多元化，已经成为不可逆转的历史潮流。这种多元化的发展趋势使得原有的一元化社会秩序开始动摇，以往一元化的封闭体系受到巨大挑战。全球社会现象逐渐由一元或二元转变为多元形态，政治、经济、科技、文化的发展变化无不表明世界格局趋向多元化。后现代主义所标榜的"反对实质化""去中心""不确定性""反整体性""零散性"等术语，无不体现了这种社会多元化趋势的影响。

后现代主义的产生也来自于人们对社会生存危机的反思。现代社会人们面临着各种生态危机，从空气、水体、噪声、光等的传统污染扩张到绿化面积减少、沙漠扩张、核能危机、地球温室效应等；民族主义、种族主义、恐怖主义和极端宗教势力冲突激化。工业革命以来，科学给社会带来了物质利益方面的巨大进步和发展，以至于人们对科学技术的作用产生了片面的、肤浅的看法，认为科学技术可以解决人类所有的问题。随着人们对科学技术副作用认识的加深，对科技理性的怀疑也逐渐成为思想界的思考主题，以怀疑和否定为思维特征的后现代主义思潮应运而生。

后现代主义是在以上社会背景下出现的颇具前卫色彩的哲学和文化思潮，后现代主义哲学是对17世纪以来西方"启蒙哲学"的反思：现代主义片面地理解人的理性，以理性为导向使人等级化、知识等级化。后现代哲学也不再承认权威的存在，放弃了指向中心性的交流和共识，而走向差异和多样化。

二、后现代主义的发展

从语源学的分析研究上看，1870年英国画家查普曼在其举行的个人画展中首先提出了"后现代"油画的口号。他用"后现代"一词来表示对当时法国印象派"前卫"画派进行超越的批判与创新精神。

后现代是指西方现代社会之后的所谓"后工业社会"，后现代主义首先在欧洲大陆产生。20世纪中期以后，大部分发达资本主义国家已经完成工业化的任务，进入"后工业社会"或称信息时代，也就是后现代的时期。

20世纪60年代后期,后现代一词被广泛使用在建筑学领域,建筑师们用来表示对传统人文主义艺术本质与功能概念的反叛,以及排除高雅艺术与低劣艺术、新艺术与旧艺术的界限。

美国哲学家罗蒂将德国哲学家海德格尔、美国哲学家杜威、英国哲学家维特根斯坦看作后现代主义哲学的来源。1965年法国哲学家阿尔都赛出版了《保卫马克思》一书。1979年法国利奥塔在他出版的《后现代状况:关于知识的报告》中提出"'后现代'定义为'对元叙事的怀疑'",对现代理性主义哲学将知识的合法性建立在"元叙事"之上的规范模式提出了挑战,标志着法国后现代主义思潮的形成。德国哲学家哈贝马斯与利奥塔就"现代性"与"后现代性"问题的论战,促进了后现代主义在欧洲的发展,并直接影响了后现代主义思想理念的分化。

随后,在美国形成了以解构主义为特征的后现代主义思潮,取代法国而成为后现代主义思想的大本营。美国后现代主义代表人大卫·格里芬在其《后现代科学》中把后现代主义分为解构性的后现代主义和建设性的后现代主义两种。他明确指出:"解构性的后现代主义其理论的主要特征是怀疑性和否定性,反对任何假定的'唯一中心''绝对基础''纯粹理性''等级结构'等,目的在于摧毁传统的封闭、简单、僵化的思维方式。"建设性的后现代主义最大的特征在于建设性,倡导开放、平等,注重培养人们"倾听他人""学习他人""宽容他人""尊重他人"的美德,鼓励多元的思维风格,倡导对世界的关爱、对过去和未来的关心,提倡对世界采取家园式的态度。

现代社会尽管取得了前所未有的物质成就,却是一个物质和技术至上的时代,以破坏人类的生存环境与和平理想为代价,人的自由和自主受到了压抑。后现代思潮反映了人类在现代社会中的感受,是对现代社会的质疑性反思。

近现代西方文化追求理性至上以及工业社会快速发展的社会现实,把现代教育归结为"精英教育",而后现代教育思想作为整个后现代思潮的一部分，对教育的"现代性——精英教育"进行了深刻的反思，使教育更加适应"后工业社会"的发展。

"后现代教育"的模式从以信息技术、科技为特征进入到学习化的后工业社会，展示了与前现代教育迥然不同的教育理念。

第二节 后现代主义教育思想的理论倾向

后现代主义者在理论上有不同的倾向和观点，强调非理性、差异性、反思和批判精神，倡导多元化方法论。对现代主义的反思和批判，直接影响着教育的研究和方法，引发教育家们深入地思考后现代的教育理论问题。不同的后现代教育理论在政治和意识形态倾向性上有各自的视角和立场。

一、倡导批判性的教育研究理论

后现代主义者认为，以往教育家的经验导向始终影响着其后教育研究者研究的方向、方法和成果等，后现代主义的思维模式是主张放弃现象与本质、主观与客观之间二元对立的看法及对事物本质和真理的追求，对教育研究的积极意义在于破除教育的权威导向，采用多向度的视角和多元化的研究方法来研究教育问题。

后现代主义者希望在教育研究中使用崭新的话语，以教育话语的创新促进教育研究的发展。后现代主义协助教育家揭示隐藏于陈述过程中权力的隐蔽轨迹，促使教育者确定认识论的基本主张，在经验科学中有关真理和合法性断言中，剥开那些遮蔽着实证主义者的意识形态神秘外衣。因此，教育方法研究要通过解除科学研究范式的束缚来开阔研究者的视域，避免简单化、机械化的思维方式和套用一元论的方法论，主张从多视角和多向度进行教育研究，重新对教育目的、制度安排和课程改革等具体问题进行探讨，进一步拓宽教育研究的领域。

后现代主义质疑教育理论的系统性，尤其是实证论和经验主义的论点。反对建构宏大完整的教育理论体系，因为这种构建是与整体性、确实性和连续性等现代合法性神话联系在一起的，不可能也没有必要。

后现代教育理论反对任何人为设定的理论前提和推论，强调真理具有多重性，突出理论创新的精神，倡导批判性的教育研究，为教育理论发展清除了形而上学的障碍。在后现代语境中，美国教育学家亨利·吉鲁极力把后现代主义、"新"马克思主义、"后马克思主义"和批判理论等整合起来，试图建立一种教育的后现代理论，这就是"批判教育学"。后现代主义通过揭露现代教育理论的弊端，强调教育理论可以有不同的阐释方式，提出具有批判特征的教育观点和理论。后现代主义教育论者希望从各种边缘立场出发为教育理论提供被某些视角所遗漏的洞见，因此，后现代主义对教育理论的贡献之一就在于转变了研究思路和研究方法，促进了教育理论的批判性发展。

二、重视个性的特质及非理性的培养

现代主义主张理性至上及理性权威，但是后现代主义则批评它的理性主体观念和研究范式，认为理性的权威性是不合法的，因为它忽视了非理性的存在，指出理性主义的错误就在于把理性夸大为唯一的、无限的方法。因此，后现代主义主张对理性进行"除魅"，坚信理性和非理性都是人性，尊重人性就必须肯定人的非理性存在。同时，主张摆脱僵化的形式理性，提倡多元的价值观和研究方法。

后现代主义同时也对以人为中心和主体性的理念进行解构，认为个体并非生来就是一个具有各种属性的自足的实体，个体与躯体、自然环境、家庭、文化的关系等，都是个人身份的构成性的东西。主体性被解读为复合的、多层次的和非统一的。

后现代主义者认为，主体与客体之间并非理性主义所强调的相对关系，而是人与人之间的内在本质关系，主体间性是主体间的相互理解与融通关系，包含主体之间的种种关系。主张用"主体间性"替代现代理性主义中的主体性，重新建立人与自然、人与社会的内在关系，恢复人的生活的内在价值和信仰的力量，因为它的存在既制约教育主体的认识，也引导教育主体的行为。这不仅丰富了人的主体性内涵，而且是对现实生活世界中的人的重新认识。

后现代主义对理性的批判和主体性的解构，从某种意义上可以说是主体自我认识的深化和人类自我意识的新觉醒，这无疑是对以人的发展为对象的教育研究提供一个新的视角。由于人作为理性和非理性有机结合的生命体，存在多种需要和多种发展的可能性，教育研究就应该避免将教育视为一种单纯传授理性知识和发展理性能力的活动，重视人的特质和非理性因素培养问题。研究教育的问题就应该将教育视为一种以精神交流和意义建构为主要目标的人的生活，关注生活与教育的密切联系，重视教育过程中的主体间性。

在研究知识与教学、课程与学习、师生关系、智力与人格的发展等一系列教育问题上，受到后现代主义的影响，教育研究更加重视人与社会和文化之间密不可分的联系，揭示教育活动的完整性和多样性的特征。

后现代主义倡导平等、互相尊重与理解，强调主体间性对主体的认识和行为的制约，使教师的专业发展和反思性教学成为教育研究的新课题。

后现代主义注重对人的非理性因素和主体间性的研究，认为现代教育培养全人的目的观有悖于人的本性，塑造学生主体性实际上是使学生成为某种特定类型（包括全人）的主体。

后现代教育理论就是解构现代教育目的观，强调教育应该是能够使人们认识自己和他们的生活世界，学会思考和形成批判意识，并在实践中改造自己和世界，体现教育理论重视人的价值和生命力。后现代教育论者正是以此探索新的教育目标和课程、教学的改革等理论问题，将教育过程视为师生交往和互动的过程，重视以语言为交流媒介的教师与学生的相互作用，强调培养学生的批判能力和创造力应该成为当代教育家的共识。

后现代主义为教育家提供很多不同的见解，这些见解已成为宽泛的学校教育理论和批判教育学的组成部分。因此，随着解放的教育学和批判教育学逐步为广大教师所接受，教育理论逐渐向解放式的教育学方向发展。

三、关注教育的情景性、多变性和差异性

现代主义线性的同一性的研究范式，在教育研究中将自然科学的研究方法当作唯一正确的范式，对客体进行精确的分析、量化，以确定的因果关系的研究程序，对教育活动做出客观的、必然的和普遍的解释。这样做是忽视教育本身所具有的价值性和差异性，因而并不适合于教育研究。

后现代主义认为：一切知识都是社会建构的，通过社会过程获得它们的意义，而且意义是因时、因地、因人而异的，意义和观点也具有可变性，根本不存在一个普遍的规范和基础以及超越社会群体之上的普遍性。因此，后现代主义强调社会生活中的相对主义、特殊主义、情境主义。

在教育研究上认同人文主义的研究范式，认为研究的焦点应该转向主体群之间的活动和关系，而不是集中于认识主体和意识内容上，重视文化的地域性和偶发性。主张用"情境性"代替"普遍性"，以语言范式取代以往的意识范式。在吸收各种各样的研究方法的同时，提倡质性的研究，要求教育研究者透过批判性的反省，去了解教育经验背后的真假意识，进行陈述与体验的研究，并且强调对同一教育现象可能有不同的阐释方式。

后现代主义强调差异性和提倡多元性，主张从个体的差异性出发建立一个开放的、多元的教育，塑造具有丰富内容的自由个性的主体，使教育成为能动的教育。后现代教育家从开放和多元的研究视角出发，关注教育的情景性、多变性和差异性，强调研究者要关注微观层面上的教育细节和边缘地带的问题，从人文学的视角重新思考教育的性质、使命和价值，重视个体的异质性和多元的价值观，处理好教育与多元文化的关系问题。

在教育研究方法的运用上，重视对各种研究方法的整合与协调，采用多样化的研究方法和允许不同结论的存在，促进了教育研究方法和成果的多样性。在研究过程中不断地进行反思批判，开创教育研究的新领域，使得教育研究的成果真正有力地指导教育实践。这是后现代主义对教育研究的特殊贡献。

后现代主义注意到社会和人的发展的多样性需要和差异性，将社会作为教育的对象加以多元化的改造，促进了教育理论的多方面发展。后现代主义教育理论主张，教育作为培育人格、建构人生意义的社会活动，应该关注人生的多方面价值和意义的实现，通过对现代的教育目的观的反思，批判传统的英才教育观，主张培养学习者的社会批判意识和能力，认为教育最重要的目标就是促进学生对社会的认识和了解，建立各种社会责任感；重视人与人之间的相互理解和学生批判意识的培养，丰富了道德教育理论；后现代主义批判现代课程以元叙事为基础的学科中心论，过于注意学科知识的历史性、逻辑性，而忽视了学科间的横向联系。后现代课程和教学理论认为知识并非产生于对普遍真理和共识的赞同，而是产生于对现存范式的怀疑和对新范式的发明。

后现代主义所强调的解构与建构精神都反映在教育研究和理论上，它们倡导教育研究视角和研究方法的多样性、差异性和多元化，使教育研究呈现出尊重人的价值、生命和人的生活的价值取向，冲破理性主义和科学主义的束缚，促进了教育理论的创新和发展。

第三节　后现代主义的基本观点及变革

一、后现代主义教育的教育观

1. 教育目的

现代教育的目的是培养"完人"、培养优势文化的支持者，提倡民主和平等的理念。后现代主义者从不同的角度对这种"完人"教育提出质疑，并重新考虑了人的主体性，不强求每个受教育者都得到"全面发展"。教育目标也可以培养"片面发展"的人，即符合学生自己的特质和他生活中的特殊性的人。

后现代主义教育思想家认为：教育的目的在于强调建立一种文化与社会环境和睦相处的社会文化背景，建立一种与自然相和谐的环境教育，培养学习者的生态意识，培养个人的道德意识以及对自然、土地的伦理概念。

后现代教育应造就一批具有批判能力的公民，这种公民能够认清优势文化的独霸性以及文本的集权性，向它们挑战，进而通过对多元文化的认识跨越文化边际，肯定个人经验及其代表的特殊文化；教育目标应求得一种内部平和，并且能够把家庭中的平和、安定及各社会成员之间的和平相处扩充到整个社会乃至国家，从而避免一种相互利益的冲突状态，使整个社会充满和谐。

后现代主义认为，教育的首要任务在于弘扬、唤醒并形成学习者的主体意识和批判意识。所谓批判意识，就是"人作为知识的主体，而不是被动的受体，对于形成他的生活的社会文化现实及其改变现实之能力的深刻意识"。教师和学习者都是教学中的主体，而客体是要了解的现实世界。因此，在教学中，教师和学习者是平等、信任、相互合作的，教学的目的是要在了解现实世界的过程中，发展学习者的批判意识和创造性思维。

后现代主义主张，学生自己批判性地思考课程内容、教学过程以及他们所处的社会现实，要求教师和学生对现有的知识和社会现实提出疑义和问题并进行批判性思维。因此真正的教育不是教师对学习者的教育，而是教师与学习者的教育，是将现实世界作为中介的教育，课程学习的主体是教师和学习者双方，而客体是现实世界，课程的内容在这个基础上来构建。

后现代主义认为，教育的主要目的是要使学生学会学习，学会思考，具有批判意识，能够改革和再造世界，因此教育必须注重培养学生的创造性。在这里，创造既包括求新、求变、怀疑、批判、反思、自主、独立等精神，也包括好奇心、求知欲、焦虑、想象力以及直觉、顿悟、灵感等非逻辑思维过程，而教育的评价不应是唯智、片面、筛选式、淘汰式的，应是机会均等的教育，倡导教师和学生的关系是平等的，两者都是教学中的主体，实施平等对话式的教学方式。

2. 后现代主义的师生观

在当今信息时代，知识获取的方式发生了很大变化，教师已不是知识的唯一信息源，教师发挥作用的重点和方向已不同于传统的教师，师生关系从教师的单向传授转向了师生之间的对话、交流与合作，即在学习过程中教师不再是凌驾于学生之上的唯一权威，师生双方都是主体，双方一起探究世界、探究知识。后现代视野中的师生关系，是双方民主、平等的对话，同时也提倡对话中的反思和批判精神。

理查德·罗蒂作为激进的后现代主义的代表，强调教师的作用不在于传授真理，而在于"转化智慧"，借批判能力来解放学生，激发学生的想象力。要协助学生看到各种知识与意识形态及政治利益的关系，师生互动关系是教育活动的关键，教师致力于建立与学生之间的批判论述，协助学生对权威式实证知识的接受，在自己的实验、分析、批判反省及判断中培养学生对社区日常问题的关心及负责态度。

后现代主义批判和解构现代主义所倡导的主客二元化，构建师生平等新型关系是人与人之间平等的、互融的关系。后现代主义倡导，人与人的关系不应该是二元对立，一方压制着、统治着另一方，而应该是主体间的关系，即"我—你"的关系。在这种主体间的"我—你"关系中，教师与学生都是一个独特的精神整体，同时他们又是相互作用、相互创造的，而非控制与被控制的关系。反映在管理过程中，则是对教师管理权威的消解，对其充当"裁判"角色的否定，积极构建一种师生之间民主平等、彼此尊重的新型关系。

3. 后现代主义课程观

随着后现代主义的兴起，在西方社会（尤其是美国），后现代主义教育学者从不同的角度提出了各种各样的后现代课程观，力图构建一种新的课程，以变革现代主义教育理论存在的弊端。

其主要特征是：

(1) 课堂内部关系的变革。

教师与学生的关系应是合作的探究者和平等的对话者，课程的重点是学习和自我发现，而不是分班分级、获取学分。

(2) 课堂与社会关系的变革。

反对课堂与社会之间的人为划界。注重知识之间的关联、学习经验、自然界以及生活本身。提倡实地考察，到大自然中去研究。

（3）内外环境的建构。

注重学校建筑、教室布置、自然环境和学生内心环境的建构，以便更彻底地贯彻生态的内部联系和整体和谐的原则。

二、后现代主义教育的变革

后现代主义是20世纪后半叶在西方流行的一种社会文化思潮。第二次世界大战后，以西方发达国家进入后工业社会为背景，以批判否定近现代主流文化的理论基础、思维方式、价值取向为基本特征，对哲学、文学、政治、艺术、历史、教育等诸多领域影响至深。后现代主义强调多元、崇尚差异、主张开放、重视平等、推崇创造、否定中心和等级、去掉本质和必然。

后现代主义为我们提供了新的视角和思维方式，教育的未来发展需要吸取后现代主义思想的合理因素，并结合国际社会的实际，探索教育活动的本质。

1. 从单一向多元转化

后现代主义者主张世界的多元化。对同一事物的理解，不同的人出于不同的个人经验、不同的认识立场、不同的价值观念，有着自己独特的诠释方式，且完全是多元化的。人们认知的方式也是异质多样的。后现代主义倡导思想、言论及行为的自由，对组织现象的"中心"观念持否定态度，认为社会现象的任一要素或部分都不可以被规定为本质的、基本的、决定的因素，各事物应协调发展。

在教育研究中，存在过多积累的实际经验，但是理论探讨肤浅，重复论证偏多，使教育研究落后于教育实践。教育研究亟需加强反思意识，改变单一的思维模式，脱离旧有观念的束缚。在教育过程中仍须打破以单一的学习标准评价所有的学习者。各类教育都应发挥各自的功能和价值，这是后现代教育发展的必然趋势。

2. 从统一向差异转化

与现代教育追求标准化和统一性，统一学习内容、统一学习进度、统一质量标准不同，后现代主义摒弃了现代社会的统一性和标准化的特征，反对世界的机械化、标准化，希望建立一个多元化的社会。

后现代主义认为必须尊重学习者的个性差异，充分了解并尊重不同学习者的认识方式，尊重其在解决问题过程中所表现出来的不同水平，让学习者根据各自的文化环境、家庭背景、已有的知识积累和思维方式，生动活泼地、主动地、富有个性地学习。后现代主义视教育为开放性和创造性的过程，而不是一个封闭的、预定的过程。

3. 从静态向动态转化

现代主义的"知识崇拜"片面夸大了知识的价值，常常把科学结论绝对化，也给科技的进步带来负面影响。后现代主义认为科学知识是相对的、不确定的、有时效性的、不断更新的。在这种知识观下，教育不可能一次性终结，所有社会成员必须终生不断学习才能更好地生存。

21世纪的教育不仅是为培养劳动力的教育，而且也是为了解放人的智力的教育。教育需要突出实用性，要充分根据个人能力、人格、经验与态度的阶段性变化，并依据生理与心理变化，施以正确的方法教育引导学习者，帮助他们回归到本性的发展轨道上来。

4. 从权威向平等转化

后现代主义认为："教师与学生的关系应是合作的探究者和平等的对话者。"通过对话，学生的老师和老师的学生之类的概念将不复存在。在对话过程中，老师的身份持续变化，时而作为一个自信的讲述者，时而成为一个与学生一样聆听教诲的求知者。师生共同对求知过程负责。美国的课程专家威廉姆·多尔对教师角色的界定是"平等中的首席"，学生是独立的人，他们有自己的头脑，对外界事物加工、改造后才能决定取舍，绝不是教师可以随意支配的。

教育在后现代主义文化环境中，坚定地担当起价值观、人生观、世界观的教育。无论人类的时代如何发展，教育永远不能偏离传承人类文明、发扬优秀传统、改进精神世界的轨道。

第四节 后现代主义思潮下的中国教育

一、后现代主义思想与中国传统教育思想之比较

后现代主义思想的出现对现代社会、现代文化中的种种弊端提出了批评，引起了人们普遍的关注，广泛渗透到社会科学和人文学科诸多领域，尤其是教育领域。到了20世纪90年代，后现代思想在中国思想文化界也受到了关注。

1. "人化"教育

90年代的中国就社会发展而言正在经历着一个双重进程：实现工业化和建设信息社会。对正处于转型期的中国，后现代主义思想对中国传统文化有着积极的启示效应。

后现代主义理论的提出源自于对现代文化的批判和扬弃，这就为后现代主义理论体系奠定了同一性的基础。这种同一性在教育方面最突出的表现在于强调了一种"人化"教育，即人是教育的主宰，教育的尺度，教育应该关注人、理解人、尊重人、发展人、享用人。"人"成为教育所关注的一个核心内涵。

中国传统教育思想把教育与哲学融为一体，教育理论散见于哲学著作中。中国传统教育主张伦理道德教化，把培养"知天命"的"圣人"作为终极目的一直是教育的主流基调，但是也应该看到后现代教育所推崇的"人化"教育理念，在中国传统教育思想中就已或隐或显地贯穿始终。"人化"教育正是后现代教育理念与中国传统教育思想的契合点。

2. 个性化教育

教育目的是教育学中至关重要的核心问题，把受教育者培养成什么样的人关系着教育发展的总体导向。

后现代主义的教育目的建立在对现代主义的反思上。现代教育以同一

性为原则的"全人"教育抹杀了个体之间的差异性，表现出了对"人化"的忽视。后现代主义者看到了人的多样性与复杂性，提出了与"全人"教育截然不同的"个性化"教育目的。他们重视每一个个体，强调人与人之间的差异，认为教育必须倡导个性化，这就要求教育的真正目的在于造就具有独立思考、判断和选择能力的充分个性化的人。个体的人成了教育的尺度，充分表现出了教育对人的关注。

在中国传统教育思想中，孔子首先提出了富有个性化的教育理念——"因材施教"。他认为每个人的智力、性格都有自然的先天性差异，教育的目的不是改变学生的个性特点，而是以学生不同的才能和特长作为依据，有的放矢地进行教育，从而使每一个人都能尽可能发挥自己的特长。而中国的庄子则是从培养目标上肯定了个性化教育的必要性。庄子主张人应该打破礼仪约束，任其自然，充分施展自己的个性，如同鲲鹏展翅高飞一样，自由自在地生生息息。《庄子·马蹄》中讲了这样一则寓言：马的自然本性是生活在广袤的草原上，"喜则交颈相靡，怒则分背相踢"，但当它被人类驯服，变成供人驾驭、拉车的马后，它的那些自然的真性也就随之逝去了。通过这则寓言，庄子毫不讳言，讲马实际上是在讲人的教化治理问题。与马一样，每个人都有特殊的个性，不能对受教育者施以同样的教育内容、教育方式，而应顺其自然，使他们能够充分施展自己的个性，这样才能真正达到教育的目的。

就教育目标而言，后现代教育重视个体的个性化培养目标早在2000多年前的中国古代就已经开始萌芽，也为我们接受后现代教育思想提供了历史根基。后现代主义教育思想与中国传统人文教育都蕴含着深厚的近乎一致的内涵，有机地将二者结合在一起，可以建立一整套适合于中国国情的充分"人化"的教育理念。

二、后现代主义思想对中国教育的启示

20世纪后现代主义思潮的诸多理论建立在对现代性的反思基础上，是对现代性和知识崇拜的批判、对重大事实的否定，也是对主体性的批判。

"元话语的实效""同一性的消失""多元主义方法论""后者学文化"等理论和原则使传统的教育理论受到了挑战,尤其是"教师中心论""课堂中心论""学科中心论"等。后现代主义的思想使中国的学者以一种前所未有的全新视角看待教育的问题。

1. 重新审视教育目的

现代社会的教育目的观主要分为个体本位的目的观和社会本位的目的观两种,但这两种教育目的观都过于理性,会导致教育目的的单一化、统一化,结果忽视人的个性,导致人与人之间关系的疏远和个人生活意义的丧失。而后现代主义主张多元教育目的,反对理性主义的教育目的。后现代主义教育目的着重于追求的发展理念,在个人发展方面,着重于追求以知识的鉴赏力、判断力与批判力为标志的内在发展。

在后现代主义思想的影响下,研究后现代主义的中国学者认为教育目的不仅仅是培养只会学习课本而不关注社会动态的公民。教育的目的应该明确三个方面的原则:

一是培养具有对社会批评能力的个体,能够对优势文化的独霸性进行理性的质疑和分析,认同多元化文化存在的合理性;

二是培养社会责任意识,要使个体在逐步成长的过程中认识自我的存在价值,也要理解社会的真实性,并以社会的发展为出发点;

三是培养生态意识,注重培养个体的道德意识及对自然、生态环境的伦理概念,与自然、社会和谐相处。

2. 重新融合教育观念

后现代主义者根据本体论的平等思想,认为传统的教学方式本质上是独白式的,教师居于绝对权威地位,学生处于被教导、被控制的地位,因此教师成为话语霸权的占有者,学生的自主性和潜能受到压制。教育领域去中心化、去权威化是对教育观念的重大转变,应该建立起一种师生平等的新型对话关系。教师要解放思想,转变观念,善于做学生的倾听者、交谈者,要由传统的知识传递者变为学生学习的协助者、促进者、启发者,引导他们而非塑造他们。这种新型的师生观淡化了教师的话语霸权,提升了学生地位，这是对学生主体性和创造性的一种尊重。这种师生观启发我们改变传统的教学思维，变灌输式教学为导入式教学，注重师生间的角色转换，营造轻松愉快的学习氛围以激发学生学习的兴趣和提高学生学习的乐趣，更有利于学生全方面的发展。多元性、创造性的课堂教学模式是借鉴后现代主义的理念对教育进行的新探索，鼓励个体学习的创造性，尊重学生的差异性。

3. 重新调整传统课程结构

后现代主义者认为课程设置应根据教育目的而设置，以摆脱现代主义教育所带来的弊端。封闭性、烦琐性、累积性是现代主义课程的特点。而后现代主义课程则强调开放性、多样性和变革性，课程要逐渐演化成丰富性、循环性、关联性和严谨性的特点。

综观整个后现代主义课程观的发展，其变化表现：

一是课程要与具体的生活环境相结合，变革旧的课程观念，重视课堂知识的生成过程，讲究师生教学的整体互动形式，最大限度地把学科知识与现实生活情境结合起来；

二是建立一种平等的师生关系，严肃的课堂氛围要改变为师生温馨平等对话的分享的课堂氛围，反对教师权威性地传授"真理"，关注课堂情景需要及变化，消解权威话语的影响，丰富课程目标，要求对旧的课程观念进行重建，重过程而不重结果，求变化而不定框框，这种课程观有利于学生培养创新能力；

三是提倡科学、人文课程共同发展，反对和批判一味偏重科学技术的发展，提倡不仅要注重科学技术的传授，还要重视对学生精神意识的培养和发展。

反思现代主义课程体系，不强求建立绝对的原则和内部一致的课程范式。

三、后现代主义思想在中国的研究与探讨

建立在过程哲学或有机哲学基础之上的建设性后现代主义，是当代西

方具有重要影响的哲学文化思潮,通过对现代性的质疑以及对否定性的后现代主义的批判,提出了一套兼具批判性和建设性的新的哲学思想体系,包括新的生态世界观、价值观、发展观和自我观,其影响已遍及哲学、政治、经济、文化和教育等众多领域,不仅深受国际社会的广泛关注,而且日益引起中国学术界的高度重视。

2012年6月,在我国黑龙江省召开了"建设性后现代主义与中国的教育改革"国际学术研讨会。会议由哈尔滨师范大学教育科学学院、哈尔滨师范大学过程教育与哲学研究中心、中美后现代发展研究院和美国过程研究中心以及克莱蒙林肯大学联合主办。此次会议更深入地探讨建设性后现代主义在教育领域的运用,广泛借鉴国外的教育改革经验,从生态文明的视野探索一条既具中西智慧又有本土特色的中国教育改革之路,为中国的教育改革提供了新的思路和新的理论支持,进一步拓展教育的国际化。

2014年3月,由中美后现代发展研究院、美国过程研究中心及哈尔滨工业大学等联合召开了"建设性后现代思维与中国教育的转型升级"国际学术研讨会,探讨正处于转型升级变革阶段的我国教育事业的发展,教育理念、教育发展方式、教学方式、学校教育文化建设、教育改革与发展的思路、教育领导与管理方式也都要随着转型升级。建设性后现代主义以其对现代性的系统反思与超越和对解构性后现代主义的批判与矫正,以及对更加和谐美好的后现代世界的憧憬与积极追求,正在成为一种充满生命力的改革力量。积极倡导的有机整体、内在联系、开放包容、动态生成、积极中庸、生态建设、持续发展、和谐共生等建设性后现代思维对全面深化我国的教育改革,促进教育的转型升级具有重要引领启示作用。会议还进一步探索了建设性后现代思维在教育转型升级中的积极价值,以及中国的教育改革对建设性后现代教育的积极贡献。

本章综述

通过本章学习,需要了解后现代主义教育产生的背景及发展,对后现代主义教育的理论倾向进行合理的分析,把握后现代主义教育的基本主张，积极思考后现代主义教育的变革。通过学习，了解后现代主义思想下中国教育的变革，对比中西方教育思想的异同，思考后现代思想对中国教育的启示。

附录：

知识拓展：后现代主义建筑特征

美国建筑师斯特恩提出后现代主义建筑有三个特征：采用装饰；具有象征性或隐喻性；与现有环境融合。

西方建筑杂志在20世纪70年代宣传后现代主义的建筑作品，直到80年代中期，堪称有代表性的后现代主义建筑，无论在西欧还是在美国仍然为数寥寥。比较典型的有美国奥柏林学院爱伦美术馆扩建部分、美国波特兰市政大楼、美国电话电报大楼、美国费城老年公寓等。

1976年，在美国俄亥俄州建成的奥柏林学院爱伦美术馆扩建部分与旧馆相连，墙面的颜色、图案与原有建筑有所呼应。在一处转角上，孤立地安置着一根木制的、变了形的爱奥尼式柱子，短粗矮胖，滑稽可笑，得到一个绰号叫"米老鼠爱奥尼"。这一处理体现着文丘里提倡的手法：它是一个片段、一种装饰、一个象征，也是"通过非传统的方式组合传统部件"的例子。

1982年落成的美国波特兰市政大楼，是美国第一座后现代主义的大型官方建筑。楼高15层，呈方块体形。外部有大面积的抹灰墙面，开着许多小方窗。每个立面都有一些古怪的装饰物，排列整齐的小方窗之间又夹着异形的大玻璃墙面。屋顶上还有一些比例很不协调的小房子，有人赞美它是"以古典建筑的隐喻去替代那种没头没脑的玻璃盒子"。

美国电话电报大楼是1984年落成的，建筑师为约翰逊，该建筑坐落在纽约市曼哈顿区繁华的麦迪逊大道。约翰逊把这座高层大楼的外表做成石头建筑的模样。楼的底部有高大的贴石柱廊；正中一个圆拱门高33米；楼的顶部做成有圆形凹口的山墙，有人形容这个屋顶从远处看去像是老式木座钟。约翰逊解释，他是有意继承19世纪末和20世纪初纽约老式摩天楼的样式。

综观后现代主义建筑，至少可以概括出五个主要特点：

1. 强调传统和历史主义。可以说对传统的不同理解，导致了后现代主义建筑师的不同风格，这里所说的传统，不仅仅是指传统建筑的基本特征，还包括经过抽象和个人化的传统建筑符号。而一些日本建筑师则将传统理解为民族文化中具有特质的东西，倾向于从传统文化的精神上把握它。在理论上，后现代主义有逐渐导入历史主义的倾向。

2. 尊重现有环境。这主要表现在对建筑的地方特色和"文脉"（context）的重视上。可以看到，后现代主义对现有环境的尊重是建立在对现代主义建筑反思的基础上的。现代主义强调单体建筑的重要性与表现欲，后现代主义则尽量消减它在环境中的突出地位，力图与环境相融合，创造出丰富的街貌乃至城市景观。但这又绝不是完全把自己埋没掉，而是要达到更深层的吸引人并表现自己的目的。

3. 装饰性与隐喻性。后现代主义对装饰和隐喻性的偏爱可以说完全走向了背向现代主义的另一个极端。后现代主义建筑师对符号学和色彩学往往都有着精深独到的研究。在后现代主义建筑师那里，装饰和隐喻不再是强调功能的途径，而是表现个人风格的手段。装饰性和隐喻性是后现代主义建筑最外在的特征，随着它的国际化趋势，这几乎也被强调为它的唯一特征。

4. 激进的折中主义。由于后现代主义建筑要同时满足各方面的需求，而又不想在其中失去时代风格与作者个性，所以作品往往表现出各种风格拼凑的现象。在这里，后现代主义体现出较为突出的折中性，而这种折中性主要是相对于现代主义那激动人心的伟大实践而言。后现代主义追求名流/大众的双重理解，历史风格/现代风格的兼顾，所形成的折中主义风格是激进的，具有不确定性。但它最深层的隐喻只有名流或设计者能够理解和说清楚，后现代主义建筑在这里表现出较大的随意性和任意性，也就是自由度。但是又必须看到这一切是建立在对大众、环境和历史的尊重上的，因此，后现代主义建筑最终表现出来的，并不是它的深奥隐喻，而是从它的外观表现出来的愉悦性和通俗性。

5. 精美愉悦的美学追求。后现代主义作品是现代主义的变形，并且增添了传统的符号和愉人的色彩，它使人们的生存环境更舒适、优美和富有人情味。后现代建筑风格是喜气洋洋的，在这方面，它完全迎合了当代资本主义社会的社会需要，因此在具有商业开发性质的住宅建筑、宾馆建筑和商业建筑中广为流行。进入20世纪80年代中期，后现代主义的先锋性为时髦特征所取代，几乎所有的后现代主义风格的建筑都是精美漂亮、令人愉悦，甚至是奢华的，并且不再具备现代主义那种感人和令人震惊的严肃的力量。出于标新立异的需要，不少后现代主义作品还表现出玩世不恭和颓废倾向。

思考题：如何分析后现代主义教育的理论倾向？

第十章　批判主义教育

> 学习目标
> 1. 了解：批判主义教育思想的产生与发展
> 2. 掌握：批判主义教育的流派、理论及模式
> 3. 理解：批判主义教育的特征、目标及反思
> 4. 分析：批判主义教育在中国的发展、影响及对教育改革的探讨
>
> 关键词：批判主义　批判主义教育　意识形态　批判主义流派

批判主义教育产生于20世纪国际社会经济衰退、社会矛盾突起、工人运动失败的时代，一些批判主义教育学派认识到社会的不公、阶级的压迫，期望通过批判和揭露扭曲的社会现实，追求公正及自由。以德国社会学家霍克海默为首的一批具有强烈批判主义意识的知识分子以这一研究所为理论阵地，组成了对资本主义现实社会批判的力量，以期通过理论上的批判拯救人类，使人类摆脱受剥削、受奴役的"异化"状态。批判主义教育关注社会结构、群体文化、自由与解放，敢于抨击社会制度和文化中的霸权，启蒙人的自觉和反抗意识，以获得真正意义上的自由与解放。

第一节 批判主义教育思想的产生与发展

一、批判主义教育思想的产生

1. 产生的背景

批判主义是现代西方哲学学说与流派之一。19世纪七八十年代由奥地利哲学家马赫与德国哲学家阿芬那留斯创立，仿效康德的"批判哲学"而命名。该学派主张"批判"或"清洗"经验中的客观内容，认为只有这样，才能使经验"纯粹"化。"纯粹经验"构成世界的一切，它既不是心理的也不是物理的，而是"中立"的东西。客体不能离开主体而存在，批判主义认为其提出的"思维经济原则"，是"认识论的基础"。

西方马克思主义作为一股"另类"的马克思主义思潮，产生于20世纪20年代，具有复杂的现代西方文化渊源，是马克思主义与20世纪其他意识形态和理论学说的混合物。马克思本身是对现代性现象进行批判性反思的先驱者。

20世纪30年代以后，德国哲学家、社会学家西奥多·阿多诺，作为社会批判理论的奠基者、法兰克福学派第一代的主要代表人物，指出资本的抽象统治已经扩张到了政治、文化、意识形态等方面，社会被整合为一个同质的总体。因此，文化批判和意识形态的批判具有与传统经济批判同等重要的意义，对启蒙精神的批判就是对资本主义意识形态的批判。

1968年3月22日，法国巴黎大学的学生集会，抗议政府当局逮捕因反对越南战争而向美国在巴黎的产业扔炸弹的学生。学生的抗议行动持续至5月达到第一阶段的高潮，史称"五月风暴"。这是学生和工人对发达资本主义社会现代性危机的抗议。学生与工人的这次反抗被称为"适应于现代资本主义状况的第一场争取社会主义的斗争"。学生要求自由、批判与文化，工人要求自治和创造性地工作。这些学生与工人所使用的思想武器是"西方马克思主义"。

20世纪70年代，美国迈克尔·阿普尔是新马克思主义教育哲学的创立者和最早在北美倡导批判主义教育运动的领军人物之一。他把教育的关注点转向经济的、伦理的和政治冲突的问题。经历了解释论和"后"思潮的影响，在一系列的批判、借鉴和反思的过程中，阿普尔最终形成了其独特的批判主义教育学的基本理论框架。

20世纪80年代，以加拿大教育研究所的西蒙和沙利文为首的几位学者组成了"批判教育学与文化研究读书会"。

批判主义教育学在立场、方法和研究地域上，汲取了后现代的合理成分，扩充发展了理论空间，促进了批判教育理论的诞生。

2. 批判主义教育理论产生的必然

批判主义教育理论的产生有着深刻的时代背景和学术渊源。20世纪60年代，社会的发展和随后的经济危机让学者和普通民众重新思考教育的影响问题。

教育成了批判的靶子，也成了希望的所在。批判主义教育学诞生，政府把社会的危机归结为教育的失败，这无异于转嫁社会矛盾和转移公众视线，从而达到巩固霸权统治的目的。此外，学者和大众在事实面前犯了"社会性的失语症"，成为霸权统治的"同谋"。从这个角度来看，批判主义教育学是作为反主流政治势力的学术代表而出现的。从逻辑上讲，这种出现是必要的；从历史上讲，也是必然的。

批判主义教育学的产生是学术思想发展的必然结果。批判主义教育学吸收了新马克思主义的理论成果。"西方马克思主义"对现存资本主义制度进行了猛烈的抨击，力图通过一系列的改革使之过渡到一个"合理"的社会。

批判主义教育者认为采取运动式的暴力革命推翻政权是不实际的，主张唤醒无产阶级的阶级意识，采用微观的、阵地式的总体革命。基于这一观点，他们对教育寄予了厚望。批判主义教育学学者受西方马克思主义思潮的影响，把自己置于被剥削和被压迫者代言人的位置上。阿普尔就宣称，"没有一种一般的规则来评述改革的是非，关键之处在于你的立场"。

因此，批判主义教育学迁移和具体化了西方马克思主义的基本哲学和社会学理念，是社会思想走向深入和拓展的必然结果。

3. 批判主义教育理论的合理性

批判主义教育学从产生开始就揭示了"社会失语症"和"同谋"的现象，给千篇一律的社会风气和学术氛围带来了不小的震动。在教育领域，它的主要贡献有三：

（1）在哲学观念上，提出了基于健全人格的解放理念。批判教育学学者认为，在当代资本主义条件下，塑造人格的教育目的被知识的传递取代了，结构教育的基本功能就是把人们整合到既存社会的结构中去而不是为人的自我实现服务，被统治阶级控制的教育只能产生出不和谐的和内在分裂的人格。

（2）在研究方法上，创造了独具特色的批判教育研究方法论。这种方法论把认识当成思维过程，揭示了人们认识世界各种模式背后的一套推测和想当然的做法。这种推测是一种利害关系的体现，可能提出了一些问题，同时也必然回避了某些问题。批判主义教育学的方法论是一种全新的方法论，它使人们对教育有了更深刻的认识。

（3）在研究内容上，批判主义教育学取得了突破性的进展，具体体现在：以阿普尔为代表的课程领域，对知识社会学和隐蔽课程的研究；以吉鲁为主要代表的教育行政领域，是将教育行政研究由科学主义提升到人文主义，注重文化分析；以弗莱雷为代表的成人教育领域，提出了文化识能教育计划。

二、批判主义教育思想的发展

1. 初创时期

第一次世界大战和欧洲革命前后，西方发达国家的革命遭受失败。在这种背景下，产生了西方马克思主义的第一代代表人物卢卡奇、柯尔施、葛兰西。他们以马克思主义的黑格尔思想理论为源头，被称为"黑格尔主义的马克思主义"。他们指出西方发达国家革命失败的原因不在于经济，而在于意识形态。他们将研究的重心从经济领域转向意识形态领域，认为个人意识和生活方式中的根本变化不是社会革命的结果而是其前提。把资产阶级国家的统治权称为"在意识形态和文化上的领导权（文化霸权）"，指出无产阶级的革命不仅是经济革命，更重要的是"主观革命"，或称"意识革命"，即精神和情感在资本主义制度下的解放。

2. 形成发展时期

1929年的经济危机和1939—1945年的"二战"给资本主义社会造成了巨大的灾难。在此背景下，西方马克思主义由对第三国际的批判转向对法西斯主义的批判，由"左翼马克思主义"转向了"人道主义的马克思主义"。

在这一阶段起主要作用的是法兰克福学派。法兰克福学派培养了一批淡出革命视域的学院派研究者，他们被西方资本主义世界的新左派运动奉为"发达工业社会马克思主义的最重要的理论家"。其代表是法兰克福社会研究所所长霍克海默及其手下阿多诺、弗洛姆、哈贝马斯等。为了重振马克思的批判精神，法兰克福学派提出"社会批判理论"或"批判理论"，认为这就是马克思主义。"批判理论"是与"传统理论"相对的概念。传统理论是调和、顺从、维持社会再生产过程的理论，而批判理论是旨在破坏、否定、推翻现存社会再生产过程的理论，带有解放实践倾向，指向人类的自由。法兰克福学派直接指向的批判对象是实证主义和工具理性，批判的武器是"启蒙辩证法"、"文化工业论"、"文化心理革命"、"交往行为理论"等"黑格尔化"的概念。

3. 多元发展时期

在总结"五月风暴"教训的基础上，西方马克思主义各学派不同程度地修改和发展了自己的理论，并出现"后现代主义"文化革命、跨学科研究等多元倾向。如以高兹、阿格、莱易斯、佩珀为代表的"生态学的马克思主义"，以柯亨、埃尔斯特、罗默为代表的"分析的马克思主义"及"马克思主义批评学派"等。

第二节 批判主义教育理论的流派、理论及模式

一、批判主义教育理论流派

1. 法兰克福学派的思想

20世纪20年代初期,在俄国十月革命和欧洲工人运动的影响下,为了研究迫切的社会问题,总结工人运动经验,由具有进步倾向的德国费列克斯·威尔发起,在法兰克福成立了一个社会研究所。

1930年,德国社会哲学家霍克海默就任研究所所长之后,法兰克福学派真正形成并开始发展。霍克海默针对当时资本主义经济危机和法西斯主义抬头,决定把哲学和社会学结合起来,以研究"社会哲学"作为研究所的中心任务,克服过去单纯研究哲学、忽视社会现状的偏向。法兰克福学派围绕社会哲学著书,内容包括:吸收存在主义、弗洛伊德主义、现象学、人格主义等资产阶级哲学,逐步形成了自己的"社会批判理论"。

法兰克福学派汲取了马克思的思想,"对现存的一切进行无情的批判",通过批判反思揭示经济、科学、教育的运动规律,使人了解自己的从属性,理解与他人的关系,达成自身与社会的理解与融合,摆脱资本主义社会意识形态的束缚,争取人性的解放。

法兰克福学派的核心观念是"解放","解放"是批判的目的与内容。而人的解放也是马克思关注的核心问题。"解放"教育的主张是为师生营造一个解放的学习环境,建立师生的平等关系,把解放作为目标和手段,使学习者的智能和潜力得到充分发展。

2. 西方马克思主义思想

20世纪初,匈牙利著名的哲学家和文学批评家格奥尔格·卢卡奇,是西方马克思主义的创始人和奠基人,他的著作《历史与阶级意识》开启了西方马克思主义思潮。

西方马克思主义的文化批判是以马克思的异化理论为逻辑起点和基础的。西方马克思主义理论建立在人本主义的基础上,人的解放是其理论的最终目的、出发点和理论核心。西方马克思主义体现了它的合理性,也就

是马克思主义以其人道主义特征展现了自己的优越性,进而指出,无产阶级运动的关键就是无产阶级自身意识的觉悟——具有成熟的阶级意识,也就是掌握马克思主义理论。所以卢卡奇强调意识形态领域的革命,这对于国际共产主义运动具有十分重要的理论意义和实践指导意义。

西方马克思主义者依据马克思的异化理论,从文化层面对现存的资本主义社会进行了全方位的批判。他们不是像经典马克思主义政治经济学那样通过分析生产力和生产关系、经济基础和上层建筑的矛盾运动来解释社会的发展,而是把当代资本主义社会的基本矛盾归结为日益发展的文化、科学技术对人的本性压抑。他们以文化批判、意识形态批判、大众文化批判来取代马克思哲学的政治经济学批判。

西方马克思主义理论家在发达的工业社会时期,采取了"文化心理革命"的方式,核心问题由暴力夺取政权向争取文化领导权转移,以促进平民文化的启蒙,强调教育的文化启蒙功能。

3. 批判主义教育学

20世纪60年代末,西方资本主义国家把教育视为增强国防实力、促进经济增长、实现社会公平的重要手段,加大对教育领域的投资,对学校教育进行了一系列的改革。但是,随后,西方各国在不同程度上出现了经济衰退和社会动乱,教育发展也坠入冰谷,大量的教育投入看不到效益,各种教育改革也没有给社会带来预期的个人发展和社会平等。由于教育与社会对立,教育现象不是中立客观的,充满了利益纷争,批判主义教育学的目的就是要对这些观点进行"启蒙",采用实践批判的态度和方法,揭示具体教育生活中的利益关系,以达到意识解放。

20世纪60年代,以哈马贝斯、布兰凯尔茨、克拉夫基为代表的德国批判教育学流派,在各个学科和知识领域进行了批判,特别是在教育、社会政治方面出现了大量的"批判性研究"。由于狭隘经验的经验教育学,与注重体验和理解精神的科学教育学不相适应,出现了批判主义教育学。德国批判主义教育流派的基本观点是对意识形态和社会的批判,把教育理论和教育实践看作是相互限制、相互影响和相互促进的,主张确立批判理性主义生活方式的社会运作，并鼓励人们争取生活的可能。

巴西的保罗·弗莱雷是20世纪批判主义教育理论和实践方面最重要和最有影响的作家之一，他主张"教育即解放"，目的是希望通过教育让人们认识自己与社会，从政治上、文化上解放自己。弗莱雷认为"教育即政治"：在阶级社会里，统治阶层为了自己的利益建立了学校，通过学校灌输他们的思想意识，学校就是要培养他们所需的人才，这充分体现了教育的政治性。"意识化"也是弗莱雷解放教育理论的核心，是通过教育唤起人民（被压迫者）的觉醒，使他们认识到自己在历史创造与发展过程中的主体性，并最终获得人的解放。意识化是一个历史的过程，始终与社会现实息息相关。

美国教育家鲍尔斯、金蒂斯于1968年在福特基金会的支持下开始了历时7年的美国教育历史的考察，试图从历次教育变革中寻找变革的动力和各种改革畏缩不前的原因。他们合著的《美国：经济生活与教育改革》、《美国资本主义制度和教育》是考察的产物。他们提出的"直接再生产理论"主张，教育是社会的一部分，不可能带来更大程度的平等与社会公平，教育通过两种手段"合法化""社会化"再生产资本主义社会制度；资本主义社会生产关系与学校上层建筑作用之间对应，才得以实现教育的社会再生产功能，经济结构是推动教育再生产的主要动力。

法国著名的社会学家、思想家和文化理论批评家布迪厄尔认为：文化资本有三种存在方式：具体状态、客观状态、体制状态。倡导一门反观性的社会科学，必须克服主体与客体、文化与社会、结构与行为等普遍存在的理论对立面。他关注教育如何充分传播知识和思想体系的问题。

美国进步主义教育和批判教育理论界的一位国际知名学者阿普尔，运用马克思主义的辩证法、阶级斗争理论，对资本主义社会及其教育进行了深刻的分析和批判，形成了再生产理论和抵制理论基本流派。阿普尔的意识形态再生产理论阐明了教育本质是意识形态、伦理道德和政治问题，认为学校应有自主的文化动力，教师和学生形成了学校内部的反抗力量，是反思性的实践者，追求主体解放、教育民主、社会公正等现实。

二、批判主义教育理论观点

批判主义教育理论在短短的30年，影响深远。主要表现在：批判主义教育理论一直在拓展自己的研究领域，注重对生活世界和其他学术流派的关注。如20世纪90年代，批判主义教育理论不遗余力地对新右派教育政策进行批判，并广泛地借鉴后现代主义思潮的基本理念和研究主张。批判主义教育理论很注重理论的国际传播，弗莱雷、阿普尔等人的思想被国际社会普遍关注。

1. 西方马克思主义的理论

卡尔·马克思是第一位使现代与前现代形成概念并在现代性方面形成全面理论观点的主要的社会理论家。马克思的基本论域就是现代性问题，他清晰地揭示了现代性的存在论状况。马克思从商品及商品拜物教现象、资本运动的逻辑、异化劳动三个方面对现代性的社会做出"诊断"，认为工业和科学的力量在以往任何一个时代都不可想象。

在马克思现代性批判的基调上，西方马克思主义在新的历史发展阶段继续了马克思的工作，以"重新发现"和"重新解释"马克思主义为己任，致力于考察和批判20世纪发达资本主义社会所遭遇的现代性困境并运用自身的理论为之提供解决方案。

西方马克思主义以马克思主义哲学为理论基础，从批判的视角对现代性提出了不同于后现代主义的阐释，扬弃了传统的阶级斗争理论和苏联模式强调的夺取国家政权和转换生产资料所有制的思路，认为应该关注意识形态领域的革命，着力于大众文化批判和日常生活批判。这种批判包括对消费主义的批判、对工具理性的批判、对爱欲压抑的批判、对生态危机的批判等。据此，西方马克思主义把教育学、心理学的范畴纳入理论中，通过对教育的批判来重建一个更为合理的社会。

2. "日常生活批判"理论

法国马克思主义理论家列斐伏尔是"存在主义的马克思主义"的代表人物。列斐伏尔首先从马克思的"异化"概念出发，指出现代社会的异化已经渗透到生活的全部角落，从劳动异化走向日常生活的异化。将青年马克思的异化劳动批判哲学改造成为日常生活异化的批判哲学,并把日常生活作为哲学思考的主要对象,建立了一整套论述发达资本主义社会的异化—日常生活批判理论。

在列斐伏尔看来,马克思的异化、实践、总体的人等概念是以"制造工具的人"或"劳作的人"的形而上学假设为原型,是一种工业主义思维。而现代哲学要做的是回到"语言的人"或"游戏的人",特别是"日常的人"。

他指出:人不是经济人、理性人、技术人、劳动人、政治人,而是日常生活中的凡夫俗子。日常生活是发现人、创造人的土地,也是总体性革命的根据地。日常生活固然有其顽固的习惯性、重复性、保守性,但同时也具有超常而惊人的活力与瞬间式的无限的创造能量。他所希冀的革命理想是从日常生活沉沦单调的状态中挣脱出来的瞬间艺术狂欢:"瞬间是日常生活的一种拯救。"

列斐伏尔对加重人的异化、愚化和物化的思想及其教育进行抨击,认为是培养符合资本主义社会机器需要的公民的教育。他所设想的"审美"与"体验"正是融解机器式的教育的神奇力量。教育的目的是来源于艺术化的日常生活,追求人的自由与幸福。

3. 主体间交往理论

哈贝马斯是第二代法兰克福学派的领袖人物,他继续了第一代法兰克福学派对启蒙运动以来的"工具理性"的批判,坚持早期批判理论的社会科学研究取向,坚持维护理性。指引批判理论进行哲学基础和范式的转换,从主体哲学走向主体间哲学,由工具理性批判走向交往理性,由意识哲学转向语言哲学,以此走出批判理论的困境,构建一个超理性的乌托邦。为此,哈贝马斯提出一套包括作为"意识形态"的技术与科学、后形而上学、以兴趣为导向的认识论、三种不同的科学理论及其相关的兴趣、四类言语活动和三个世界的划分、生活世界、交往合理性、普遍语用学、商谈伦理学、无限制的交往共同体等主题的理论。

哈贝马斯的教育理论对知识观、教育观、课程观、教学观和教育研究方法都构成了不同程度的启示与影响。哈贝马斯认为兴趣是认识的基础，也是人类社会前进和发展的基础。他把兴趣称为人类生活的基本方向。人对自然界发生的事情的预测和控制是人本主义兴趣，从事这种科学理论活动的特殊兴趣是"实践的兴趣"，即人对保障和发展、自身生活条件中的相互了解和自我了解的可能性的人本主义兴趣。

主体间交往理论被认为是哈贝马斯思想中最有魅力的核心部分，主体间的交往努力通过构建合理的交往行为模式，来消解科学技术作为统治人的异化力量。这种努力是将社会历史理性的关注点从劳动转向交往，即从"主体-客体"结构转变为"主体-主体"结构（主体间性）。主体间交往理论指出：劳动是一种工具理性行为，主体间的交往则是一种语言理解行为。

主体间性与对话为核心的交往理性为"教师主体"还是"学生主体"的教学论难题提示了新的思路。如果一个教学过程，无论是教师中心、学生中心还是教材中心，都是指向既定的教学目标的"劳动"，那么这种教学其实是以技术理性为中心。理想的教学还应关心师生之间以平等对话为基础的合理性交往。"在这种教学过程中，教师和学生围绕具体的问题情境，在各自的立场上进行反思与商谈，最终达到和解，教师和学生'理智的责任感'被召唤起来，共同对求知负责。"

4. "再生产"理论

20世纪70年代，人们对教育的功能持乐观态度，认为学校教育有社会整合、社会变革、甄选和分类、分配、平等化等职能。教育作为一种民主化途径，个人可以凭自己的才能和努力通过接受教育取得相应的地位和成就。但是，在之后的经济衰退和社会动乱的背景下，鲍尔斯和金蒂斯，布迪厄、吉鲁和阿普尔等人运用马克思主义的辩证法、结构功能主义、阶级斗争理论对资本主义社会及其教育进行分析和批判，并形成了"再生产"理论，包括："经济再生产模式"、"文化再生产模式"、"霸权-国家再生产模式"和"抵制"理论。"再生产"理论的主要观点是认为教育是服务于资本主义社会的经济、文化和政治的，依靠教育无法改变不平等。

鲍尔斯和金蒂斯经过大量调查研究，在《美国：经济生活与教育改革》一书中提出了教育的经济地位的再生产性质："教育已经成为将个人定位于各种经济职位的一种手段。"教育程度与经济成就有关，而二者与智力水平的高低并没有直接的联系。在影响人的未来经济成就的因素中，智力水平、认知成绩的作用并不是很大，相反，家庭出身的作用更大一些。因此，教育作为公平竞争阶梯的平等化职能，在资本主义社会条件下是根本无法实现的。教育是现存社会不平等的维护者，而不是社会平等的推动者，因为教育的社会基础是社会的不平等性，教育是再生产这种不平等性的工具。另外，在异化普遍存在的社会中，教育完全是一种非人化的过程，它并不能发展个人自由的能力，相反，人变成了知识的属性，失去了主体性。

布迪厄尔从"文化再生产"的角度批判了资本主义学校教育的虚伪性。他认为教育的主要职能是进行文化的传递，学校通过统治阶级文化的传递再生产现存的社会关系（包括阶级关系），教育的公正与中立只是幌子。统治阶级的文化通过"霸权课程"排斥其他阶级的文化。

阿普尔认为，资产阶级国家通过"意识形态"的方式确立自己的统治地位。其手段有：通过学校宣传科学至上，鼓励竞争和个人占有，宣扬良好的消费构成和生活信仰等；通过学校把知识当作"一种复杂的过滤器，根据学生在等级制度这一市场上的期望水平来分拣他们"；通过颁发证书使教育制度维护专家治国论的合理性；通过教育资助控制教育的发展方向；通过影响课程和课堂社会关系的发展保证从事不同工作所必需的知识技能装备不同阶级、社会集团的学生等。

5."抵制"理论

伴随着20世纪60年代末西方学校中频发的暴乱与学潮，"抵制"理论作为解释学校中的矛盾、冲突、斗争、反抗等事件的理论应运而生。

吉鲁是美国"西方马克思主义"教育理论家。以吉鲁为代表的"抵制"理论指出，"再生产"理论仅从学校教育的社会制约性去考察，而没有考虑教师与学生的"反动"、学校内部涌动的矛盾与斗争，以及社会结构对学校教育的作用力是如何具体实现和产生效果的。

"抵制"理论认为学校是一个相对独立的社会机构,处在与统治社会的各种矛盾之中,往往会冒险挑战占有支配地位的思想文化和意识形态。学校不仅是社会结构和意识形态矛盾冲突的场所,而且也是各种范围的集体性的见识敏锐的学生抵制行动进行争夺的场所。通常,工人阶级家庭出身的学生营造了学校中的"反主流文化"。在学校中,以阶级、种族、性别、人权、自由为媒介的各种拒斥和消融学校所实施的规范与教育的活动从未停止过。这些活动在大学中尤为频繁。这在很大程度上是由于青年学生的激进风格和他们的导师的知识分子品格所促成的。

三、批判主义教育模式

1. 经济再生产模式

20世纪60年代末,美国的鲍尔斯和金蒂斯对学校教育和社会阶层的对应关系作过阐释:"学校教育的社会关系变化,是受阶级结构的更加和谐的再生所支配的。"马克思对社会生产关系的描述为批判主义教育家们提供了一条富有想象力的研究路径,经济再生产模式是在反思人力资源理论的基础上建构起来的。

经济再生产模式认为,社会和个人为接受教育所付出的各项成本,都是为了获得一种存在于人体之内的、可提供未来收益的生产性成本。知识与修养等文化资本是人类共同的精神财富,是无法私有化的。但实际上,身体的文化资本的积累不仅需要花费大量的时间和精力,而且通常还必须以雄厚的经济实力作为后盾。这样,家庭经济差异会造成教育资源投入的不平衡,从而复制先前的阶层身份,阻碍社会的流动。

2. 文化再生产模式

法国社会学家布迪厄尔认为:"传统的教育系统是把过去继承下来的文化一代一代传下去的所有组织性或习惯性机制的总和。"传统教育理论把文化再生产的功能排斥在教育体制之外,无视符号关系本身在权力关系再生产中的作用。

布迪厄尔深刻地透视了教育系统的文化再生产的本质。他认为,学校成为复制文化关系的场域,其基本前提是我们能够认识精英阶层与大众阶层在文化资本上存在明显的差距,因而,上流社会家庭的儿童和底层社会家庭的孩子也许能接受同样的正规教育,甚至生活在同一所学校,但他们对学校文化的接受程度却大为不同。

英国社会学家伯恩斯坦将文化分析建立在更微观的对象——语言上,并由此关注社会分工基础上的阶层差异。他认为,儿童之间的差异并不是认知能力的差异,而是儿童解读脉络、选择互动实践和创造文本时所运用的辨识和实现规则的差异。在接受学校教育时,劳工阶层学生除了在理解校规的一般性原则上有困难外,还难以理解教学中使用的非情绪化的和抽象的语言,难以区分概括和抽象的概念。文化再生产模式认为,即使社会成员间的经济差距很小,他们仍然很难实现平等,因为不同阶层的文化符号具有明显差异,中上阶层更容易融入学校环境。

3. 霸权国家再生产模式

霸权国家再生产模式关注国家对教育的干预和学校如何有助于国家意识形态的实现。阿普尔认为:"教育机构通常是传播有效主流文化的主要机构,与文化活动一样,它也是一个主要的经济活动,实际上两者是同时发生的。用有效的主流文化术语来讲,某些意义和实践被当作重点选出,而另外某些意义和实践则被忽略和排除。更为重要的是,这些意义又被进行了重新解释、淡化或改变形式,以支持有效主流文化的另外一些要素或至少与之不相冲突。"

英国教育家斯宾塞认为:学校教育过程提出的最基本问题之一应该是"什么知识最有价值",但是阿普尔质疑了对这个问题的回答,他要回答的是"谁的知识最有价值"。阿普尔通过这种思路转换,指出:在现代学校教育中,要考察学生在学习什么文化,最好就是研究课程,因而他开始探讨所谓教育的文化霸权问题。

虽然人类社会经历过不少文化变迁,但课程的本质特征是不变的,即意识形态占主导地位,象征性的身份标志价值超过功用性的经济实用价值。由于课程是由政治家、思想家和科学精英共同认可的，在内容上就构成了一种强势文化，而与这种强势文化相左的文化都受到排斥，从而完成霸权的再复制。

第三节　批判主义教育的特征、目标及反思

一、批判主义教育的特征

1. 批判工具理性

"工具理性"，就是通过实践的途径确认工具（手段）的有用性，从而追求事物的最大功效，为人的某种功利的实现服务。工具理性是通过精确计算功利的方法最有效达至目的的理性，是一种以工具崇拜和技术主义为生存目标的价值观，所以"工具理性"又叫"功效理性"或者说"效率理性"。工具理性是启蒙精神、科学技术和理性自身演变和发展的结果。然而，随着工具理性的极大膨胀，在追求效率和实施技术的控制中，理性由解放的工具退化为统治自然和人的工具。因为启蒙理性的发展高扬了工具理性，以至于出现了工具理性霸权，从而使得工具理性变成了支配、控制人的力量。也就是说，西方启蒙运动以来一直被提倡的理性蜕变成了一种统治奴役人的工具。

工具理性是法兰克福学派批判理论中的一个重要概念，由于工具理性的统治而带来人的异化和物化。在法兰克福学派的批判理论中，工具理性始终是其批判所指向的核心问题之一。纵观法兰克福学派的发展史，对工具理性的批判愈演愈烈，这本身就说明了在揭示当代资本主义社会出现的各种新问题和新矛盾上，工具理性这一概念有着不可低估的理论特征。

匈牙利著名的哲学家和文学批评家卢卡奇将工具理性批判引向了对资产阶级意识形态的总体批判，而霍克海默和阿多诺把对资本主义的哲学批判扩大到对人类文明史的批判，德国社会理论家马尔库塞等也都对工具理性有过论述。

人类对现代科技的过度使用使自身陷入科技宰制的泥淖。工具理性是科技主义宰制的同义语，它关心方法、效率而非目的，偏爱知性而无视感情，使得事实与价值被生硬地剥离。人类对自然的破坏、核武器的威胁都是工具理性泛滥的后果。批判理论批评工具理性为一种控制欲支配的欲望，造成个人与社会的扭曲、变形。核武器威胁、教育领域对效率原则的偏信、经济判断标准的涉入、市场导向等都是工具理性的反映。

2. 意识形态的"常识化"

19世纪初，法国哲学和经济学家特拉西在《意识形态概论》中首先使用了"意识形态"这个概念，认为意识形态是考察观念的普遍原则和发生规律的学说。马克思、恩格斯把意识形态作为与经济形态相对应的一个历史唯物主义重要范畴。

意识形态，可以理解为对事物的理解、认知，是对事物的感观思想，是观念、观点、概念、思想、价值观等要素的总和。意识形态不是人脑中固有的，而是源于社会存在的主观观念。

当代西方马克思主义的各种批判理论中，意识形态概念的含义基本上可以理解为一定社会统治阶级为保证自身存在的合理性而制造并合理化了的价值观念体系。在它对文化现实的具体分析中，意识形态概念进一步扩大：它已不限于指称道德、宗教、哲学等自觉的观念体系，而是被理解为渗透在文化结构更深层的、与一定阶级利益相关的价值态度、情感倾向。可以说，它成了通过观念体系、生活方式乃至普遍的情感和趣味倾向显现出来的一种凝聚在特定文化中的深层精神素质。

批判主义教育理论认为意识形态渗透于人类日常生活中，如家庭、学校、友情等，是一种充满常识性假设和日常经验的意识。它以常识的形式遮蔽着人的真正利益，压抑和消解了人的觉醒意识和塑造社会的能力，从而服务于特定团体的利益，助长社会的不公。批判主义教育理论致力于解释和揭露常识掩盖下的意识形态，使人认识到常识的本质，并获得启蒙和走向解放。

3. 心理分析

19世纪末20世纪初，人类精神分析学说创始人弗洛伊德提出：在人的理性世界之外发现了人的无理性，即无意识。这无意识虽然躲在意识的深渊之处，但是作为一种强大的内驱力，常常不自觉地冲破理性的束缚，冲到意识的前台，野蛮地支配着人们的行为。这种无意识力量对人的支配作用在整个人的行动动因中占有很大的比重。无意识之所以受到意识或理性的阻遏和压抑，多半因为它与社会伦理和家庭伦理有着巨大的冲撞。

心理分析理论是批判主义教育理论的重要理论基础，它的形成深受弗洛伊德心理分析学说的影响，主要是关于潜意识的概念影响，指出社会表面下隐藏着强力的思潮和结构；心理分析重视分析人的精神畸形，批判理论则关注社会事实的扭曲；前者希望通过心理分析治愈患者，后者则相信批判理论本身可以促成解放。此外，批判理论引用了心理分析的人格分裂概念，认为阶级、性别、文化竞争等所带来的利益冲突使社会呈现分裂状态，因此社会是冲突的，而非和谐的。批判理论试图揭露这种分裂、冲突，使弱势团体发现社会扭曲的原因，进而实现自我治愈即底层人的解放。

4. 个人与社会的思辨关系

批判主义教育理论的辩证特征还表现为个人积极地反思自己的认识活动以及自己与社会的关系。这就是说，个人不是简单地满足于自己所获得的认识能力，不是满足于自己所获得的理论和范畴，而是要批判地反思这些理论和范畴所存在的问题。同时，也积极地反思自己与社会的关系，不是把社会看作是自己之外的对象，而是看作自己的活动所产生的对象。

在现代社会，一方面，个人是社会的产物，个人依赖于社会给他提供的物质生产方式，依赖于社会给他提供的认识手段，如技术的手段和各种理论知识；另一方面，个人又把从社会中接受的各种认识手段和各种理论运用于认识社会，按照从社会中接受的生产方式重新生产这样的社会生活形式。

批判主义教育理论的思辨关系表现为，个人既接受了这个社会给人们提供的范畴，又批判这些范畴；既接受这个社会的生产方式，又批判地超越这种生产方式。

二、批判主义教育的目标

1. 批判理论的目标在于促成"解放"

批判理论认为，从属的（实质上是被统治的）团体因为某些因素的束缚而不能掌握自己的命运，因而难以控制自己的生活并达到幸福。批判理论试图揭露束缚个人自由的因素，如特权的操控、权威的限制等，在启蒙社会的基础上进一步指导人们摆脱束缚，达到自由，即获得解放。解放是该理论的主要诉求，也是作为一种理论对于"做些什么"提供指导的价值所在。

批判主义教育理论认为实证研究是与自然科学相适应的一种独立的主流的研究范式。但是，实证研究"科学方法"突破了自然科学研究的范畴，被引入社会研究。针对实证主义及其科学方法的"客观化、中立化、实证化、定量化、操作化"，批判主义教育理论进行了否定，认为这种科学的方法破坏了人类世界的整体性和意义，否定了人对世界的建构及在此过程中人的价值参与。批判理论认为，任何"事实"都经由了人的建构，不可避免地包含着主观性、相对性和价值判断。

2. 以"利益"为研究中心，寻求"启蒙"社会

批判理论主张对社会生活的实际状况加以启蒙，即揭示个人及团体的真正利益所在，利益则是指特殊团体（优势的、弱势的）的需求与关切，尤其是指在自利的意识与原则下对既得利益或不利地位的关注。对于优势群体来说，他们总是维持既得利益，从属性弱势团体则倾向于改变困境，争取权力和利益。批判理论就是要揭露这种不平等，并启发人们为争取平等而战。所以，在批判理论学者的眼中，社会生活的核心是冲突的、紧张的。

3. 文化是研究的重心

在文化研究上，批判主义教育理论关注高级文化、大众文化、青少年

文化、文化与自然的关系，尤以大众文化为研究的核心。该理论认为，高级文化是统治者或优势团体的精英型文化，是维护特权和排斥弱势阶层的工具，它使弱者陷入对高级文化的憧憬而放弃追求的沉默中。对于大众文化研究，批判理论重在文化工业批判。文化工业即文化的商品化，它被批判主义理论学者看成是垄断资产阶级的一种更隐蔽、更有成效的统治方式，是一种"欺骗大众的启蒙精神"，它使受众产生被动、顺从和虚假的舒适之感，并相信社会是公正的，同时忘却了自身的不利处境和对自由的追求，从而有利于垄断资本主义控制。青少年文化是被批判理论学者寄予厚望的次文化，因为它具有成人大众文化所不具有的反抗的积极性，在文化与自然关系上，批判理论谴责工具理性和人类中心主义造成的人对大自然的奴役和破坏，强调动物与人的平等权。

4.在现实的关系上改造社会

批判主义教育理论在改造客体的过程中把握客体，呼吁人们改造社会的不公正。批判理论以改造社会中的不公正状态为自己的目标，在批判理论与实践以及社会现实的关系问题上，批判主义是通过分析抽象概念所揭示的社会现实的内在机制来分析社会现实的。霍克海默引用马克思对资本主义社会经济过程的分析来说明这种批判理论的逻辑结构。根据对商品交换的理解，马克思引入商品货币等概念，并通过这些概念揭示了资本主义社会经济过程的运行机制。马克思的经济学理论作为一种批判理论，说明"交换经济必然导致社会紧张关系的加剧，而这种紧张关系在当今历史时代里又必然导致战争和革命"。

三、对批判主义教育思想的反思

1.理论与实践的局限性

批判主义在理论上，既不能以新形而上学的思维把自己限制在纯粹的学问里，也不能像实证主义那样从直接的经验层面来理解世界，而是必须关心现实、探讨实际问题，通过辩证方法"把个别事实与历史意义结合起来，使其在整体性中表现真实性"，"把经验事实与历史意义结合起来，让历史的兴趣与辩证思想发生联系",从而达到真正认识事物本质的目的。

在实践上,批判主义要揭穿现实世界的不合理、不和谐的地方,揭露人性中虚伪和残酷的一面,不把自己限制在具体的经验科学里,而是使自己的批判对象总体化,使其呈现一种整体性,是要实现理论与实践相统一的理论。批判主义在政治上反对独裁统治,反对个人信仰和压制不同意见,要求开展社会斗争和社会革命,在全社会实现自由和平等。

批判主义在后期探讨了生产力的发展,以及由此带来的生产关系变化就可以促进社会的变革和进步,生产关系的改变必定引起全社会进步的单纯进化,经济基础的改变未必能造成上层建筑和全社会的改变,批判主义把这种生产关系的改变促进社会革命的理论讥讽为"助产婆学说"。

2. 对历史意义的否定

批判主义理论认为,人类社会的进步就在于人的主动性,即人的始终不懈的真理追求和从不放弃的政治渴望,因此,社会变革不能限于等待和观望,不是仅仅对真理的占有,而是"在历史中具体的、可以见到的可能性",并认为历史没有意义,并且拒绝了黑格尔关于历史必然性的抽象观点。它认为:"历史本身并没有显示理性,历史并不始终是那种'本质性',它既不是我们必须服从的'精神',又不是'权力',而只是对人的社会生活过程的事件的总结。"

但是批判主义理论相信,历史是由人的连绵不绝的主动性行为构成的;只有人的主动性才能使人从强大的自然力量、从统治者的暴力和压迫中解放出来,只有人的行动才能克服由人自身和自然力量造成的个人的痛苦和普遍的痛苦;只有拥有真理的人运用真理和按真理办事,人类历史才能继续前进。

总之,批判主义理论认为:材料和历史并无客观意义,历史是没有理性的,只有人的社会主动性才能使人类的解放从痛苦的自然史、统治者的压迫和暴力中产生出来。

对有关历史真相问题,批判主义不同意存在着一个超越时空的绝对真理的唯心主义观点,也不赞成社会利益决定真理的庸俗的唯物论,而是认为历史真相是暂时的和有限的，但真理应当能够正确地反映时代的结构和美好时代的原则，应当是一种建立在洞察理性社会能力基础之上的行动方案。

3. 对社会革命的质疑

社会革命是新旧社会形态更替的决定性质变，是社会运动借以为自己开辟道路并摧毁僵化垂死的政治工具。革命的历史作用在于改变旧的生产关系和上层建筑，建立新的生产关系和上层建筑，解放社会生产力。革命可以激发人民群众的革命意识、革命热情和创造才能，鼓舞他们投身于创造历史的伟大事业。历史上的每一次大革命，总能在一定程度上发动和锻炼人民群众，发挥群众创造历史的主动性、积极性，推动历史前进。马克思说："革命是历史的火车头。"在阶级社会中，一个阶级推翻另一个阶级的统治，实现国家政权的更替，是通过社会革命进行的。

批判主义理论派揭示阶级社会的发展规律，曾对社会革命产生了怀疑，对革命的目的和结果产生了怀疑，认为：革命并没有带来什么自由，只是带来了一种更精巧的统治技术即权威，要求无条件服从并制造服从的权威，连法国大革命都表现出了极权倾向。因此，资产阶级时代的激进左派政党和右派政党从来也都是倾向于极权国家的。他们把十月革命的国家，称为"摆脱了对私人资本的一切依赖的最彻底的一种极权国家"，它就是"国家干涉主义，或叫国家社会主义"，即使是在可以想象的自由的、无阶级的民主条件下的管理也可能会变为新的统治和压制。

第四节 中国批判主义教育的发展及其影响

一、中国批判主义教育的发展

西方马克思主义诞生大半个世纪之后，于20世纪80年代末传入中国，至今才20多年。20多年来，中国社会状况发生巨大变迁，中国知识分子把握西方思潮并用之解决中国问题的能力和水平也大幅度提升。时间虽短，中国人对它的理解、态度、运用却有很大的变化。

对于中国历史的走向和对于人类命运归宿的方向感和健全感，对西方马克思主义研究的正确程度和深刻程度，正在受到考验。中国最新一轮现代化的建设已历时20多年，既有举世瞩目的成就，又面临不容忽视的问题。西方马克思主义最有价值的内涵是它的批判精神，它提出和发展的社会批判和文化批判理论，对于我们反省现代化进程中的种种负面现象，抵制物欲的膨胀和拜金主义盛行，具有可贵的启发和借鉴作用。但另一方面，它的浪漫主义和乌托邦气质，它对现代化的拒斥态度，造就出几个西方"新左派"的盲目追随者和蹩脚模仿者，却有碍于中国走向世界，走向现代。

20世纪60年代末，我国举国上下大学"无产阶级专政条件下继续革命理论"，在狂热和盲从的一代人中产生了一股自发的强大的然而是逆向的学习马克思理论的潜流。"文革"的非人环境，"文革"理论的空前武断使人更加相信马克思的论述："理论只要说服人，就能掌握群众；而理论只要彻底，就能说服人。所谓彻底，就是抓住事物的根本。但人的根本就是人本身。"西方马克思主义独特魅力就在于它从人的角度出发理解和阐释马克思主义思想。

70年代末，中国教育理论界正式接触西方马克思主义，通过对苏联的批判，匈牙利卢卡奇关于异化的理论也为中国教育界所了解。

80年代初，西方马克思主义正式成为学术界的研究对象，学者、教师和学生都表现出了强烈的兴趣。中国经营者力图做借鉴和接纳的工作，以扩大研究马克思主义、考察中国和世界现状的视野。

90年代，中国社会发生的极大变化，市场经济的建立，对人们的心理造成了巨大的冲击。但是研究西方马克思主义的人数减少，以前那种纯粹批判的态度，也转变成在了解、交流和撞击中发展马克思主义的主张。大众文化、商品文化的平庸性，精神和价值的失落，引起了不少文化人的忧虑与反弹，社会批判和文化批判应运而生，西方马克思主义提供了抗拒和批判的张力与武器。后现代主义与西方马克思主义虽然在某些原则和理论上有根本差异，但这两种思潮在立场、观点、方法上的交叠重合处也很多。在中国，"文革"的理论、西方马克思主义和后现代主义三者之间也确实有共通的思想渊源。于是，在中国的知识界，对现代化导向最坚定和最彻底的批判者往往是这样的三位一体：西方马克思主义，后现代主义，批判主义。

二、批判主义教育对中国的影响

西方马克思主义是资本主义世界工人革命运动低潮时期的产物，由于科学技术革命和西方社会自觉的或被迫的自我调适、自我变革，批判主义思想在西方各国大体上处于相对稳定的发展阶段。身处西方社会的理想主义者和社会变革家，无法炮制一种经济危机及其爆发的理论及无产阶级夺取政权的策略。

但是，现代化社会并不意味着完美无缺、毫无问题，从马克思的原始出发点——人的解放、消除异化、个人自由、人的全面发展看，现代发达社会中的人一方面得到了物质享受，另一方面却在人性上付出了极大的代价，迷失甚至丧失了自我。因此，西方马克思主义者主观上坚持初衷不变，客观上形势使然，走上了社会批判和文化批判的道路，并以他们的深刻和执着，提出了许多发人深省的观点。作为一种批判理论，西方马克思主义和经典马克思主义的基本精神是相契合的。

中国改革开放30多年，取得了巨大的成就，方向、路线、政策的改变引发了社会结构、人际关系、文化心理各方面的巨大变化，特别是20世纪90年代开始大力发展的市场经济，大大地激发了中国知识界的批判意识。终于有人领悟到，时代的前进使人面临着一种问题转换：知识分子的使命不仅止于抨击守旧意识，为改革鼓与呼，而且要从价值层面对现代化的方向、后果或伴随现象加以监督，做社会公正的发言人、精神和文化的守护者。

对社会转型问题转换反应迟钝，或者囿于简单机械的"经济基础决定上层建筑"的思维模式，有人认为只要市场经济继续搞下去，一切道德、文化问题都会迎刃而解；更有人担心社会上对种种弊端的抨击，会不会导致否定改革，走回头路。

中国改革开放以来，守旧派否定改革和现代化，批判人心不古、世风日下，捍卫精神纯洁性的呼声使社会问题变得错综复杂。

然而，中国社会现代化从前现代中脱胎而出，发展至今，始终逃脱不了批判。中国文化传统中，缺乏批判的精神，要在工业化进程中从事批判，更是资源难寻。西方马克思主义是一个现存的武器库，他们指出，在商品丰富、物质生活提高的同时，产生了新的匮乏，即精神的空虚和痛苦：人们成了商品的俘虏，他们被动地接受传媒铺天盖地的广告，这些广告制造虚假的、强迫性的需求，人们的情趣在不知不觉中完全被大厂商调度和控制，毫无理性地一味追求高档、名牌商品；在虚假的满足中，人丧失了自己的天性，甚至丧失了痛苦的感觉，这并不是说明痛苦不存在，而是说明人已被异化得失去了自我。

大众文化、商品文化时代的到来，使得文化享受（实质上是文化消费）摆脱了贵族化限制，而成为一件轻而易举的事。但是，霍克海默和阿多诺等人提出的"文化工业"概念，深刻而尖锐地揭露了这种庸俗文化的本质：这种大批量制造的文化商品使艺术作品的创造性、批判性和想象力萎缩乃至消失，它们不是按照艺术品的内在逻辑创造出来，而是按投资者和制造商对投入—效益的估计批量生产，它们的价格越便宜，内容就越贫乏，品质就越低劣。但大众的口味就这样被调配，以至于人们在表述内心生活和倾诉感情时，都按照文化工业提供的单一模式进行。

由于异化性的高消费、大生产，人类与自然的和谐关系早已不复存在，双方处于极度尖锐的对立和冲突中；贪得无厌地追求物质享受驱使人不加节制地开发自然，这实际上成了盘剥和破坏自然。中国批判主义教育者借用恩格斯的话警告说：自然界对来自人类的侵略并不是无动于衷的，它会进行报复，在人与自然的战斗中，最终吃亏的还是人类。他们主张重建新的经济模式，限制消费，降低生产，扭转浪费资源、破坏生态平衡的趋势。

三、中国批判主义教育对教育改革的探讨

1. 探索适合中国教育改革的评价机制

在教育改革中,应积极借鉴阿普尔倡导的技术性评价、美学式评价、伦理式评价和政治性评价四结合的方式,改革中国传统教育技术性评价的弊病。拓宽视野,积极探索经验,构建教育评价新理论、新模式,倡导发展性评价,凸显以评价促进发展的功能。注重对学生素质的综合考查,强调评价指标的多元化,对学生的评价不仅要关注学生的学业成绩,而且要发现、发展学生多方面的潜能。改变单纯通过书面测验检查学生对知识、技能掌握的情况,倡导运用多种方法综合评价学生在情感、态度、价值观、创新意识和实践能力等方面的进步和改变。

2. 改革要有助于实现社会公平

加快中国区域教育均衡发展,深化教育民主和公平,促进社会公正和谐。如果要回答阿普尔的提问:"谁的知识最有价值?""谁受益?"中国教育改革的正确回答应该是经过实践检验证明是真理的知识、有利于学生终身受益和可持续发展的知识最有价值,教育生态系统中的每一个主体都能受益。

中国教育应吸取阿普尔所批判的美国教育改革市场化陷入困境的教训,坚决摒弃教育产业化的思维和实践,秉持民族道义、政治道义、文化道义,承担起政府的责任和义务,进一步巩固义务教育取得的教育机会均等的成果,同时进一步深化中国教育均衡发展的战略目标,促进教育民主、公平和社会公正。

我国教育的基本方针是:"努力使全国人民学有所教","坚持教育公益性质,加大财政对教育的投入",强调"教育是民族振兴的基石",要"优先发展教育","建设人力资源强国",这为中国教育在21世纪的发展指明了新方向。

3. 中国教育改革应研究理论与实践的紧密结合

阿普尔主张批判教育研究和反思性实践,反对象牙塔内"垒窝筑巢"式的脱离实践的纯思辨研究,关注和一线教师的合作并以服务者的身份参

与。脱离实践正是中国当前教育改革的软肋之一，不少指导教育改革的理论工作者不能深入实践，充分调研和实验，坐而论道；不少一线教育行政领导、教师由于教育的惰性和教学观念的落后、教学策略和教学方式的保守而盲目排斥新教育改革；盲目改革，所依据的理论不实用、缺乏操作性和考试制度改革的滞后，或自以为任何教育改革都能有效地改进教学、课程改革的成功都能立竿见影。

批判主义教育理论的本土化、实效性和教师观念、行为变革成为新课程改革的关键点。因此，理论与实践紧密结合，加强教师叙事研究、行动研究，注重田野研究、实验研究，理论研究者、教师、家长、社会等形成合力，教育改革才会成功。同时，要改革师范教育，建设好教师培养基地；提高从业标准，深化教师专业发展；提高教师待遇，吸引人才，稳定教师队伍，以此增强师资力量，提高教学水平。加强教师培训已成为我国推进教育改革的紧迫任务。新课程新理念，将使教师的教学方式、学生的学习方式有全新的改变。力求通过多级多元培训和教师自主发展转变教师的教学观念，使教师认识到课程和教学已不再是两个彼此分离的领域，教师和学生已不再是外在于课程的，而是课程的有机组成部分，是课程的创造者和主体；课程是创生的过程，"教学是教师与学生交往、互动的过程。在这一过程中，师生相互交流、相互沟通、相应启发、相互补充，分享彼此的思考、经验和知识，交流彼此的情感、体验与观念。"

教育改革的问题应提到国家层面来对待，并需要动用国家的力量和动员全社会参与，才能取得较好的整体效果。作为教育改革决策层面的教育行政人员和课程实施层面的广大教师，更应具备积极、灵活实施新课程的观念、能力和必要的素质。

4. 处理教育理念的借鉴与本土化之间的关系

中国教育改革是实验也是试验，这种全方位改革在国内没有先例可供借鉴，摸着石头过河，需要冒险的精神和勇气。这启发我国教育改革应反思和批判性地引进借鉴国外先进的教育理念，将阿普尔以及其他批判教育家追求社会公正的教育思想本土化并结合弗莱雷"解放教育思想"付诸实践。

结合我国教育改革现实，与传统教育理念的精髓融合，达到教育目的性与规律性的统一，这也需要引进国外先进教育理论，使之本土化——"中国特色、中国精神、中国气派"的本土化，只要方向明确，就一定会取得成效。

本土化需要实践和时间，企图一蹴而就的本土化是难以实现的"理想国"。对中国教育改革而言，国际理念本土化问题虽应有理论上的探究与争辩，更应注重实践，更应脚踏实地地践行，走出教育改革的新路子。我们应具备阿普尔批判教育研究主张的批判性反思和批判性行动统一的思想，批评者也应成为行动者，真正着眼现实，批判性地反思现实存在的教育问题并致力于教育改革的行动，而不仅仅是言语的批判。

批判主义教育思想以尖锐犀利的批判精神，深刻揭示了教育中"谁的知识最有价值"的意识形态本质，批判了新霸权主义集团教育政策的市场化、私有化机制，给中国教育改革以深刻的启迪。要以批判主义教育的思想认识教育领域复杂的矛盾关系，追求教育民主与社会公正。

本章综述

通过本章的学习，可以初步了解到批判主义教育的产生及其必然性，学习并掌握批判主义教育的各大思想流派及其基本理论观点，形成对批判主义教育的模式认知；学习并了解批判主义教育的独有特征及目标，启发学习者对批判主义教育在多年的发展中进行反思；积极思考批判主义教育对中国教育的影响及对教育改革的启示。

附录：

知识拓展——人物介绍

尤尔根·哈贝马斯是德国当代最重要的哲学家之一，同时也是西方马克思主义中法兰克福学派第二代的中坚人物，被公认是"当代最有影响力的思想家"，他也被称作是"当代的黑格尔"和"后工业革命的最伟大的哲学家"，在西方学术界占有举足轻重的地位。

哈贝马斯的思想庞杂而深刻，体系宏大而完备。他的思想特色主要表现为以下几个方面：

1. 论战性

哈贝马斯进入学术领域后，便不断向各种不同的思想路线提出挑战，掀起了一场又一场的学术论争。值得重视的有：与波普尔、伽达默尔等的方法论之争；与福柯的现代性之争；与亨利希的形而上学之争；与诺尔特等的历史学之争；与鲁曼的社会理论之争；与罗尔斯的规范民主之争；与斯洛特迪杰克的基因技术之争，等等。

2. 综合性

哈贝马斯是一位杰出的综合大师，他把不同的思想路线、理论范畴有机地结合起来，比如，把马克思主义与精神路线、理论范畴有机地结合起来，又如，对于马克思主义与精神分析的综合、对于德国唯心主义哲学传统与美国实用主义哲学传统的综合、对于哲学先验主义与哲学经验主义的综合等。

3. 体系性

哈贝马斯十分重视自身理论体系的构建，长期以来，他逐步从方法论、认识论、语言哲学、社会学、美学、政治学、法学等角度，建立和完善了自己的交往行为理论体系，试图从规范的角度对马克思主义，特别是法兰克福学派的批判理论加以系统重建。

4. 实践性

哈贝马斯虽然是一位学院派思想家，但十分看重自身思想的实践性。从1968年积极投身"学生运动"开始，哈贝马斯在德国的政治实践领域就一直都发挥着巨大的影响力。比如，在1998年德国大选中，哈贝马斯在关键时刻曾为社会民主党大造舆论，提供理论支持。此外，在20世纪90年代，哈贝马斯曾率领自己的弟子，与以时任黑森州环境部长的菲舍尔（现任德国外长）为代表的一批政治家组成政治俱乐部，定期举行政治沙龙，从政治哲学的高度讨论重大内政与外交问题，为菲舍尔的外交政策奠定了学理基础，比如，最近菲舍尔关于欧盟改革的一揽子建议与哈贝马斯的话语政治模式之间就存在着一定的内在联系。

从20世纪80年代初期开始，哈贝马斯的著作就被翻译成中文出版，在我国学术界有着不小的影响。迄今为止，我国已经出版和即将出版的哈贝马斯著作，主要有上海人民出版社的《哈贝马斯文集》（六卷本）、三联书店的《交往行为理论》以及《事实与价值》、译林出版社的《后形而上学思想》、学林出版社的《公共领域的结构转型》和《认识与兴趣》等。

哈贝马斯的交往行为作为一种后马克思主义学说，的确存在着普遍主义、折中主义以及西方中心主义的问题，这些都值得我们做深入的分析和批判。但哈贝马斯对发展马克思主义的尝试，特别是他把经典马克思主义学说与晚期资本主义社会实践结合起来的尝试，值得我们予以认真关注，比如，他对于晚期资本主义合法性危机的透彻分析、对于历史唯物主义的重建、对于民族国家范畴的历史梳理，以及对于全球化语境下民主制度的安排和公民资格的确认等的严肃思考，都是十分富有启发意义的。

思考题：批判主义教育对中国教育改革问题的探讨。

第十一章 智慧教育

> 学习目标
> 1. 了解：智慧教育的概念产生与发展
> 2. 掌握：智慧教育的内涵与理论基础
> 3. 分析：智慧教育的构建、特征与要求
> 4. 了解：中国智慧教育的理论研究、推进的原因、取得的进展及对智慧教育的反思
>
> 关键词：智慧教育　智慧教育体系　智慧学习环境　学习能力

智慧教育在世界范围内历经10年的发展、研究，影响日渐增大。一些国家开展了一系列的智慧教育实践活动，并在现代教育系统的基础上构建了智慧教育的体系，包括教育制度、教师制度、数字时代的学习者、智慧学习环境和学习模式五大要素。

智慧教育就是通过建构起来的智慧学习环境，运用智慧教学方法，促进学习者进行智慧学习，参与各种实践活动，实现对学习环境、生活环境和工作环境的适应、塑造和选择，以期培养学习者的高智能和创造力。智慧教育的发展是当代教育变革的一种基本价值走向，人们对智慧教育的认识是一个逐步渐进的过程。

第一节　智慧教育概念产生与发展

一、智慧教育的产生

自古以来，智慧的概念出自哲学，哲学被理解为"智慧的学说"，并在哲学学科中占据主要的地位。智慧教育的思想最早由哲学家提出并阐述，其出发点和归宿点是唤醒、发展人类"智慧"。印度著名的哲学家克里希那穆提在其专著《一生的学习》中从智慧的高度解读了教育，认为真正的教育要帮助人们认识自我、消除恐惧、唤醒智慧，并明确指出"智慧是教育永恒的追求"。

英国著名哲学家怀特海提出儿童智慧教育理论，认为教育的主题是生活，教育的目的是开启学生的智慧。

加拿大"现象学教育学"的开创者马克斯·范梅南，提出了以儿童发展为取向的智慧教育学理念，指出教育者应该为儿童创造一种充满关爱的学校环境，要关注儿童真实的生活世界，关心儿童的存在和成长。

美国著名心理学家斯腾伯格提出智慧平衡理论，倡导为智慧而教，认为教育应教会学生理智地思考和解决问题，充满智慧地平衡人际利益以及人与环境之间的关系，培养学生的社会责任。

我国学者靖国平认为，传统意义上的智慧教育是以传授给学生系统的科学知识、形成学生的技能、发展学生的智力以及培养学生能力为目的的教育，是一种狭义的理解，具有一定的局限性。基于此，他提出了广义智慧教育的概念，对智慧教育的内涵进行了扩展。广义智慧教育是一种更为全面、丰富、多元、综合的智慧教育，它主要包含三个既相互区分又彼此联系的方面：即理性（求知求真）智慧的教育、价值（求善求美）智慧的教育和实践（求实求行）智慧的教育。教育的根本旨趣在于促使受教育者全面地占有自己的智慧本质，成长为理性智慧、价值智慧和实践智慧的统一体。

二、国际智慧教育的发展现状

1. 新加坡智慧教育

2006年6月新加坡启动一项国家科技发展计划——"智慧国2015"(iN2015),目的是使公民更好地适应未来的信息社会,能够运用信息手段随时随地进行个性化学习与终身学习,以保持个人乃至整个国家的竞争力。

新加坡教育部联手实施的智慧教育计划核心内容是:

(1) 使用信息技术改变教学方式,开发全新的学习资源及采用新的评价方式,建立以学习者为中心的个性化学习空间;

(2) 建设国家范围的教育基础设施,使所有学校都可以便捷与低成本地接入高速宽带网络,同时使学习者可以方便地获取需要的数字资源;

(3) 使新加坡成为全球教育领域使用信息技术的创新中心。

新加坡智慧教育以教育信息化为契机,利用网络技术开发教学潜能,智慧教育呈现出泛性特征,打破部门界限,整合国家资源,服务民众。

2. 韩国智慧教育

2011年6月韩国教育科学技术部发布《通往人才大国之路,推进智慧教育战略》的提案,目的是进行智慧教育变革,改造课堂,提高技术支持的学习效果,培养适应未来信息社会的创新型国际人才。

韩国智慧教育的核心思想是:

(1) 自我导向:学习者在有或无他人指导协助下进行自主学习,调控自己的学习需求,决定学习目标,选择学习资源,实施适当的学习策略,并评估学习结果;

(2) 激励:通过创设学习情境,提供学习体验,激发学习者的学习兴趣;

(3) 适应:教学系统要灵活和个性化,以适应不同学习者的特点;

(4) 丰富的资源:开放资源平台,为学习者提供海量的优质学习资源;

(5) 技术:为学习者建构技术支持下的智慧学习环境,可随时随机地学习。

韩国的智慧教育关注相关法律法规的制定，并汇聚各方力量共同建设与发展智慧教育，打造智慧教育产业链，提升其在国际上的影响力。

3. 美国智慧教育

2010年美国发布了第四个国家教育技术规划《改变美国教育：技术增强的学习——美国国家教育技术计划2010》（简称NETP2010）。该计划的核心观点是提出"21世纪的学习模型"，包括学习、评价、教学、设施和绩效五大要素。其核心思想与智慧教育理念基本一致。

NETP2010对教师提出要适应学习者个性化的学习需求、学习方法、学习地点和学习时间，教学的关注点在于"如何教"和"教什么"。

NETP2010要求把学习者放在社会生活或尽量贴近真实的情景中，利用技术为其提供各种方法掌握自己的学习，使个性化学习成为一种普遍广泛的学习方式，增加学习者的学习动力，提升学习者的学习能力和知识水平，以获得更高的学业成效。

美国的智慧教育战略强调网络环境是完善智慧教育的保障，在技术变革教育向智慧教育转变的过程中，对教育数据的深度融合和应用是未来智慧教育的起点。美国明确教育信息资源的重要性，教育信息资源将成为美国智慧教育的发展方向。

4. 欧洲智慧教育

欧洲各国教育发展水平各不相同，欧盟教育政策侧重于促进欧洲教育一体化的整合。欧盟第七框架技术中，首次提出计划项目目标：一是推动文化传承为主；二是提升学习者学习能力为主，目标在于推动信息技术在学习和文化资源获取过程中的带动作用，满足信息和知识的个性化需求，并最终提升欧盟教育的智慧化水平。

以英国为例，2008年其在"下一代学习运动"的战略中提出：促进新一代学习者利用技术转变学习方式，提高学习效率，为个人潜能的发挥创建更加个性化的环境，让学习者和家庭都能从技术中受益。

欧盟智慧教育战略的制定与推进主要关注的是对文化的传承、对信息技术基础设施体系的建设，以及信息技术与教学、服务过程的整合；同时也关注教育主体的协同互动形成的合力。

三、智慧教育的理论生成

教育智慧形成于理论与实践的结合，是理论知识与教育教学实践经验完美结合的产物。在充满不确定性的教育教学活动中，面对具体、特殊的教学事件，教育者依据内隐的理论知识，迅速透过教学活动过程的特殊性找到与之吻合的教育规律，做出即时判断和恰当反应。这些大量实践活动的经历，经过教育者的反思、积累、过滤、梳理与整合，形成理论自觉的教育教学经验。随着这种经验的不断丰富，教育者处理教育教学生成事件的能力和水平不断提升，甚至达到自动化程度。这时，教育者就形成了较为稳定、成熟、高水平的教育智慧。教育智慧的形成过程体现了教育智慧具有个体性、情境性、生成性、缄默性、综合性等特点。这个过程中，教育理论知识和教育教学实践经验分别因提供理性的、普遍的概念性知识和直觉的、特殊的感知性知识而必不可少：没有系统理论知识做基础的教育教学行为，属于技术性行为；没有教育教学经验的感知性知识，教育理论始终如纸上谈兵，无法从真实情境中做出有效的判断和选择，发挥其指导作用。教育智慧恰恰生成于两者的连接。教育智慧形成的过程，是理论直觉的教育教学实践不断体验、思考、反思的积累过程，既是连续的发展过程，也是发展到一定水平的表现。具有较高的教育智慧，是教师专业发展成熟的标志。

概念性知识源于实践活动。理论知识是从大量特殊的、具体的教育教学情境中剥离掉特殊的具体的教育教学表象，抽出其内在的必然的本质概括而成。理论知识在教育教学实践中主要解决"为什么"、"所以然"一类的问题，抽象、静态，具有普遍适用性。

教育教学实践经验同样源于教育教学活动，由大量的具体情境而形成较固定的反应模式和技能。教学实践经验在教育教学实践中主要解决"如何做"、"知其然"一类的问题，具体、动态，具有特殊性。教育教学活动则提供了大量独特、具体的生成性教学事件,是理论知识与实践经验相互连接的平台。教育智慧就是两种知识在具体的教育教学活动中高度融合的过程与结果。

智慧教育在具体的教育教学活动中,能够将先前掌握的普适性的理论知识同眼前具体的问题联结起来,寻找合适的解决策略和应对行为的综合能力就必须还原理论、实践和经验的真实关系,在真实或接近真实的活动中深刻理解、内化教育教学活动中包含的教育理论,积累教育理论自觉的教学实践经验。

因此,基于教育智慧理论的教学应遵循教育智慧形成的规律,还原理论、实践、经验的胶着状态,创设大量丰富的教育教学情境,提供真实的教学实践活动,帮助学习者通过参与、体验、思考、判断、反应、反思等方式获得并积累教育智慧。

第二节 智慧教育的内涵与理论基础

一、智慧的定义

"柏林智慧项目"是一项于20世纪80年代启动的研究,该项目通过研读古代和现代的文献,将智慧定义为:"关于生活基本实用领域的专业知识体系。"该项目的创始人之一厄休拉·M·斯托丁格还进一步将其区分为一般智慧和个人智慧,前者指从观察者的角度来认识生命,后者指深入洞察自己的人生。

美国哥伦比亚大学生涯发展心理学家斯托丁格教授表示,真正的个人智慧包括五个要素,分别为自我洞察力、证明个人成长的能力、对所处的历史时代和家族史的自我意识、认识到凡事(包括自己)先后缓急和价值都不是绝对的、认识到生活中充满了不确定性,并指出智慧包含三个关键的组成部分:认知、反思和悲悯。真正的智慧包括认识到自己内外部的负面因素,并试图从中吸取教训。

社会学家阿尔德特教授认为：智慧的显著特点在于"减少自我中心"，智者会尝试从多个角度而不仅从他们自己的立场来了解情况，因此表现得更加宽容。

卡斯滕森教授对情绪调节进行了研究，表示情绪是智慧的重要组成部分。作为智者，"你不仅要有能力调节自己的情绪状态，还要能顾及他人的情绪状态"。

二、智慧教育的界定

关于"智慧教育"的概念，目前学术界没有一个统一规范的表述。归纳起来有以下几个：

（1）智慧教育就是智能教育，主要是使用先进的信息技术实现教育手段的智能化，重点关注技术手段。

（2）智慧教育是一种基于学习者自身的能力与水平，兼顾兴趣，通过娴熟地运用信息技术获取丰富的学习资料，开展自助式学习的教育，重点关注学习过程与方法。可作为代表的词组缩写 SMART 是由 Self-directed（自主式）、Motivated（兴趣）、Adaptive（能力与水平）、Resource enriched（丰富的资料）、Technology embedded（嵌入式技术）等词汇的合成词。

（3）智慧教育是在传授知识的同时，着重培养人们智能的教育。智能包含学习能力、思维能力、记忆能力、想象能力、决断能力、领导能力、创新能力、组织能力、研究能力、表达能力等。

（4）从教育信息化的角度，认为智慧教育就是指利用物联网、云计算、移动网络等新一代信息技术，通过构建智慧学习环境，运用智慧教学法，促进学习者进行智慧学习，从而提升成才期望，即培养具有高智能和创造力的人。

三、智慧教育的内涵

世界各国越来越多地开始关注智慧教育，智慧教育的内涵也随之发生变化。不同领域、不同行业对智慧教育的理解不同，并没有形成统一的认知概念。

1. 教育现代化观念下的智慧教育

教育现代化包括教育思想的现代化、教育制度的现代化、教育内容的现代化、教育设备和手段的现代化、教育方法的现代化、教育管理的现代化，是用现代先进教育思想和科学技术武装人们，使教育思想观念、教育内容、方法与手段以及校舍与设备，逐步提高到现代的世界先进水平，培养出适应并参与国际经济竞争和综合国力竞争的新型劳动者和高素质人才的过程。

智慧教育是适应现代社会发展需要的高度发达的教育形态，具备公平性、终身性、创新性、开放性、个性化等多个教育现代化的核心特征。智慧教育既是教育发展的新境界，也是教育现代化追求的重要目标。智慧教育不仅仅体现在教育环境的智能化上，还包括教与学的智慧化、教育管理的智慧化、教育科研的智慧化、教育服务的智慧化、教育评价的智慧化等多个方面，是信息化推动下的全方位教育变革。教育现代化的核心是人的现代化，智慧教育旨在培养大批具备21世纪技能、拥有创新意识和创新能力的现代智慧型人才。

2. 信息技术下的智慧教育

21世纪人类社会已全面进入信息时代。信息技术不仅能为教育战略目标的落实提供高效率的工具，其普及与渗透还改变了我们重大战略实施的教育系统，从而对这些战略落实提出了变革性的思路和挑战。对于智慧教育而言，技术不再无足轻重，其角色已经发生"质变"。

信息技术下智慧教育是依托物联网、云计算、无线通信等新一代信息技术所打造的物联化、智能化、感知化、泛在化的教育信息系统，是数字教育的高级发展阶段，旨在提升现有数字教育系统的智慧化水平，实现信息技术与智慧教学、智慧管理、智慧评价、智慧科研和智慧服务的深度融合，促进教育利益相关者（学生、教师、家长、管理者、社会公众等）的智慧养成与可持续发展。

信息技术的合理导入和应用加速了整个教育系统的和谐运转和持续进化，带动教育现代化事业不断向前发展。智慧教育通过对现有数字教育系统的升级改造，使信息化基础设施、数字教育资源、管理信息化水平、师生信息技术素养等方面都有显著提升。

智慧教育要教会学生适应21世纪的生存技能，包括学习与创新技能（批判性思考和解决问题能力、沟通与协作能力、创造与革新能力）、数字素养技能（信息素养、媒体素养、通信技术素养）和职业生活技能（灵活性与适应能力、主动性与自我导向、社交与跨文化交流能力、高效的生产力、责任感、领导力等）。

3. 教育主体观下的智慧教育

教育是否真正有价值，在于它是否拥有智慧，是否有智慧的教师通过有智慧的教育培养了有智慧之人，这才是教育的本质和灵魂。教育过程应不断努力营造智慧，实现智慧的教育。

有学者认为：

教育的本真任务——智慧教育：教师轻松，学生快乐，家长满意，社会认可；教育的长效策略——教育智慧；慷慨给予学生成功的喜悦。

智慧教育对学习者的评价，更符合学习者的实际，让学习者感受到成功的快乐。智慧教育是用欣赏的眼光看待学习者，要适时地给他们制订出适当的高而可攀的目标，进行分层教学，努力使每一个学习者都看到努力的方向，都尝到成功的喜悦。

智慧教育充分体现了"以学习者为中心"的思想，强调学习是一个充满张力而又平衡的过程，揭示了"教育要为学习者的智慧发展服务"的深刻内涵。

智慧教育是教育的一种过程，一种境界。在智慧教育中，教师应该是充满教育智慧的，课堂应该是智慧的课堂，管理应该是智慧的管理。智慧教育的真谛是给予学生智慧，以教师的智慧激发学生的智慧潜能，不是只关注学生的知识、技能、分数，而是更关注学生的未知世界，学生生命的智慧。智慧教育是一种最直接的帮助人们建立完整体系的教育方式，其教育宗旨在于引导学生发现自己的智慧，协助学生发展自己的智慧，指导学生应用自己的智慧，培养学生创造自己的智慧。其最重要的价值在于帮助学生建构一种前所未有的具有自我组织、自我进化、自我完善、自我构建、自我发展，具有独特个性的完整的集成智慧体系。

教育是一门艺术，更是一门智慧，需要的是智慧的教育，更需要教师的智慧。

第三节 智慧教育体系的构建、特征和要求

智慧教育是信息时代的新型教育形态，与传统信息化教育相比，呈现出不同的教育特征和形成体系。

一、智慧教育体系的构建

1. 智慧教育体系的构成要素

智慧教育体系的构成要素包括：多元化的教育主体、完善的教育机制、良好的学习环境及教育教学学习活动。

（1）多元化的教育主体。智慧教育的教育主体应该是多元化的，以管理者、教育者、学习者、家长和社会公众为核心的主体对象。

智慧教育的主体不再局限于原有的概念主体——教师和学生，而已经扩大至全社会，所有的社会成员都是智慧教育的受众对象。

（2）完善的教育机制。完善的智慧教育机制为教育活动提供基本制度保障，保障智慧教育学习环境的有效运行，实现智慧教育的自循环和可持续发展的多元互动体系，包括管理机制、运行机制和反馈机制。

（3）良好的学习环境。良好的学习环境为多元化的教育主体提供教育资源支持服务，可以实现对各种教育资源的整合，满足多层次全生命周期的教育需求。通过对所有教育资源的开放、共享和交换，为多元化教育主体提供丰富的教育产品和服务。

智慧教育环境包括物理环境、社会环境和网络环境，为教育共同体的教育活动的开展提供智能化的空间和条件。

（4）教育活动。智慧教育的活动包括：智慧教学、智慧学习、智慧管理、智慧科研、智慧评价和智慧服务。智慧教育活动顺应学习者个性需求，学习活动过程是协作、探究、互动的形式，可以根据不同教学形式，进行科学适度规模的学习，可以最大限度地满足教学、科研、社会服务各项功能的要求。

2. 智慧教育的体系构建

（1）教育级别类型范畴。教育教学的级别范畴包括：学前教育、小学教育、中学教育、高等教育；教育教学的类型范畴包括：基础教育、职业教育、特殊教育、继续教育、全民教育。

（2）教育学制年限。在教育阶段上分为：全日制教育、业余教育和终身教育。

（3）教育组织机构。构建学校、社区、家庭"三位一体"的大教育体系及多元化的教育组织机构，使各方有机整合，保证社会全体人员在不同的组织机构都可以接受教育。学校负责教育的主要任务，家庭和社会要共同承担相应的责任与义务。

（4）教育目的。智慧教育的教育观倡导：教育与学习不仅仅是谋生或追求功利的工具与手段，更是全体社会成员完善个性、实现个体全面发展的最有效途径。

（5）教育对象。教育对象从全日制学生扩展到全体公民，满足所有社会成员的学习。由只针对部分成员的学校教育扩展到全民的社会教育。

（6）教育方式。采用教学与自学、正规教育与非正规教育、集中学习与业余学习相结合的一切有效途径和方法，进行智慧教育的教学活动。

二、智慧教育的基本特征

智慧教育的核心特征可以概括为：开放性、共享性、整合性、发展性。

1. 开放性

智慧教育学习环境是将学校、家庭、社区通过网络连接起来的各种场所的教育生态体系，云计算、物联网、移动通信等信息技术的发展为人类的学习提供了无限的可能，使学习机会无处不在、学习无时不在。学习活动不只固定在教室和学校，还应回归社会和生活，在任何有学习需求的地方、任何开放的空间。

智慧教育要培养的不是一般意义上的国家公民，而是适应21世纪发展需要、具有全球视野和创新思维的世界公民。智慧教育环境下的学习将走向泛在学习。"泛在"即无处不在的学习资源、无处不在的学习服务和无处不在的学习伙伴。信息社会强调个性化、多样化，多媒体技术的广泛应用需要社会培养具有个性的、有创造能力和开拓精神的人才。智慧教育的教与学可以根据学习者的学习偏好和学习的个性需求，提供学习资源或学习信息。智慧教育所提供的教学支持包括各项学习服务：提供学习者所需的认知工具、疑难解答、学习指导等。针对各自的兴趣、爱好、学习内容，学习者可以根据现有的基础知识及学习偏好调整学习目的，以适应智慧教育的学习活动。

智慧教育的良好环境能提供教育者、学科专家及学伴的资源信息，并全程记录学习者学习过程。教学主体是"人人教、人人学"。教育资源可以根据学习者的需求随处获取和使用。

2. 共享性

智慧教育具备教育环境、教育资源、教育管理与教育服务的智能管理与控制的特性，可以实现这四项全过程的管理与控制；对学习过程中的任何问题，能及时有效地解决。依据教与学的实际需求，合理运用教育环境，科学调度教育资源、调整教育机构布局，提供完善的教学支持服务。

智慧教育的优质教育资源基本实现了世界各个角落的共享，秉承"开放共享"理念，通过多种途径实现全球优质教育资源的整合与流通，使得世界各地的学习者和社会公众可以随意获取任何适合自己的教育资源（多媒体课件、视频课程、教学软件等）。全球优质教育资源的整合与共享，是突破教育资源地域限制的"智慧"，将有可能缩小世界教育鸿沟，提升世界各国和地区的教育质量。

3. 整合性

信息技术与教育的"多方位融合"特别是与学科教学的深度融合，是智慧教育的首要价值追求。智慧教育需要广大师生具备较强的信息技术应用能力，学科教学是教育系统的核心业务，需要合理有效创新应用技术，促进课前、课中与课后教与学活动的全程设计、实施与评价。信息技术在学科教学中的"融合"，使教师和学生从应用技术中逐步转变到接受教学活动本身，是智慧教育成功的重要标志和核心特征。

智慧教育基于泛在网络平台，具有时空交互的特性。在信息技术的系统集成环境下，通过虚拟学习平台，学习者可以在多个学习终端之间实现数据共享，可以通过各种教育信息系统，获取学习资源与服务，建立特定的学习情境，学习平台系统自动记录教与学互动的全过程，为智慧教育管理与决策提供数据支持，实现学习过程的迁移。

智慧教育教与学活动的本质是交互，智慧教育系统支持全方位的交互整合，包括人与人、人与物之间的交互，实现师生之间、生生之间随时随地互动交流，促进深层次学习。

4. 发展性

教育的最终目的是促进人的发展，智慧教育则是为了促进人的全面发展，为学习者提供学习路径指引和资源共享，学习系统支持及时快速反馈的教育方式，对教育过程的各种信息与情境进行感知、识别、分析、处理，运用先进的信息技术，全面提高教育质量与效益。

从技术层面看，智慧教育是指教育过程中运用的智能教育技术，它是信息化教育的高级形态。物联网、云计算和移动互联网三大信息技术的应用为智慧教育的发展提供了强有力的技术支撑：物联网技术支撑校园传感网建设，云计算技术支撑教育云平台建设；移动互联网技术支撑泛在学习的实现。

三、智慧教育对教学能力及学习能力的要求

随着智慧时代的到来，各种新的教育环境、教学工具、教学方法及教学

模式不断出现，对教师的智慧教学能力提出了更高的要求。教育技术的不断更新，需要教师提升教育技术能力水平，以促进教师专业能力的发展。

智慧教学的实施与教师教学能力密切相关，教师要提高教学质量和教学效率，必须合理运用教育环境，应用各种能力开展智慧教育活动。

1. 智慧教育的教学能力

（1）现代技术的应用能力。在信息化社会，智慧教育的教师首先必须具备信息技术应用的能力。在教育教学过程中，教学设计、开发、组织、管理和评价，都需要信息技术来实现。信息技术包括信息技术基础知识和信息技术的基本技能两个部分。把信息技术与不同学科进行整合，是教师完成教学任务的一项基本职业能力。

熟练使用信息技术与教学工具是现代教师应具备的应用能力的核心，教师必须了解各项技术和教学工具在教学活动中的功能，掌握信息技术的优势和特点，正确熟练地操作，并根据不同教学情景和教学活动，选择适用的教学工具，有效地组合使用，以帮助教学活动开展。

（2）教学设计能力。教学设计能力是教师基本能力的核心。智慧教育的学习环境可以共享教学资源，依托功能强大的教学平台，教师引入各种资源与教学工具，可以精心设计教学过程。

智慧教育的教学资源包含图、文、声、像等不同类型的资源，这需要教师把握教学目标，根据学习者个体不同需求，进行量身定制的教学设计，以满足学习者的个性要求，并创建优化的网络教学环境，实施有效的混合式教学模式，激发学习者潜在兴趣，促进深度学习。

（3）教学过程的把控能力。智慧教育具有开放性的特点，所以需要教师具有强大的组织能力、控制能力和互动能力。教学中，要观察学习者的学习行为，确保教学活动有序进行。教学活动是互动的过程，教师需要具备较强的人际交往能力，并通过各种途径方法解决学习者的疑惑。

教师不仅要把控课堂的有效性，对虚拟的学习环境，也必须管控学习者的学习心态、特征和需求，为学习者提供实时或非实时的教学策略，及时调整教学活动。

2. 智慧教育的学习能力

当今的教育对象是在网络环境下成长起来的学生，这一代学生在学习兴趣、学习方式、学习策略等方面的能力表现是完全不同的，他们更喜欢技术，更依赖网络，更习惯于碎片化的学习。智慧学习是发展学习者的自我认识、自我提升和不断的自我完善。信息时代的学习者应具备智慧学习的基本能力，以满足21世纪的社会发展要求。

（1）适应智慧环境的学习能力。智慧学习者要具有快速掌握各种信息技术和工具的运用能力，不但要能熟练应用各种技术，而且要乐于体验新的学习模式，构建学习者个体个性化的网络学习能力以及跨领域跨学科的协作学习和互动能力。

（2）学习资源的选择能力。智慧学习者应具备对智慧学习体系资源进行快速查找、合理辨析、精准选择及有效应用的能力。根据自身认知策略，对共享资源进行加工、整合、实现知识的整合转移，并能对复杂的情景问题进行综合处理，通过科学的逻辑推理，寻求最佳的问题解决途径。

（3）自我规划与调整能力。智慧学习者的学习，须能对自己的发展目标、认知水平、学习活动表现、学习策略选择、学习成果等进行科学、客观的评估和有针对性的规划调整，在自我评价的基础上，能够认真反思情感、态度、价值观等方面的发展变化，以及学习过程中的得与失，利用工具制定符合个体能力的发展路径，在规划的范围内，根据自身情况进行适当调整。

智慧教育是一个宏大的系统，包括智慧环境、智慧教学、智慧学习、智慧管理、智慧科研、智慧评价、智慧服务等核心要素。提升教育智慧，打造和谐、可持续发展的教育信息生态系统，培养大批智慧型人才，是信息化时代智慧教育的终极目标。

第四节　中国智慧教育的发展趋势

一、中国智慧教育的理论研究

综合学者的观点，智慧教育的定义大致有五：

一是认为智慧教育就是智能教育，主要是使用先进的信息技术实现教育手段的智能化，重点关注技术手段。

二是认为智慧教育是基于学习者自身能力与水平，兼顾兴趣，通过娴熟地运用信息技术获取丰富的学习资料，开展自助式学习的教育，重点关注学习过程与方法。

三是认为智慧教育就是在传授知识的同时着重培养人们智能的教育。智能包含学习能力、思维能力、记忆能力、想象能力、决断能力、领导能力、创新能力、组织能力、研究能力、表达能力等。

四是中国智慧教育创业领军人物蒋家傅教授，从教育信息化的角度，定义智慧教育为："利用物联网、云计算、移动网络等新一代信息技术，通过构建智慧学习环境，运用智慧教学法，促进学习者进行智慧学习，从而提升成才期望，即培养具有高智能和创造力的人。"

五是有学者认为："智慧教育就是为了促进人的发展，全面提高教育质量与效益，运用先进的信息技术，对教育过程的各种信息与情境进行感知、识别、分析、处理，为教育参与者提供快速反馈、决策支持、路径指引和资源配送的教育方式。""站在企业的角度，智慧教育就是通过大数据挖掘，满足教师和学生显性和隐性的需求。"

中国的智慧教育，伴随信息技术在教育领域的深入应用，已成为信息化教育应用的新范式。智慧教育主张借助信息技术的力量，创建具有一定智慧特性（如感知、推理、辅助决策）的学习时空环境，旨在促进学习者的智慧全面、协调和可持续发展，通过对学习和生活环境的适应、塑造和选择，以最终实现对人类的共善（对个人、他人、社会的助益）。智慧教育充分体现了"以学习者为中心"的思想，强调学习是一个充满张力而又平衡的过程，揭示了"教育要为学习者的智慧发展服务"的深刻内涵。

二、推进智慧教育发展的原因

1. 教育信息化的国家推动

2012年3月,教育部颁布《教育信息化十年发展规划(2011—2020年)》,对未来十年的教育信息化工作做了整体设计、全面部署。

同年9月,教育部召开全国第一次全口径教育信息化工作会议,强调要深刻把握新形势新要求,将教育信息化作为国家信息化的战略重点优先部署,并进一步明确了教育信息化发展的目标、任务、思路和重点。

同年10月,教育部等九部门印发《关于加快推进教育信息化当前几项重点工作的通知》,具体部署了以"三通两平台"建设为核心的七项重点工作,提出了实现教育现代化的目标;而教育信息化既是教育现代化的重要内容和体现,也是推动教育现代化目标实现的重要支撑,同时还是促进教育均衡优质发展的重要举措。

教育信息化面临新一轮的发展机遇与挑战,也面临更大的建设力度和更高的发展要求。在国家政策推动下,要求加快信息技术与教育教学的深度融合,实现教育思想、理念、方法和手段的全方位创新,智慧教育理应成为教育教学改革发展的支撑和保障。

2. 适应互联网一代学生的学习成长特点

当今社会的教育对象是在网络环境下成长起来的一代,在学习兴趣、学习方式、学习策略等方面与上一代学生(或教育工作者)大不相同。他们更喜欢IT技术,更依赖网络,更习惯碎片化学习。面对这一代"数字土著",教育应该创造一个什么样的教学环境,提供什么样的教学方式?智慧教育就最适合"90后"的学习和成长,从而应势而出,成为当前乃至今后的新型教育。

3. 面对21世纪人才培养观念的改变

联合国教科文组织提出21世纪人才需要具备三大技能:其一是学习与知识创新的技能,其二是生活与工作的技能,其三是信息、媒体与技术的技能。我们现行的教育系统、教育资源与教育模式很难培养出能同时具备这三大技能的人才。

现代人才培养目标迫切呼唤智慧教育。当今世界，科学技术日新月异，知识经济特征愈发凸显。在这种背景和形式下，智慧资本已然成为新经济的灵魂。从社会的发展来看，世界正进入智慧型人才为主流的社会，而持续创新能力和大量高素质人力资源的培养，正是智慧教育本质的具体表现。智慧教育是经济全球化、技术变革和知识爆炸的产物，是教育良好适应现代社会经济发展和人的发展的新摇篮，基本特征是能够满足教育和人才培养的普及化、终身化、个性化、国际化、信息化。因此，智慧教育是中国教育的必然走向，是人类的主体性和自我超越性的实践活动不断发展的必然反映，是人类步入智慧化时代的需要。

为了应对这三大挑战，世界各国几乎都把目光聚焦到教育信息化，都试图通过大力推进信息技术与教育的融合来寻找解决这些挑战难题的途径，也就是大力推动智慧教育。因此，智慧教育是信息教育发展的趋势和新阶段。

三、中国智慧教育取得的进展

我国以数字校园为核心的数字教育建设与应用水平逐年提升。随着教育信息化发展的不断深入，智慧教育引起教育界学者、专家的重视和青睐，并在很多地方开始付诸实施。作为教育信息化发展不同阶段的产物，对数字教育与智慧教育的关系进行深入的研究与探索，形成完整科学的智慧教育概念，就成为开创基础教育信息化工作新局面的关键所在。

2011年颁布的《上海市推进智慧城市建设2011—2013年行动计划》，提出实施"数字教育工程"的智慧教育；

广东佛山市在"智慧佛山"建设中制定了《佛山市智能教育工程实施方案》，主张推进"智能教育"工程建设，"发展智慧人文教育"；

2012年浙江温州提出智慧教育城市建设整体思路，经过一年的研究论证，《关于推进温州智慧教育城建设的实施意见》提出了立足"智能环境、智慧教育"的主旨，建设"温州智慧教育城"的目标，强调重点加强智慧教育基础环境建设、云应用服务平台建设、教育教学智慧服务体系建设三大核心工程建设，并在系统整合与大数据建设方面都有所突破。《温州智慧教育城项目实施方案》已经专家论证通过，并在实施中不断修改、完善，确定了完整科学的推进方案，其骨干核心内容已经付诸实施。

以上这些城市，都将智慧教育纳入基础建设，单独制定智慧教育的方案或意见，并提出构建教育公共服务管理平台，整合各类教育应用服务管理软件，实现教育基础数据共建共享，建设重点放在智慧校园，以及"智慧课堂"、"电子书包"和"云计算"辅助教学等。

这些地方的智慧教育建设尚处在探索阶段，虽然并未形成统一的认识和建设概念、目标与标准，但是这种创新的理念和对教育信息化发展趋势的把握和探索，符合教育信息化工作的内在规律和需要，也极大地促进信息化与教育教学的融合，有利于教育信息化整体推进和带动教育现代化发展。

21世纪科技的发展，物联网、云计算、三网融合等技术兴起，为教育信息化和现代化注入新的推动力，中国教育也开始进入智能化时代，即智慧教育阶段。祝智庭教授综合国内外对智慧教育的系统研究之后，提出信息时代的智慧教育是一种最直接、帮助人们建立完整智慧体系的教育方式，其教育宗旨在于引导发现自我智慧、协助发展自我智慧、指导应用自我智慧。

智慧教育就是依托物联网、云计算、新一代通信网络、高性能信息处理、智能数据挖掘等先进技术和云端设备，整合亟待建设和提升的各种应用支撑系统与服务资源，构建现代智慧教育信息化服务体系，通过智能化、智慧化管理和服务环境，推动建立最直接、最完整体系的智慧教育方式，协助学生发现智慧、发展智慧、应用智慧、创造智慧，从而促进学生智慧类型优化发展。智慧教育最重要的是围绕现代化的教育理念和教与学的新方式，重塑教育管理过程，围绕教育系统中学生和教师这两个关键因素重塑学习过程。

四、智慧教育面临的困惑

智慧教育的重点与核心是信息化与教育的系统融合与智慧应用，落脚点最终还是在课堂教学中。课堂教学环境建设的关键在于泛在网络技术应用，实现设备之间的无缝链接和互动，满足学习者主体需求的个性化资源和服务。通过政策完善和活动引导，充分调动教师的积极性，发挥教师的主动性，在教学空间设计、课堂技术选用与整合，以及教学策略选择和过程实施上，必须充分关注课堂主体的实际需要，实现人、技术、环境、资源等诸要素和谐共存。教育信息化需要解决三个问题。

1. 网域互通问题

教育信息化的网络建设，包括与外界互联互通的公共网络建设和各地区院校的局域网络建设两个方面。公共网络建设由专业的网络提供商负责，而各地各校的局域（城域）网络，已建成大量校园网和区域教育网，但并没有互联互通。这是当前教育信息化硬件建设中的一个严重问题。

教育云平台虽已有在线教育、智能语音技术、网络视频通信技术等新技术不断涌入，进一步加快了智慧教育发展的趋势，但是并没有随着互联网的渗透而进一步提升，学习者在线教育消费习惯没有养成，而内地在线教育市场规模有盲目扩大的趋势。

2. 应用技术开发问题

教育信息化应用技术的建设，包括两个方面：一是开发出支持信息技术基础的新型教学模式的应用平台，包括教学管理平台、教育管理平台、教学信息交互平台这三大综合应用系统；二是要开发足够多的优质教学课程和相关资源。但纵观当前市场上各种教育应用技术，包括学校自行开发的软件，都有不足之处：

首先，缺乏以教育信息化发展理论为指导的整体建设规划和目标。学校各自研发的教学系统、研究性学习平台之间，缺乏必要的整合和沟通，不能形成教学与管理上的合力，设计不够周全，使用起来很不方便。

其次，这些教学系统或平台开发的参照模型存在极大的误区。现在一般的做法是首先根据需求立项，技术人员根据学校要求，进行详细的需求调研，然后根据需求调研的结果进行系统分析，构建起软件系统的模型，最后开发完成。这样的模式是根据软件开发的常规进行的，在教育行业特别是教学领域行不通，是错误的。因为教学手段的信息化，必然引起教学方式和教学模式的信息化变革，其教学方式和教学模式不可能还与粉笔黑板式的教学方式和教学模式一样。如果教学平台软件的开发还以当前或以前的教学方式和教学模式为参照模型，就注定不能适应和满足教育改革的需求和发展。

3.教学管理问题

智慧教育需要利用多媒体、网络技术实现教学目标，学习者需要具备一定的信息技术素养。即使教学平台系统具备高质量的教学资源，也需考量学习者对资源如何进行智慧选择和对信息资源的过滤能力。

智慧教育利用信息技术实现职能信息管理的自动化，为学校高水平的教学和管理提供强有力的支撑。但是新型的管理机制，对实现不同职能部门之间的数据共享能否顺利畅通，如何实现高水平的师生互动，完成协助式的学习过程？如何提高决策的科学性和民主性？这些都是值得深思的问题。

智慧教育的核心理念就是充分利用当前社会最前沿的信息技术，建立多层次、创新型、开放式的现代学校，提高办学的质量和效益；以新的人才观、教学观和管理理论为指导，超越传统的教育模式，以便培养适应信息社会要求的创新型人才。

中国的智慧教育自产生以来，仍处在商业概念炒作阶段。目前有所提及并付诸实施的主要是马来西亚、韩国、澳大利亚等亚洲国家，国际学界尚未有深入研究。

本章综述

通过本章的学习，了解智慧教育的产生与发展、世界上一些国家对智慧教育发展的现状；厘清智慧教育的内涵；思考智慧教育体系与传统教育体系的区别与联系，以及智慧教育对教师教学能力与学生学习能力的要求。通过学习，了解中国智慧教育的理论研究、智慧教育推行的原因及取得的进展，引起对中国智慧教育的思考。

附录：

致力智慧教育产业　智启科技教育未来

摘自中华网：www.china.com 2014年9月16日新闻

中国首个专注教育信息化的专业展会——中国国际智慧教育展新闻发布会在京召开

由中国教育学会主办、《中国教育学刊》杂志社和雅森国际展览集团承办的中国首个专注教育信息化的专业展会——中国国际智慧教育展览会新闻发布会在京召开！来自主、承办方各界领导和行业翘楚共同参加了本次发布会，共有全国60余家媒体到场采访报道。

中国教育学会副秘书长陈力以题目《互联网时代的教育信息化现状及办展宗旨》为本次大会致辞。陈秘书长指出智慧教育是一项润泽千秋、造福后代的宏伟事业，希望参展企业和各位学界专家借助中国国际智慧教育展会这个有效平台，扛起各自肩头重担，发挥自身作用。

《中国教育学刊》杂志社社长周长春也就《智慧教育展在新时代的创新意义》发表了主题讲话。周社长指出，智慧教育是集成多元化、多领域、多学科、多科技、多信息的综合性解决方案，SmartShow不仅给需求的各方提供了一个交流互动的平台，更让智慧化、信息化全面渗透教育体系成为可能。

承办方雅森国际展览集团总裁谢宇先生也就展会价值发表了主题演讲。谢总谈到雅森国际紧跟教育部"搭建三通两平台、推动教育信息化"的工作任务，以展览会为平台，为智慧教育产业链相关企业和全国教育行业从业者搭建直接、高效、全面、前瞻性的学术、贸易交流环境，希望为参展商、观众以及行业相关人士打造一个智慧教育的盛会。

发布会同期来自全国数十家媒体自愿加入了"中国智慧教育媒体联盟"，并举行了揭牌仪式。"中国智慧教育媒体联盟"是中国首个智慧教育圈的媒体联盟，也是首个集合智慧教育产业链上所有行业媒体的联盟，

"联盟"将以搭建媒体间的沟通交流平台、推广智慧教育理念为宗旨，倡议通过教育公益行动、教育文化之旅等系列行为，在交流中探寻智慧教育，共同完善"智慧教育生态圈"。

各领域共同推动教育智慧化、科技化发展 行业翘楚齐聚SmartShow

中国国际智慧教育展将于12月1日—3日在北京·国家会议中心举办，共有16000平米展区、将有300家企业、36000位教育界专业买家到场，SmartShow为中国智慧教育产业搭建了一个专属商贸平台。

积学储实、百年树人一直是教育行业秉承的宗旨和理念，但如何更加适应时代发展，更加便捷有效、更加卓尔不群地为全国三十万所学校、高教普教体系提供可靠的信息化解决方案及设备，推动中国教育信息化建设，如何为中国教育信息化产业搭建专业的沟通、贸易、交流平台均蕴含在此次的SmartShow。

多家提供智慧校园解决方案的优秀企业及知名供应商云集一堂，商讨、提交、解决全国学校迫在眉睫的实施方案。松下、长城、金山、新东方、神州数码等知名品牌的参展足以证明教育信息化已是未来全球教育的发展方向，中国未来三年35%的学校将在校务、教务管理、教学实践上率先实现信息化应用；而在未来五年65%的学校将在图书馆、网络教育、食堂、学校互通等校园应用所有环节上信息化，从而全面实现"智慧校园"。2012年，我国财政教育支出2.2万亿，占GDP首次超过4%，未来还将向7%的世界平均水平看齐，教育信息化经费列支教育经费的10%，预计到2017年市场规模将达到3546亿元，教育信息化投资收益可观。在信息化发展中，硬件厂商、IT厂商、电信运营商、技术提供商、内容提供商、系统集成商都将参与进来，成为教育信息化强大助力。此次展会定会给行业一个启迪，颠覆传统学界、智启科技未来。

十二项展示范畴　全面解析信息教育的发展趋势

在我国，智慧教育行业是一个新兴行业，专业性较强，智慧校园教务管理、智慧校园互动课堂、智慧校园生活管理、智慧校园设施、智慧校园后勤管理、智慧图书馆、智慧教学都是教育信息化所涉及解决和应用的领域。为此，本届展会通过校园信息化平台及解决方案、互动教学设备、校园管控系统、校园录播及视讯系统、实验室及实训平台、校园智能餐饮管理系统、生态设备及绿色校园解决方案、应用软件及服务、IT基础设施、基础运营商、智慧校园设施、内容供应商等十二大项展开。充分利用现有的互联网系统、卓越的电子展示系统、自动化系统、无线通讯系统、新能源采集利用系统等有效地解决在教学资源储备、教学资源共享、教学体系互动中;校园安全管理智能化、人性化、便捷化、信息化方面;校园能源、家具、布线、实验、娱乐、通讯、导航领域问题的解决。让校园的管理一键掌控、信息互动。

展会特邀了国内外教育信息化的行业专家通过"第二十七次全国校长学术年会""中国智慧教育高峰论坛""首届中国智慧教育成果巡礼""中国智慧教育整体解决好方案评选大赛"、教育装备行业高峰论坛"等为展商和专业观众全方位解读剖析、共同探讨教育行业现状及未来发展趋势。

SmartShow——中国国际智慧教育专业市场领跑者

当今世界各国，以经济和科技实力为基础的综合国力的竞争日趋激烈，而且将长期存在。这种竞争在很大程度上决定于人才的数量和质量，而人才竞争的实质是教育的竞争。因此，此次中国首个专注教育信息化的专业展会"中国国际智慧教育展览会"，吸引300家应用方案集成商，500家内容提供商，1000家IT技术服务及软件供应商，10000家硬件设备、装备商和届时到会的36000人次的专业观众，一起研讨、规划、发展今后10年中国教育的全面信息化!此次的SmartShow给需求的各方提供了一个交流互动的平台，让智慧化、信息化全面渗透教育体系成为可能，不再是风过丝竹不留声，雁过寒潭不留影的空渺臆想。

思考题：如何理解智慧教育的内涵？

参考文献

[1] 吴德刚.中国教育改革发展研究[M].北京：教育科学出版社，2011.

[2] 吴德刚.中国全民教育研究——兼论教育机会平等问题[M].北京：教育科学出版社，2011.

[3] 联合国教科文组织.全民教育全球监测报告2013/4：教学与学习：实现高质量全民教育[M].北京：教育科学出版社，2014.

[4] 任宝祥.夸美纽斯教育论著选[M].北京：人民教育出版社，2005.

[5] 赵建中.教育的使命——面向二十一世纪的教育宣言和行动纲领[M].北京：教育科学出版社，1996.

[6] 吴德刚.中国教育改革发展研究[M].北京：教育科学出版社，2011.

[7] 吴德刚.中国全民教育研究——兼论教育机会平等问题[M].北京：教育科学出版社，2011.

[8] 联合国教科文组织.全民教育全球监测报告2013/4：教学与学习：实现高质量全民教育[M].北京：教育科学出版社，2014.

[9] 任宝祥.夸美纽斯教育论著选[M].北京：人民教育出版社，2005.

[10] 甘昭良.从隔离到全纳——特殊教育发展的理论与实践[M].福建：厦门出版社，2012.

[11] 联合国教科文组织国际教育局编，华东师范大学译教育展望.159——全纳教育与教师教育的国际发展动态：问题与挑战[M].华东师范大学出版社，2013.

[12] 吴遵民.新版现代国际终身教育论[M].中国人民大学出版社，2007.

[13] 吴遵民，黄欣实.践终身教育论[M].上海教育出版社，2008.

[14] 余善云.终身学习研究与实践[M].光明日报出版社，2014.

[15] 菲利普·库姆斯.译者：赵宝恒.世界危机教育[M].人民教育出版

社，2001.

[16] [美]卡恩.张亦默，李博 译.批判教育学、生态扫盲与全球危机——生态教育运动[M]. 高等教育出版社，2013.

[17] 陈丽鸿，孙大勇主编.中国生态文明教育理论与实践[M]. 中央编译出版社，2009.

[18] 邱仁宗.生命伦理学[M]. 中国人民大学出版社，2010.

[19] 傅伟勋.死亡的尊严与生命的尊严[M]. 北京大学出版社，2006.

[20] 冯建军等著.生命与教育[M]. 教育科学出版社，2009.

[21] 袁卫星主编.生命教育[M]. 外语教学与研究出版社，2012.

[22] 毛泉兴.多元智能理论指导下的个性化教育[M]. 苏州：苏州大学出版社，2008.

[23] 王道俊，郭文安.教育学[M]. 北京：人民教育出版社，2009.

[24] 孙培青.中国教育史[M]. 上海：华东师范大学出版社，2009.

[25] 张俊华.教育领导学[M]. 上海：华东师范大学出版社，2008.

[26] 中国个性化教育官网 http：//www.cpeagroup.com/Article_Class.asp?ClassID=1.

[27] 心理学研究 http：//www.pep.com.cn/xgjy/xlyj/dzxl/xljk/200406/t20040629_93210.htm.

[28] 教学科研 http：//www.hbclhwez.com/article_view.asp?id=321.

[29] 黄进兴.后现代主义与史学研究[M]. 三联书店，2008.

[30] 余乃忠.后现代主义批判[M]. 社会科学文献出版社，2012.

[31] 赵光武.后现代主义哲学评述[M]. 西苑出版社，2000.

[32] 燕良轼.中西教育思想解读书系——解读后现代主义教育思想[M]. 广东教育出版社，2008.

[33] Christopher Burler著，朱刚，秦海花译.解读后现代主义[M]. 外语教学与研究出版社，2013.

[34] 刘一俊，王振鹏.后现代主义教育管理思想趋向解析[J]. 湖北广播电视大学学报，2008.

[35] 郑淮，杨昌勇.论后现代主义对教育研究和理论的主要贡献[J]. 教育学报，2006.

[36] 黄卫星.现代主义文化与教育的应对[J]. 教育评论，2007年第3期.

[37] 唐斯斯 等著. 智慧教育与大数据[M]. 科学出版社，2015.

[38] 黄荣怀，杨俊锋，胡永斌.从数字学习环境到智慧学习环境——学习环境的变革与趋势[J]. 开放教育研究，2012.

[39] 顾明远.教育公平与和谐教育[J]. 比较教育研究，2008年第4期.

[40] 黄荣怀.智慧教育的三重境界：从环境、模式到体制[J].现代远程教育研究，2014年第6期.

[41] 黄荣怀，陈庚，张进宝等.论信息化学习方式及其数字资源形态[J].现代远程教育研究，2010年第6期.

[42] 黄荣怀，江新，张进宝.创新与变革：当前教育信息化发展的焦点[J].中国远程教育，2006年第4期.

[43] 潘云鹤.中国"智能城市"要有什么样的"市长视野"[J]. 中国经济周刊，2012年第34期.

[44] 朴钟鹤.教育的革命：韩国智能教育战略探析[J]. 教育科学，2012年第4期.

[45] 祁映宏，赵明星.论教学模式演化的规律及其特点[J]. 长春师范学院学报，2005年第8期.

[46] 钱学敏.钱学森的"大成智慧学"[N]. 北京日报，2004.

[47] 杨桂青，张树伟.集大成得智慧——钱学森关于培养科技创新人才的教育构想[N].中国教育报，2009.

[48] 杨现民.信息时代智慧教育的内涵与特征[J]. 中国电化教育，2014年第1期.

[49] 袁振国.缩小教育差距促进教育和谐发展[J]. 教育研究，2005年第7期.

[50] 展立新，陈学飞.理性的视角：走出高等教育"适应论"的历史误区[J].北京大学教育评论，2013年第1期.

[51] 张良，刘茜.彰显孔子"因材施教"教学思想的现代魅力——基于

现代心理学的理论阐释[J].重庆科技学院学报（社会科学版），2010年第6期.

[52] 中国智慧工程研究会[DB/OL].[2014-10-29].http：//www.chinawea.org.cn/do/alonepage.php?id=4.

[53] 祝智庭，贺斌.智慧教育：教育信息化的新境界[J].电化教育研究，2012年第12期.

[54] 黄荣怀.智慧教育的三重境界：从环境、模式到体制[J].现代远程教育研究，2014年第6期.

[55] 申屠祖斌.智慧教育发展趋势与策略[J].中国教育信息化，2015年1月下 总第341期.

[56] 祝智庭，沈德梅.学习分析学：智慧教育的科学力量[J].电化教育研究，2013年第5期.

[57] 陈云英，杨希洁，赫尔实 译.全纳教育共享手册[M].华夏出版社，2004.

[58] 黄欣.终身教育立法：国际视野与本土行动[J].教育发展研究.2010年第5期.

[59] 吴遵民，国卉男，赵华.我国终身教育政策的回顾与分析[J].教育发展研究.2012.

[60] 张昭文.关于中国终身教育的发展与政策报告[J].中国成人教育.2012.

[61] 张美云.近年来我国大陆关于生命教育的研究综述[J].上海教育科研.2006年第4期.

[62] 肖巍.女性主义教育观及其实践[M].北京：中国人民大学出版社，2007.

[63] 肖亚晖.《制约女性教育因素及对策》[J].现代商贸工业.2011.

[64] 韩湘景.中国女性生活状况报告No.7 女性生活蓝皮书（2013）.

[65] 韩湘景.中国女性生活状况报告No.9女性生活蓝皮书（2015）.社会科学文献出版社.2015.

[66] 王占魁.阿普尔在中国：回顾与评论[J].教育学报.2010.